艺术家

UNREAD

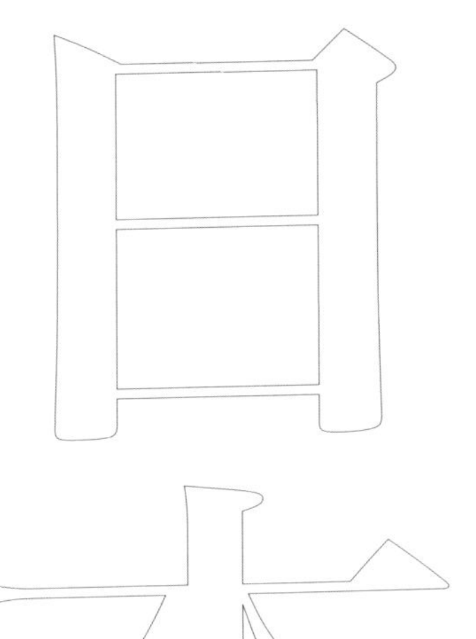

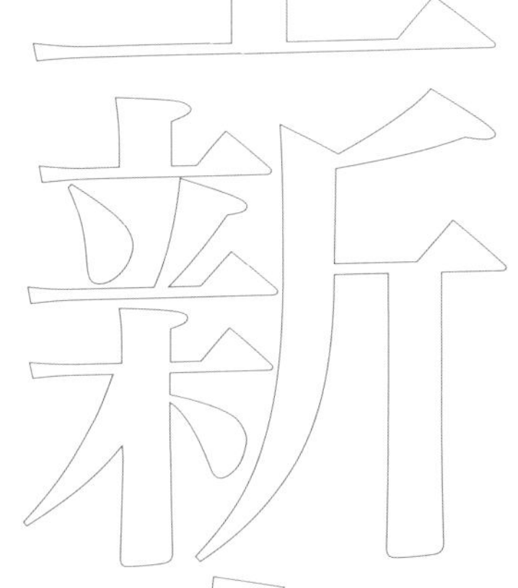

|新 版|

〔日〕 矶达雄 宫泽洋 —— 著

杨林蔚 —— 译

Tatsuo Iso

Hiroshi Miyazawa

Nikkei Architecture

上海文化出版社

三内丸山遗迹

摄影：宫泽洋

☞36

安乐寺八角三重塔

摄影：宫泽洋

☞126

笠森寺观音堂

摄影：宫泽洋

☞72

三溪园听秋阁

摄影：三溪园

☞80

白川乡合掌聚落

摄影：矶达雄

☞142

会津荣螺堂

摄影：矶达雄

☞50

会津荣螺堂内部

摄影：矶达雄

冈太神社・大泷神社

摄影：宫泽洋

☞148

迎宾馆赤坂离宫正门

摄影：矶达雄

☞102

旧函馆区公会堂

摄影：宫泽洋

☞26

中央見張備品
椅子 二脚
電動鉛筆削

网走监狱
五翼放射状平屋舍房

摄影：矶达雄

☞28

东京站丸之内站舍

摄影：矶达雄

☞110

世界遗产正在受到人们的关注。

有很多精妙绝伦的建筑物被收入世界遗产名录，令人赞叹不已，

然而首批得到海外认可的日本建筑物却并没有几个。

作为日本人，内心还是有些寂寥的。

其实在日本国内，无论是否已经列入还是正在申请列入世界遗产名录，

有很多历史遗产都值得一看。

作者矶达雄先生和插画师宫泽洋先生二人遍访日本各地，

精选出了日本60处震撼人心的历史建筑物，

本书就是他们所见所闻的详细“报告”。

姑且将这些地方称为“日本遗产”吧。

衷心希望您在制订旅行计划之前，能翻开此书，

想必会有一些不同于以往的有趣发现。

《日经建筑》编辑部

本书的阅读方法

日本遗产的选择标准和排列顺序

- 矶达雄先生和宫泽洋先生通过实地考察，选出了60处“值得一去”的日本遗产（非官方指定）。编者将其分为东日本和西日本两大部分，每部分各包含30处日本遗产。
- 为了平均分配，本书把福井县和三重县包含在东日本之中。
- 无论是东日本还是西日本，编者都按照从北向南的顺序将其大致分为4个区域，每个区域中的历史遗产又按照建筑年代顺序再进行排列。

北 → 南；旧 ↓ 新

区域1	区域2	区域3	区域4
建筑 A	建筑 E	建筑 I	建筑 M
建筑 B	建筑 F	建筑 J	建筑 N
建筑 C	建筑 G	建筑 K	建筑 O
建筑 D	建筑 H	建筑 L	建筑 P

年代的划分方法

- 本书收录了从公元前开始到1914年为止所建造的历史遗产。之所以选择1914年为截止年份，是因为与本书日文原版出版的2014年正好相距100年。
- 单数页面的上方都有7个色块，为标记该页主要建筑物的建设时期所用。每个色块的代表年份如下所示。

史前—飞鸟	公元前—709年
奈　良	710年—793年
平　安	794年—1184年
镰　仓	1185年—1332年
室町—安土桃山	1333年—1614年
江　户	1615年—1867年
明治—大正三年	1868年—1914年

※以日本文化厅有关朝代起止时间的规定为标准。

- 我们以最先确定“建筑形式”的时间为建筑物年份的判断基准。例如，伊势神宫的正殿虽然在2013年刚刚完成“式年迁宫”，把神体从旧殿迁至新殿，但我们仍然把它的建筑年份归为“史前”。

概要数据的读取方式

营 ¥ 营业时间、休馆日和入馆费用等数据的有效期均截至2014年11月，仅作参考。请在实地参观之前利用官方网站等渠道确认最终信息。

照相机标志的含义是提示拍摄该建筑物时的最佳朝向，并非指该地没有悬挂“禁止摄影”的牌子或者官方公开表示同意拍摄。其实有很多景观都允许私人拍摄，但在上传至博客或者其他社交网站前最好向该景观负责人确认。

写作分工

- 标有“建议仔细观赏”字样的景点，其长篇介绍文章为矶达雄先生撰写，摘要以及插图则基本是在《日经建筑》杂志上连载的原稿（2011年9月号—2014年12月号），略有增加和修改。
- 人物专栏全部由矶达雄先生撰写。
- 无论是“建议浏览观赏”还是“建议仔细观赏”的景点，其开头部分的简单介绍均由宫泽洋先生撰写。
- 插图全部由宫泽洋先生绘制。“建议浏览观赏”的景点插画则是专门为本书绘制的。
- 位于每篇文章开头的照片下方如果没有专门标明拍摄者，则为矶达雄先生或宫泽洋先生所拍摄。

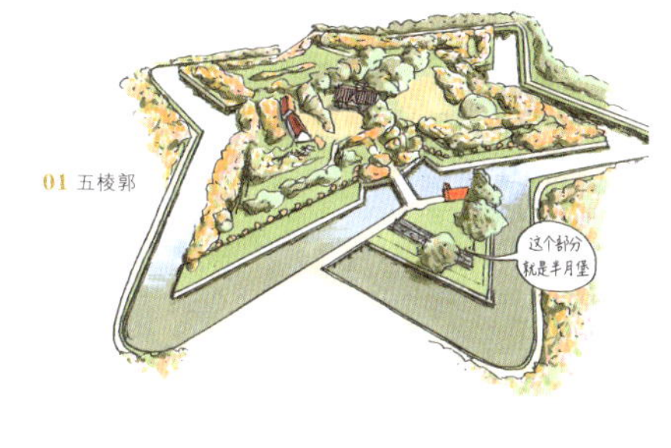

01 五棱郭

Part 1 北海道 ………… 11

建议仔细观赏 / 建议浏览观赏

01 | ● | | **五棱郭** 函馆市/江户时代末期 ………… 12
五角形的乌托邦

02 | ● | | **手宫机车库** 小樽市/明治十八年 ………… 18
形态服务于轨道

03 | | ● | **日本银行旧小樽支店** 小樽市/明治四十五年 ………… 24
特别保留的"辰野色彩"

04 | | ● | **旧函馆区公会堂** 函馆市/明治四十三年 ………… 26
这就是想象中的"洋楼"

05 | ● | | **网走监狱五翼放射状平屋舍房** 网走市/明治四十五年 ………… 28
由内向外扩展的建筑形式

Part 2 东北 ………… 35

建议仔细观赏 / 建议浏览观赏

06 | | ● | **三内丸山遗迹** 青森市/绳文时代前期至中期 ………… 36
不要小看绳文时代的建筑能力

06 三内丸山遗迹

08 中尊寺金色堂

07 大汤环状列石 秋田县鹿角市/绳文时代后期 …… 38
双子之环

08 中尊寺金色堂 岩手县平泉町/平安时代后期 …… 44
边界线上的佛堂

09 会津荣螺堂（圆通三匝堂） 福岛县会津若松市/江户时代后期 …… 50
双重螺旋的并行世界

10 旧济生馆本馆（现山形市乡土馆） 山形市/明治十一年 …… 56
革命时代的纯粹几何学

11 斜阳馆（原津岛家住宅） 青森县五所川原市/明治四十年 …… 62
“咚咔咚咚”的声响

Part 3 关东 …… 69

13 笠森寺观音堂

建议仔细观赏 建议浏览观赏

12 圆觉寺舍利殿 神奈川县镰仓市/室町时代中期 …… 70
这就是“禅宗样”

13 笠森寺观音堂 千叶县长南町/安土桃山时代 …… 72
和现代共通的“空中”表演

14 日光东照宫 栃木县日光市/江户时代前期 …… 74
动摇的布鲁诺·陶特

15 三溪园听秋阁 横滨市/江户时代前期 …… 80
行云流水般的左右不对称

12 圆觉寺舍利殿

21 东京站丸之内站舍

16 成田山新胜寺三重塔 千叶县成田市/江户时代中期 …… 82
流露出的奢华感

17 富冈制丝厂 群马县富冈市/明治五年 …… 84
壁与柱的混搭

18 旧岩崎久弥邸 东京都台东区/明治二十九年前后 …… 90
来自红茶之国的宅男

19 日本银行本店本馆 东京都中央区/明治二十九年 …… 96
来自镜之国的建筑家

20 迎宾馆赤坂离宫 东京都港区/明治四十二年 …… 102
左右对称中的近代化

21 东京站丸之内站舍 东京都千代田区/大正三年 …… 110
堪称国技的建筑样式

Part 4 中部 …… 119

22 伊势神宫

建议仔细观赏 建议浏览观赏

22 伊势神宫 三重县伊势市/第一次迁宫是在690年 …… 120
永远活在当下

23 安乐寺八角三重塔 长野县上田市/镰仓时代后期 …… 126
呈放射状的八角形

25 犬山城

28 冈太神社・大泷神社

24 松本城 长野县松本市/安土桃山时代 …… 128
“看”与“被看”的统一

25 犬山城 爱知县犬山市/安土桃山时代 …… 134
大胆扩建终于升格为“天守”

26 如庵 爱知县犬山市/江户时代前期 …… 136
穿越时空的胶囊仓

27 白川乡合掌聚落 岐阜县白川村/江户时代中期 …… 142
魔斯拉的故乡

28 冈太神社・大泷神社 福井县越前市/江户时代末期 …… 148
永平寺“栋梁”的吉格尔式造型

29 旧开智学校 长野县松本市/明治九年 …… 150
吸收一切西洋风

30 六华苑 三重县桑名市/大正二年 …… 152
刺激巨匠的年轻委托人

专栏

· 辰野金吾 朴实刚健的“辰野坚固” …… 34

· 布鲁诺・陶特 年轻时热衷于迷幻风格 …… 68

· 片山东熊 伤心的“花形满” …… 118

04 银阁寺

Part 1 京都 · 滋贺 ………… 157

	建议仔细观赏	建议浏览观赏		
01	●		**平等院凤凰堂** 京都府宇治市/平安时代中期 **末世的水畔**	158
02		●	**三十三间堂** 京都市东山区/始建于平安时代后期（现存为镰仓时代前期所建） **令人震撼的长度和数量**	164
03		●	**石山寺多宝塔** 滋贺县大津市/镰仓时代前期 **“龟腹”并非掩人耳目**	166
04	●		**银阁寺** 京都市左京区/室町时代后期 **漆黑中的光辉**	168
05	●		**龙安寺石庭** 京都市右京区/室町时代后期（有争议） **原风景之海**	174
06		●	**待庵** 京都府大山崎町/桃山时代 **一眼便觉灵气盈然**	180
07	●		**桂离宫** 京都市西京区/江户时代前期 **雁行排列的革新**	182
08	●		**清水寺** 京都市东山区/江户时代前期 **玩“遮脸躲猫猫”的兴奋**	190

哦哦

05 龙安寺石庭

10 京都国立博物馆

	建议仔细观赏	建议浏览观赏		
09		●	**伏见稻荷大社千本鸟居** 京都市伏见区/江户时代 **自动生成的算法建筑之美**	196
10	●		**京都国立博物馆** 京都市东山区/明治二十八年 **面对面的设计之神和施工之神**	198

Part 2 奈良·大阪·兵库 ········ 205

	建议仔细观赏	建议浏览观赏		
11	●		**法隆寺** 奈良县斑鸠町/飞鸟时代 **塔与柱的象征主义**	206
12		●	**谈山神社十三重塔** 奈良县樱井市/始建于飞鸟时代（现存为室町时代重建） **13是通向永恒的起点**	212
13	●		**唐招提寺** 奈良市/奈良时代后期 **柱廊的原理**	214
14	●		**东大寺大佛殿** 奈良市/始建于奈良时代（现存为江户时代中期重建） **大建筑里的小空间**	220
15	●		**净土寺净土堂** 兵库县小野市/镰仓时代前期 **中世的高科技派**	226
16		●	**姬路城** 兵库县姬路市/安土桃山时代 **勒·柯布西耶风格的窗洞**	232
17		●	**滨寺公园站** 大阪府堺市/明治四十年 **超越高架化的填色图案**	234

13 唐招提寺

20 严岛神社

Part 3 中国 ······ 237

建议仔细观赏 ↓ 建议浏览观赏 ↓

18 | ● | | **出云大社** 岛根县出云市/始建于7世纪前（现存本殿为江户时代中期所建）······ 238
通往天国的阶梯

19 | ● | | **三佛寺投入堂** 鸟取县三朝町/平安时代后期 ······ 244
悬崖上的PROJECT X

20 | ● | | **严岛神社** 广岛县廿日市市/始建于平安后期 ······ 250
涨潮时分

21 | ● | | **吉备津神社** 冈山市/室町时代中期 ······ 256
增殖的屋顶

22 | ● | | **旧闲谷学校** 冈山县备前市/江户时代中期 ······ 262
在山谷中思考世界

Part 4 四国 · 九州 · 冲绳 ······ 269

建议仔细观赏 ↓ 建议浏览观赏 ↓

23 | ● | | **吉野里遗迹** 佐贺县吉野里町/弥生时代 ······ 270
站在瞭望台上看到的“城市”

24 | | | ● | **今归仁城迹** 冲绳县今归仁村/13世纪 ······ 276
超越“新国立”的三次元造型

25 | | | ● | **熊本城宇土橹** 熊本市/安土桃山时代 ······ 278
充满男人味儿的直线设计

23 吉野里遗迹

27 旧金毗罗大芝局

26 **中村家住宅** 冲绳县北中城村/18世纪中叶 ······ 280
守护家庭的墙壁

27 **旧金毗罗大芝居** 香川县琴平町/江户时代末期 ······ 286
现世与虚构的双重空间

28 **旧格罗弗住宅** 长崎市/江户时代末期 ······ 292
用四个半世纪拼成一朵花

29 **道后温泉本馆** 爱媛县松山市/明治二十七年 ······ 294
建筑里的“小说”

30 **旧松本家住宅** 北九州市/明治四十三年 ······ 300
辰野金吾的青蛙食堂

26 中村家住宅

专栏

· **小堀远州** 才华横溢的建筑官僚 ······ 204

· **俊乘房重源** 在灾后重建中展现才能 ······ 236

· **加藤清正** 合理的战术，合理的建筑 ······ 268

让欣赏日本遗产的乐趣增加十倍！ **建筑用语关键词图解** ······ 302

一看就懂！ **日本建筑5000年发展史** ······ 308

后记1 **超越时代的思考实验** 矶达雄 ······ 320

后记2 **品位提升的表现与网络时代的新乐趣** 宫泽洋 ······ 324

作者简介 ······ 328

\东日本30选/

重新发现日本

60处日本最美古建筑之旅

北海道

01

建议仔细观赏

五棱郭

函馆市/江户时代末期

从五棱郭塔俯视五棱郭的秋景（由五棱郭塔提供）

城郭的遗迹呈星形，有五个角，被称为“棱堡”，据说这种形状可以提高防御性能。五棱郭大致位于函馆市的中央地带，距离函馆山约6千米。奉行所最初建造在函馆山的山麓地区，后来为了躲避来自海上的攻击，转移到了如今的所在地。但是，随着大炮技术的进步，即便是直接从海上发射，也可以炮击到五棱郭的位置，其防御性能完全没有得到发挥。2010年，箱馆奉行所完成复原。

指定 特别历史遗迹

建筑时期 1864年

设计者 武田斐三郎

- 营 公园平时开放。箱馆奉行所开放时间为9:00—18:00（11月至次年3月只开放到17:00）。12月31日至1月3日休馆。
- ¥ 公园免费开放，箱馆奉行所的门票价格为500日元/成人。
- 箱馆奉行所的西向以及从五棱郭塔望向公园的西南方为最佳取景方向。

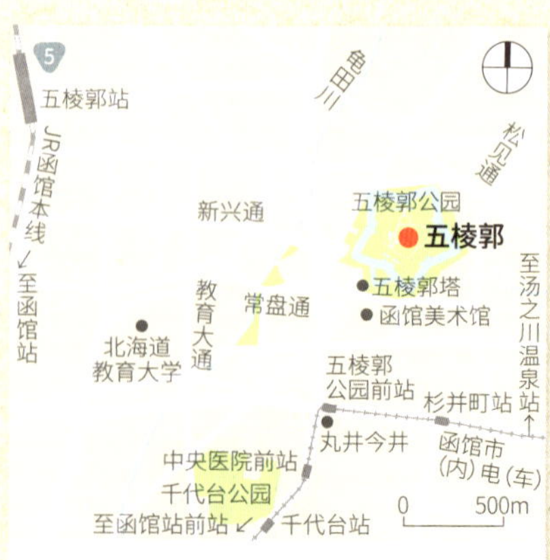

- 北海道函馆市五棱郭町44
- 从函馆站前乘坐市营电车到五棱郭公园前下车，徒步约15分钟。

五角形的乌托邦

乘坐函馆市内的有轨电车观光非常方便，到站下车后，朝着五棱郭塔的方向走15分钟左右，就能看到护城河对岸的石头城墙。那里就是此行的目的地——五棱郭。

五棱郭始建于1857年，于1864年建成。在动工之前，美国海军将领佩里的舰队来到日本，下田和函馆被迫开港。正是在这一事件的影响下，人们建造了五棱郭，以此作为日本北部的防卫据点。

穿过护城河上的桥，就进入了五棱郭的内部。曲折却又连绵不断的动线[1]告诉人们这的确是一座城郭，但是走在里面却无法感受到它正五角形的平面特征。

继续往里走，眼前就出现了一座屋顶由红瓦覆盖、带有望楼的建筑物——这就是箱馆奉行所，在2010年由竹中工务店经手复原。

1867年，幕府施行“大政奉还”，箱馆奉行所成为新政府的箱馆府。但是，在戊辰战争中，旧幕府的军队北上逃亡到此地，新政府的工作人员只好撤离到青森县，于是旧幕府军就占领了空无一人的五棱郭。

不久后新政府军开始反击，在围攻之下，旧幕府军只好投降。1869年，五棱郭重新开城。

在明治时期，此地曾充当陆军的练兵场，1914年起作为公园向大众开放。现在，这里已经成为一个赏花的好去处，深受本地人和游客的喜爱。

1　动线，建筑与室内设计的用语之一。意指人在室内室外移动的点，连起来就成为动线。

以西洋的城郭都市作为参考

一起登上公园旁边五棱郭塔的瞭望台看看吧。只有站在这里，才能一窥五棱郭的全貌——确实是五角星形。

五个突出的“角”被称为“棱堡”，这是狙击来犯敌人的场所。

在五棱郭的西南方向还有一块三角形区域叫作“半月堡”。它的作用就是掩护相邻的棱堡和出入口。原本棱堡与棱堡之间总共应该有五个这样的区域才对，但由于建筑计划缩水，最终只建成了一处。

五棱郭的设计者就是曾任函馆“诸术调所”这一教育机构教授的武田斐三郎。武田先生是一位兰学者[1]，通晓各种海外知识。据说他在设计五棱郭时，曾借鉴法国、德国等地的城郭和都市的样式。

在当时的欧洲，已经有很多呈星形的城市，如德国的明斯特、俄罗斯的圣彼得堡、意大利的帕尔马诺瓦城，等等。

这些城市的几何外形与托马索·康帕内拉所著的《太阳城》（1602年出版）一书中所描写的理想都市的样式不谋而合，也成为城市设计的榜样模范。

五棱郭的外形吸纳了这些城市的设计优点，的确美不胜收。但是，只有在高处俯瞰，才能欣赏到其设计之妙。此外不得不说，五棱郭建成时，它的样式已经落后于时代了。星形的轮廓虽然有利于阻挡火枪的进攻，但在大炮面前就不堪一击了。

难道设计师武田先生没有意识到这一点吗？或者说，即便心知肚明，他还是想要建造这样的城郭？毕竟对一位建筑家而言，这种符合几何学设计原理的人工都市的魅力实在无法抵挡。

1　兰学，指在江户时代经荷兰人传入日本的学术、文化、技术的总称，字面意思为荷兰学术，引申可解释为西洋学术。

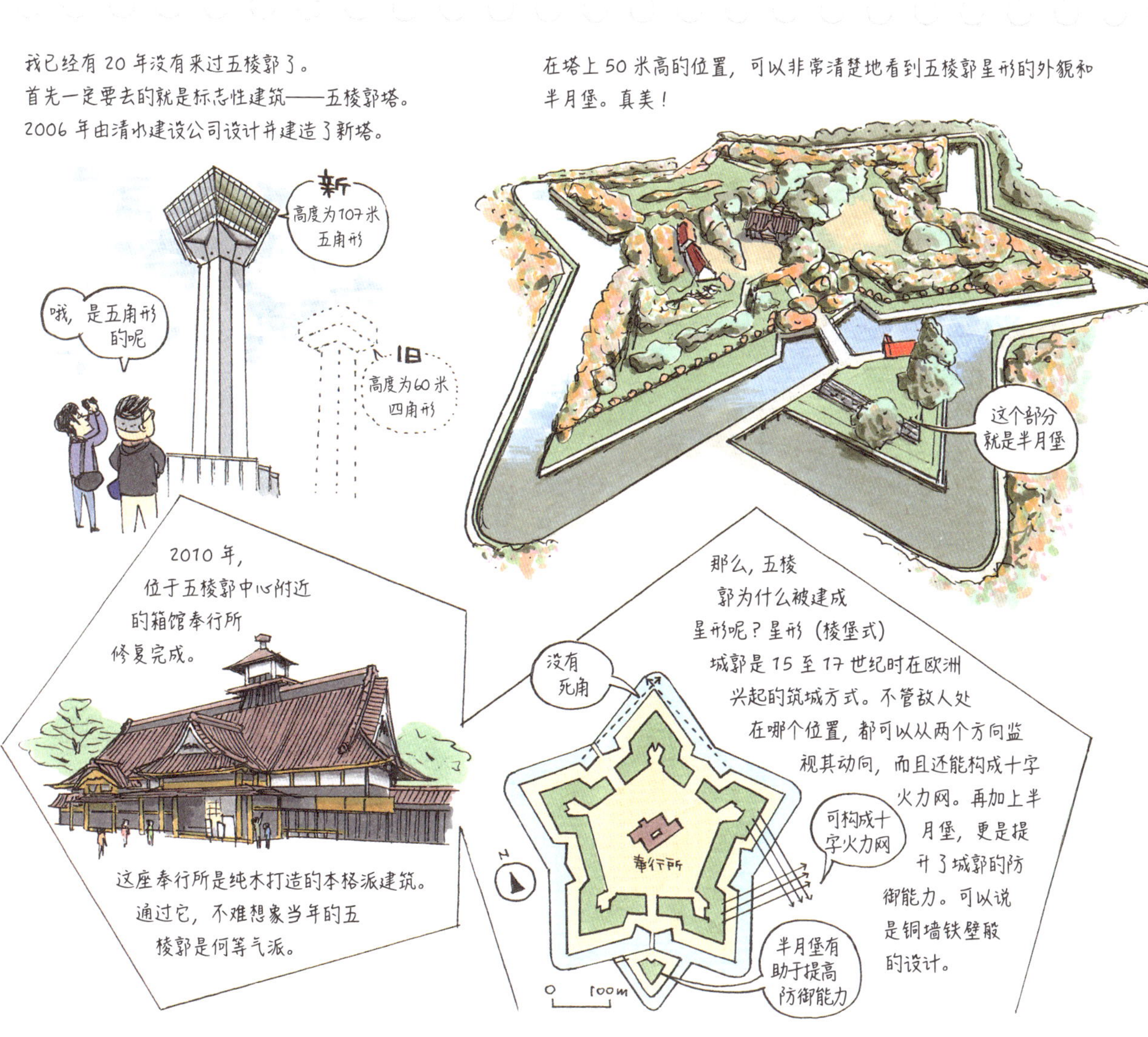

我已经有 20 年没有来过五棱郭了。
首先一定要去的就是标志性建筑——五棱郭塔。
2006 年由清水建设公司设计并建造了新塔。
新
高度为107米
五角形
哦，是五角形的呢
旧
高度为60米
四角形
在塔上 50 米高的位置，可以非常清楚地看到五棱郭星形的外貌和半月堡。真美！
这个部分就是半月堡
2010 年，位于五棱郭中心附近的箱馆奉行所修复完成。
这座奉行所是纯木打造的本格派建筑。通过它，不难想象当年的五棱郭是何等气派。
那么，五棱郭为什么被建成星形呢？星形（棱堡式）城郭是 15 至 17 世纪时在欧洲兴起的筑城方式。不管敌人处在哪个位置，都可以从两个方向监视其动向，而且还能构成十字火力网。再加上半月堡，更是提升了城郭的防御能力。可以说是铜墙铁壁般的设计。
没有死角
可构成十字火力网
半月堡有助于提高防御能力
奉行所
N
0 100m

就算如此，那为何偏偏建成了五角形呢？

法国的里尔城和西班牙的哈卡城是五角形的，俄罗斯的圣彼得堡是六角形的，意大利的帕尔马诺瓦城则是九角形的。武田先生之所以选择五角形，肯定有他的理由。

面向世界的“国家”之形

选择五角形的理由，一般得从城市的功能说起。最适合防守和反攻的平面就是五角形了，因为可以从两侧夹击来敌。不过原因仅限于此吗？

为了找寻答案，我尝试从 20 世纪完成的两座建筑开始分析。

其一就是美国国防部的所在地——五角大楼。据杰姆斯·卡罗尔的《战争之家——五角大楼》（2006 年出版）一书所言，这栋在第二次世界大战激战正酣时筹建的大楼，原本是为了适应所选建筑用地的天然地形而被设计成了五角形。可后来选址更改了，就没有了做成五角形的必要。但是，设计者乔治·贝格斯特罗姆并没有改变初衷，反而将建筑外观修改成更加规整的正五角形。

其二就是 1970 年大阪世博会的日本馆（设计：日建设计）。展厅由五个圆柱体组成，从上面俯视的话，其轮廓正好也是一个正五角形。

由以上例子可以推测出，当一个国家与整个世界对峙时，人们往往选择正五角形作为国家的象征。

当日本遭到海外势力的威胁，最终闭关锁国后，仿佛是自身的化身一般，在其内部出现了一个封闭的区域，那就是五棱郭。在它的身上，理所当然地投射出日本这个小小国家的缩影。这里就是位于北方之国、诞生于幕末的乌托邦。

五棱郭的设计者是有“幕末的达·芬奇”之称的武田斐三郎。他曾就读于大阪的“适塾”，与吉田松阴等人一起在浦贺港目睹了“黑船”的到来。在27岁的时候，他曾与佩里在箱馆举行会谈，之后就承担起设计五棱郭的任务。

顺带一提，武田先生也是第一座日本产暖炉的设计者。他先将在英国船只上见到的暖炉描绘下来，然后回去加工制作。

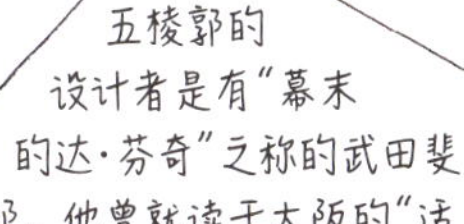

优秀的设计者武田先生所借鉴的欧洲星形城郭其实与五棱郭有很大的区别。例如荷兰的布尔坦赫要塞（16世纪），其样式如下图所示。

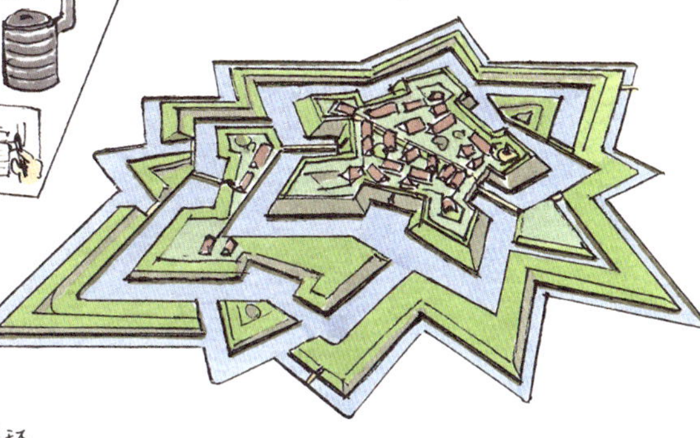

各个方向都设有突出在外的半月堡，城郭周围还环绕着两三道护城河。多漂亮啊！

但是在大炮横行的19世纪中叶，这种样式的堡垒已经落后于时代了。

到底是因为武田先生坚信星形是最先进的样式，还是他被这种几何之美迷惑了呢？

这是五棱郭最初的设计图。每个方向都设置有半月堡，但后来因为预算超支而被迫停建。

无论如何，当时仅有30岁的武田先生能够说服幕府要人，获得他们的支持，五棱郭美丽的几何外形肯定功不可没。

五棱郭设计上的落后在箱馆之役中暴露无遗。从海上轰出的炮弹毫无阻碍地直接打到了城郭内部……

但是，从长远来看，武田先生追求设计之美是完全正确的。即便过去了150年，来到这里观光的游客仍络绎不绝。

02

建议仔细观赏

手宫机车库

小樽市/明治十八年

隔着转车台，从西南方向看到的3号机车库

旧手宫站的遗址位于小樽市综合博物馆内。手宫站建于明治十三年（1880年），是北海道内开通的第一条铁路——幌内铁路最西端的起点，这条铁路主要用于运输幌内煤矿开采出来的煤炭。站内的3号机车库是日本现存最古老的机车库，由平井晴二郎设计，竣工于明治十八年（1885年）。位于机车库前方的转车盘建于大正八年（1919年），由横河桥梁制作所承建，至今仍在使用。

指定 重要文化遗产

建筑时期 3号机车库 1885年（明治十八年）
1号机车库 1908年（明治四十一年）

设计者 平井晴二郎（3号机车库）

营 机车库只在4月下旬至11月上旬这段时间开放。开放时间为9:30—17:00。博物馆冬季照常营业，休馆时间为每周二（如遇法定节假日则顺延至次日），以及12月29日至1月3日。

¥ 门票价格为400日元/成人（冬季300日元）。

📷 西南方为3号机车库的最佳摄影位置。从博物馆的露台望出去，两座机车库和转车盘都一览无余。

🏠 北海道小樽市手宫1-3-6

🚌 从JR小樽站前出发，乘坐开往小樽水族馆的巴士，经由高岛三丁目，在综合博物馆或者手宫下车均可。

形态服务于轨道

因为城市的中心地区有运河穿过，从江户时代开始，北海道小樽市就凭借北前船贸易成为一座繁华的海港城市。其实在铁路运输方面，小樽也曾扮演重要的历史角色。

在北海道铺设的第一条铁路线就是国营幌内铁路，主要负责将幌内煤矿的煤炭运至港口。铁路于1882年全线开通，其终点站就是小樽的手宫站。

手宫站于1985年停止使用，废弃的车站被改建为小樽市综合博物馆。日本重要文化遗产之一的旧手宫铁路设施就位于博物馆的一角。

这个设施的中心位置上有一台转车盘。顾名思义，它就是通过旋转横梁调整列车运行方向的装置。各大主要车站里都曾有这样的设备，随着蒸汽机车逐渐退出历史舞台，转车盘的数量也在慢慢减少。

在小樽市综合博物馆的南侧还有一台转车盘，那是从小樽筑港机关区转移过来的。与此相对，中央转车盘则原本就位于现在的位置，在1919年由横河桥梁制作所建造完成。

有两个机车库的出入口正对着这台转车盘。同样身为机车库，位于京都梅小路机关区的机车库（1914年竣工，原为蒸汽机车馆，2016年改为京都铁道博物馆）更为人所熟知，但它是钢筋混凝土结构，而小樽的机车库则是砖造建筑，历史也更为悠久。

规模比较小的那个是3号机车库，于1885年竣工，是日本现存最古老的机车库。较大的那个是1号机车库，于1908年竣工，最左边的三节库位在1996年经过修复。

车库内部现在也对外开放，展示了旋转式铲雪车、堆雪车等少见的除雪机车。不过这些展览在冬季并不开放，去参观时敬请留意。

功能主义的先驱

这些以转车台为中心建造的车库，根据其横截面的形状，被称为“扇形库”。最早的扇形库建于1839年的英国德比郡，但扇形建筑出现的年代则更为久远。例如，罗马圣彼得大教堂的柱廊（17世纪）、古希腊和古罗马的圆形剧场或斗兽场的看台，等等。中国的“福建土楼”也很有名，那就是由连续的扇形建筑所组成的环形集体住宅。

那日本本土有没有类似的扇形建筑呢？回顾那些古建筑，就只有法隆寺的梦殿和根来寺的多宝塔采用了八角形或圆形的平面设计，但是它们的中心部位并不像外观轮廓那样呈现出扇形。虽说山形县济生馆的一楼是环形的，将中庭包围了起来，但那已经是明治时期的建筑物了。总而言之，日本并不存在扇形的古建筑。

那么，手宫站的扇形库又是如何出现的呢？负责调整列车方向的转车盘自然是圆形的，从中延伸出来的铁路线便呈放射状，那么盖在这些铁路线上的车库也就随之采用扇形结构。在设计的时候也参考了国外的铁路设施，最终从功能的角度出发，建造了扇形库。

“形式遵从功能”——这是美国建筑师路易斯·苏利文的名言，在业界非常有名，是现代主义建筑理念的体现。不过最终完美阐释这句话的人并不是热爱在办公大楼使用复杂装饰的苏利文，而是德国建筑师雨果·哈林。他的设计代表作“伽高农场”（1922—1925年完工），就是为了方便给牛喂草而建成了马蹄形，这在当时看来非常不可思议。

手宫机车库是日本现存最早的砖造机车库。虽说如此，但笔者并不是铁路迷，所以对此行并不是非常期待。但是看到实物之后，我却可以自信满满地说："建筑方面的确值得一看！"

来小樽的话绝对不能错过此地！

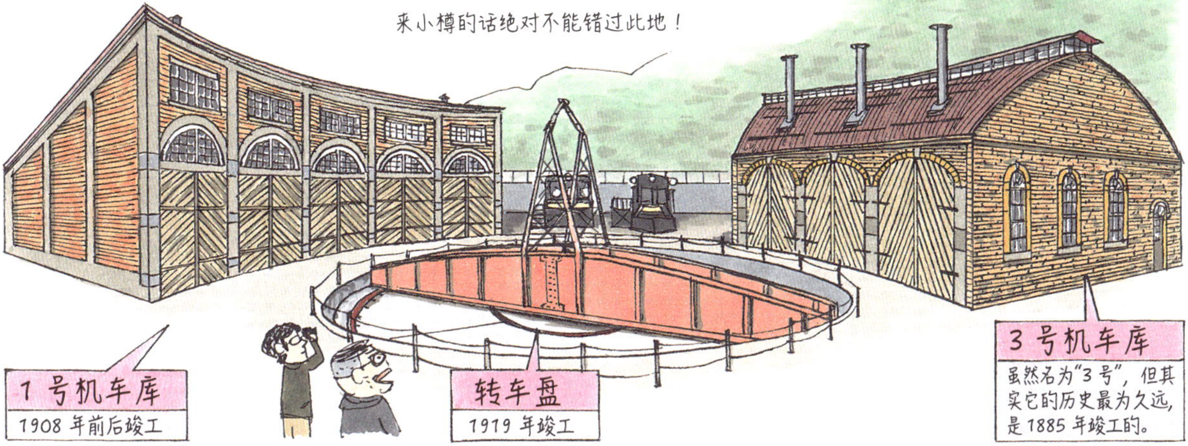

1 号机车库
1908 年前后竣工
转车盘
1919 年竣工
3 号机车库
虽然名为"3 号"，但其实它的历史最为久远，是1885 年竣工的。

石狩湾
三笠
手宫
幌内
南小樽
札幌
N
3 号机车库
栈 桥
N

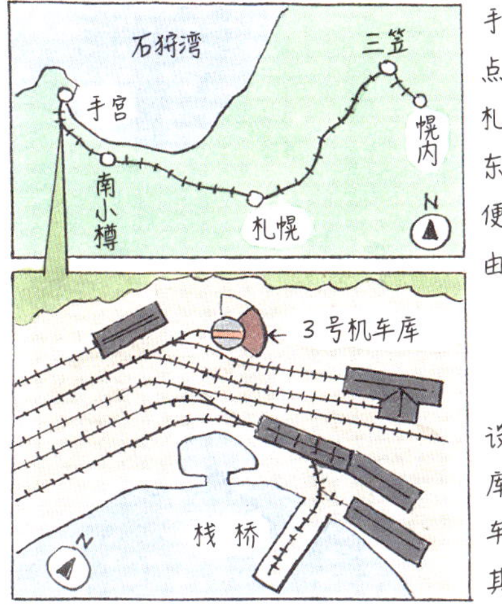

手宫停车场是"幌内铁道"的西起点，该铁路于 1880 年开通，在札幌至手宫之间运行。1882 年，东起点由札幌延伸到幌内，以便将幌内开采出来的煤炭经由手宫栈桥运送到海上。

设于停车场内的机车库通过转车盘收纳车体，并在库内对其进行保养。

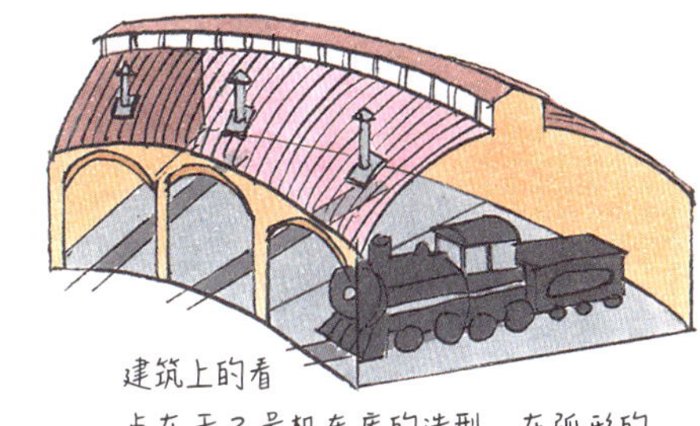

建筑上的看点在于 3 号机车库的造型。在弧形的平面上修了拱形屋顶不说，屋顶上还加盖有单跨屋顶！看起来简单做起来难啊！

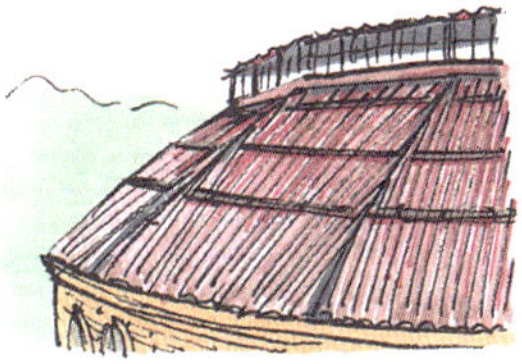

◀ 波纹板做的屋顶没有排好，露出几个大口子，挺好笑的。

这些功能主义建筑的先驱，为扇形库的设计建造提供了标准，即“形态服务于轨道”。

自如切换风格

负责旧手宫站 3 号机车库设计工作的平井晴二郎，是日本文部省组织派往美国学习的首批精英之一。他从日本的开成学校毕业后，进入美国的伦斯勒理工学院深造。

他回国之后就担任北海道开拓大使，作为一名技术官僚从事铁路建设。在设立铁道院（日本国有铁道、JR 集团的前身）的时候，他在后藤新平手下任副总裁，同时担任日本贵族院议员的职务。

有意思的是，平井先生也是北海道厅——红砖厅舍（1888 年竣工）的设计者。而这栋建筑是典型的新巴洛克风格，其设计理念与机车库的功能主义完全相反。

就像是在自己心中设置了一台转车盘似的，平井先生在建筑师、设计师与官僚等身份背景之间自如切换。作为一名建筑大师，他也熟练地运用了样式建筑与功能主义建筑这两种不同风格。

并不争论孰优孰劣，而是接纳研究不同的建筑风格，并令其发挥出最大的作用——这就是明治时期日本建筑界的状况。以上便是我在调查砖造扇形库及其设计者时所领悟的心得。

横截面如图所示，建筑呈放射状延展开来。

在既没有 CAD 也没有 BIM 的时代，能设计出这样的形状真是令人感慨。

木质的框架采用了连续的弓形结构，让人不由得想起了高知县的牧野富太郎纪念馆。

设计：内藤广
1999 年竣工

设计者平井晴二郎可能原本打算按放射状把这个建筑连续地盖下去，

但是几年之后，增建的是木造车库……又过了十几年，人们盖起了 1 号机车库。

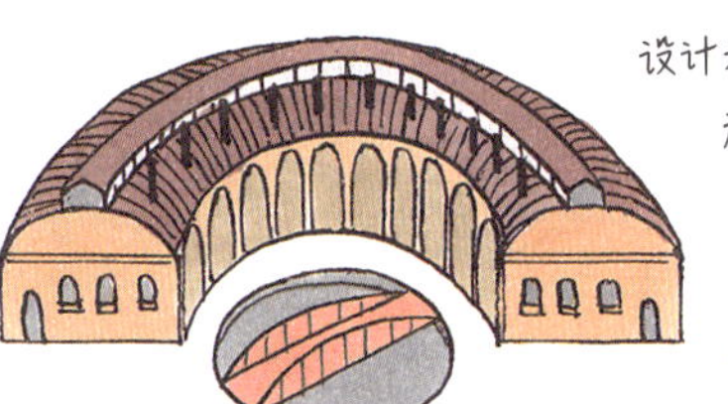

不是做成拱形，而是切妻屋顶（现在已经没有了）。

不能如设计者所愿真是令人遗憾。

1 号机车库虽然也是砖瓦造建筑，但是房顶却变成了单坡顶。这是为了防止积雪落入转车盘一侧。

虽说如此，但并不见得平井先生就不知道这种设计的好处。可能他就是喜欢用西洋式的拱形屋顶吧。

但这也正是“建筑”的一部分。

真希望能够实现设计者当初的构想，用玻璃屋顶把 1 号和 3 号机车库连起来啊！到了 BIM 建模大显身手的时候了，看起来不错吧！

日本银行旧小樽支店

小樽市/明治四十五年

从西北面看到的外观

该建筑位于有“北方的华尔街”之称的小樽市金融街。设计者是辰野金吾、长野宇平治、冈田信一郎等数位优秀的建筑师。外观为文艺复兴建筑风格，屋顶共含五个穹顶，外侧墙壁由砖砌成，并涂以水泥灰浆，营造出了石造建筑般的视觉感受。2003年改为“金融资料馆”，供人免费参观。

指定 小樽市文化遗产

建筑时期 1912年（明治四十五年）

设计者 辰野金吾、长野宇平治、冈田信一郎

营 9:00—17:00开放（16:30后禁止入馆），每周一（如遇法定节假日则顺延至第二天）及12月31日至次年1月5日休馆。

¥ 免费。

北侧为拍摄正门的最佳角度。

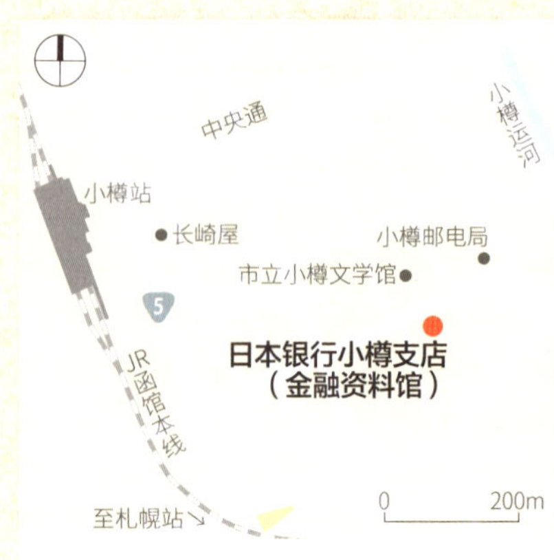

北海道小樽市色内1-11-16

从JR小樽站出发步行10分钟即到。

特别保留的“辰野色彩”

辰野金吾（1854—1919）是一位设计风格非常多变的建筑师。他的代表作首推带有红色和白色带状装饰的维多利亚哥特式建筑。

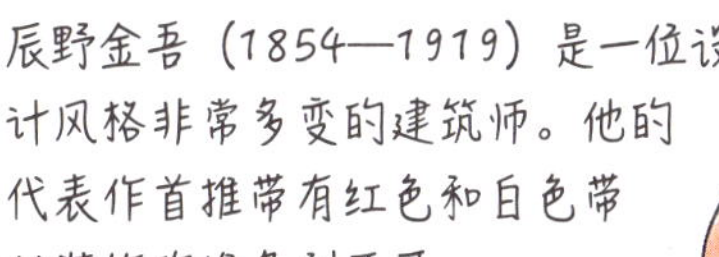

例如岩手银行本店（1911年）

新艺术建筑　维多利亚哥特式建筑　和风建筑　文艺复兴建筑　伊斯兰建筑

辰野先生在1910年前后还设计过这种风格的建筑。

松本邸（1911年）

奈良宾馆（1909年）

国技馆（1909年）
*已不存在

在这一时期，辰野先生为了确认究竟哪种风格最适合自己，尝试了各种各样的设计。虽然样式各不相同，但每座建筑上都带有强烈的“辰野色彩”。

与前面这些建筑相比，日本银行小樽支店的设计采用了低调的文艺复兴建筑风格。初看上去并没有发现“辰野系建筑”鲜明的特点，但实际上……

虽说“低调”，但那毕竟还是辰野先生的作品。仔细观察就会发现他在穹顶上下了很大的功夫。特别是瞭望台上方的装饰更是无比精美！

墙壁上面的浮雕主题是名叫“岛枭”的猫头鹰，它是阿伊努族的守护神。

建筑内外共计有30幅这样的雕像。真是很像辰野先生的作风。

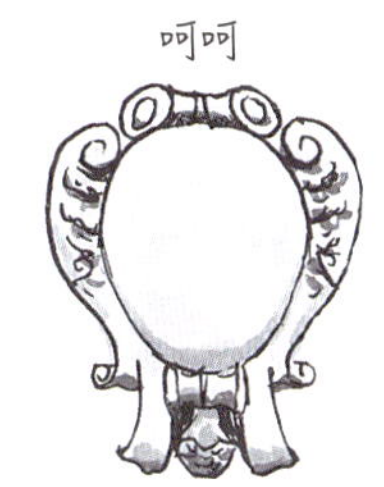

文艺复兴风格的建筑其实是辰野先生的竞争对手——片山东熊先生的拿手好戏。辰野先生之所以选择这种风格，可能就是想向世人证明：“我也能做这样的设计！”两年之后，辰野先生又以最擅长的维多利亚哥特式风格完成了东京火车站的建设。

04

建议浏览观赏

旧函馆区公会堂

函馆市/明治四十三年

从东面看到的景象

公会堂建在可以俯视函馆港的高台之上，采用了左右对称的殖民地式建筑风格，淡蓝色和黄色的涂装色彩对比鲜明强烈。公会堂于明治四十三年（1910年）竣工，建筑资金由富商相马哲平先生提供，原计划就是将其打造成象征社会复兴的标志性建筑。竣工后的第二年，当时身为皇太子的大正天皇曾在此下榻。

指定　重要文化遗产

建筑时期　1910年（明治四十三年）

设计者　小西朝次郎（函馆区役所土木科）

营 开放时间为9:00—19:00（11月至次年3月17:00闭馆）。12月31日至次年1月3日休馆。

¥ 门票价格为300日元/成人。

东北方为拍摄正门的最佳位置。

北海道函馆市元町11-13

从函馆站前公交车站出发乘坐市电（市内电车），至末广町公交车站下车，再步行7分钟即到。

这就是想象中的“洋楼”

旧函馆区公会堂建在可以俯视函馆港的高台之上，即便从远处望去，外墙的淡蓝色和黄色的对比也非常醒目。

町会所曾在1907年被大火烧毁，之后由富商相马哲平出资赞助，修建了它的替代品——公会堂。整体于1910年竣工。

这座想象中的“洋楼”拥有三角形的连续房顶及伸出二楼的大阳台。

这座由小西朝次郎设计（函馆区役所土木科），村木甚三郎修建的楼房是典型的“仿西式建筑”。在封檐板上装饰有藤蔓花纹。

和

阳台柱子上的装饰也分为蓝黄二色，采用的是日本传统图案。

这座建筑虽然身为“重要文化遗产”，但迄今仍在为市民提供服务，经常有音乐会在此举办，因此显得生机勃勃。

◀二楼大厅

阳台▶

▼一楼走廊

不仅专业摄影师可在此拍摄，普通游客也可随意拍照，并没有任何拍摄限制。因此在公会堂中随处可见身着西洋传统服饰的女士，她们的存在为此地增色不少。

Good idea!

另外，这里还有一项值得一提的服务，那就是“西洋衣饰馆”。只要各花上1000日元租借服装和雇人化妆，就能在这里找到《乱世佳人》的感觉。

05

网走监狱五翼放射状平屋舍房

网走市/明治四十五年

从西北方的上空俯拍五翼放射状平屋舍房(网走监狱提供)

这是网走刑务所于明治四十五年(1912年)至昭和五十九年(1984年)实际使用过的监狱,至今已有一百多年的历史。从中央监控室起,每隔45°角就向外延伸出一排带有山形屋顶的房舍,共计5排,呈放射状排列。在昭和六十年(1985年)的时候,房屋进行了整体搬迁,变身网走监狱博物馆。这是一座保存并公开了网走刑务所旧建筑的野外博物馆。

指定 登录有形文化遗产

建筑时期 1912年(明治四十五年)

设计者 司法省

- 营 开放时间为8:00—18:00(11月至次年3月17:00闭馆,入馆时间截止为闭馆前1个小时)。
- ¥ 门票价格为1080日元/成人。
- 西北方向为拍摄五翼放射状平屋舍房出入口的最佳方位。

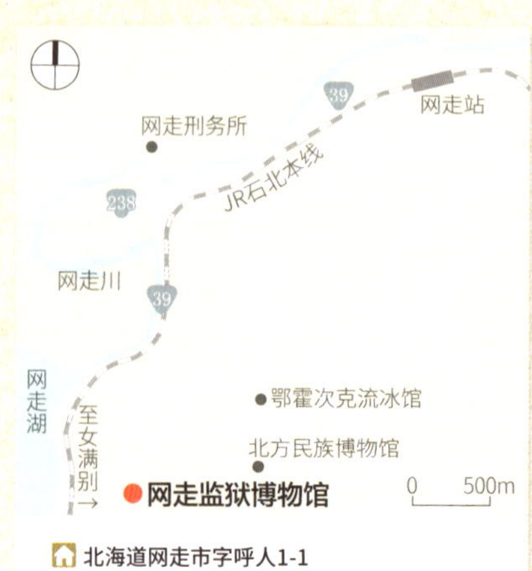

- 北海道网走市字呼人1-1
- 从JR网走站徒步4千米即可到达,大约需要40分钟的时间。或者乘坐网走市内观光巴士,在网走监狱博物馆站下车(此线路为季节性运行)。

由内向外扩展的建筑形式

乘坐巴士从网走站出发，一路向西行驶。没过多久，就能看到位于河对岸的网走刑务所的砖墙。但并不是在这里下车，还要沿着网走湖朝着大山的方向继续行驶五分多钟的路程，最终才到达目的地——网走监狱博物馆。

这座位于野外、对外公开展示的博物馆，是1890年（明治二十三年）时由网走刑务所的旧建筑迁移过来而成的。它的占地面积有“东京巨蛋”（Tokyo Dome）的3.5倍大，重现了往日的厅舍、大门、教诲堂、独居房、浴室等20多处建筑。

其中最值得玩味的就是被选为“有形文化遗产”的五翼放射状平屋舍房了。它曾经一度被大火烧毁，后于1912年（明治四十五年）重建。它最大的特点就是呈放射状排列的木质平房监舍，据说是仿照比利时的鲁汶监狱（1864年竣工）建的。其设计最巧妙的地方在于从紧挨着玄关的中央监控室望出去，可以将5条延伸出去的监舍通道尽收眼底。

说到监狱的建筑形式，就不得不提英国哲学家杰里米·边沁研究出来的全景式监狱，也叫作“全面监视设施”。具体来说就是把犯人居住的监舍安排在一个圆形平面的外围，在圆心的位置设置监视塔，以便监视犯人的一举一动。据说即使没有人在监视，也能让犯人产生被监视的压迫感。

虽然从网走监狱的平面图上来看，并不能直接观察到每个监舍的内部情况，但是通往监舍的道路却是一览无遗的。可以说与边沁的方案有异曲同工之妙。

毫不掩饰的合理主义

关于呈放射状的建筑物平面，我们在前面讲解小樽市手宫机车库的时候已经有所涉及。手宫机车库之所以采用扇形结构，是因为承载机车的线路是从圆形转车盘里延伸出来的。而网走监狱建成放射状，则是为了方便少数看守监视大量囚犯。

由此可见，在明治时代的很多建筑上都能发现明显的合理主义设计手法，设计师们正是以此来应对新技术的发展和社会制度的变革。

除了网走监狱以外，还有很多建筑也采用了放射状屋舍的设计。例如，山田守设计的东京厚生年金医院（1953年，已不存在），以及同样是山田守设计的东海大学湘南校区1号馆（1963年），还有新大谷酒店（大成建设，1964年），等等。

要说现代有没有哪些建筑也采用了这样的设计，我一时还真想不起来。非要说相似的话，宇都宫美术馆（设计：冈田新一设计事务所，1996年）勉强算一个。可能是这种有固定的中心、由此向周围辐射的组织结构或系统已经落后于时代了，建筑也不例外。现在的网走刑务所也不是这种样式了，而是由几栋平行的楼宇组成，彼此之间有道路相交。

终极的封闭式建筑

接下来我们去监舍的内部看看吧。长长的通道两侧都是犯人的囚室，监舍的上方还装饰有白鸟由荣的塑像——他可是吉村昭所著小说《破狱》里的“越狱名人”。整个空间居然给人以很明亮的感觉。通道的天井上开有很多天窗，加之天井也足够高，因此自然光线充足，感觉就像一个半室外的空间。

一说起网走刑务所，就不得不提到电影《网走番外地》。从这里面出来的人个个像高仓健一样沉默寡言……让人不由得对里面残酷的环境浮想联翩。真实情况到底如何呢？于是我拜访了网走监狱博物馆，它就是由明治时期的网走刑务所拆迁改建而成的。

穿过按照原型复原的“镜桥”，从停车场走向正门。为了防止犯人越狱，如今的网走刑务所也建在网走川的岸边，只通过桥梁与对岸相连。

正门（复原）是砖石结构。我原本以为会采用令犯人胆寒的冷酷设计风格，但没想到居然是圆形的拱门，好像主题公园一样。

← 首先参观的是博物馆的核心“五翼放射状平屋舍房”。监舍建成初期，就在 1909 年因火灾被烧毁。3 年后重建完成。到 1984 年为止，一共使用了 72 年之久。以中央监控室为中心，一共有 5 排监舍呈放射状向外延伸。

如此看来，其实还能够再增建 3 排监舍，做成“八翼放射”呀。这就是建筑设计的生命力所在吧？

走过通道的时候，我感觉这种体验似曾相识。究竟在哪里遇到过这样的结构呢？

建筑评论家长谷川尧先生专门研究过监狱内部所营造出来的“室外空间感”。

“（监舍）的整体构成与那些对外开放的普通建筑完全相反，毫无疑问，它的结构应该是向内开放的。”（《是神殿还是监狱？》，1972 年）

在写下这段评论的 20 世纪 70 年代，建筑师们正把同样的结构运用于独立住宅的设计。原广司的家（1974 年）和安藤忠雄设计的“住吉的长屋”（1976 年）就是其中的代表。这些建筑的外侧被墙壁封得严严实实，而内部却设计了中庭和带有天窗的长廊，并以此为中心设置房间。

像这种极端封闭的住宅设计在 80 年代以后逐渐式微，反倒是购物中心沿用了这样的结构。

其建筑特征就是在一个楼梯井状的半室外空间里隔离出数个通道，通道两侧并列着面积大小相同的店铺。从外观上看就像盒子一样。

近年来，封闭式社区（gated community）逐渐受到人们的欢迎，因为它可以严格控制人员的出入，安全保护级别很高。购物中心自然也不例外。它们普遍选址在郊区，人们只能开车前往，出入口也有人流监控。与此相比，可以说监狱是一种终极的封闭式建筑。

原来我在网走监狱中产生的熟悉感来自购物中心的空间体验。一个可以让全家人愉快并安全地度过周末的场所居然与监狱的结构相似，这让我不得不感慨建筑真奇妙。

刑务所内居然能让人心情平静？
放射状监舍内的实物布置与迁建前一致，因为博物馆是民间团体在运营，所以能够进入房间内部体验一番。
放我出去
当时刑房的模型
厕所
内心居然很平静……
现在的单间（再现）
我们在这里回顾一下网走刑务所产生的背景。主要有两个方面的原因：一是在西南战争（1877 年）中产生的囚徒数量增加；二是为了开拓北海道，需要人力去修筑主干道。
西南战争中产生了很多政治犯
解决了本州刑务所不足的问题
开通中央道路（札幌—网走）
增强对俄防御力
为了修筑中央道路，一共派遣了 1000 多名犯人到工地上。为了防止他们逃跑，就两人一组绑在一起，共同从事重体力劳动。因为营养不良，有 200 多人倒毙于此。
休息的工棚（再现）
寒风飕飕……
以圆木为枕
因为刑务所距离较远，犯人们无法当天返回，就在圆木筑成的工棚里休息。这里也被称为“移动监狱”。真恐怖啊……
这座监狱的全封闭程度也很耐人寻味。食材都是犯人们在菜园里自己种的，修监狱用的砖瓦也是他们在登窑里烧的。住在这所用自己的双手建成的监狱里，犯人们又是怎样一番滋味在心头呢？
三联登窑（再现）
与残酷的工地作业相比，刑务所内简直就是一个让人“起死回生”的地方（如果不把寒冷计算在内的话）。
教诲堂（原讲堂移建）
澡堂（再现）
光看宽敞的讲堂和烧着锅炉的澡堂的话，甚至会让人觉得这只是一处研修所。
这里也有天窗呢

专栏

辰野金吾

1854—1919

朴实刚健的"辰野坚固"

明治维新之后，为了在日本普及真正的西洋建筑，日本政府在工部大学校[1]设立了造家学科，旨在培养该方面的建筑人才。辰野金吾就是第一期毕业的四名建筑师之一。

他的老家在佐贺县的唐津市，与他同期毕业的曾祢达藏也来自那里。不过曾祢达藏出生在高级武士家庭，而辰野则是低级武士出身。此外，设计过"宇部市民会馆"和"日升剧场"的村野藤吾（1891—1984）也是唐津市人。日本没有任何一个城市能像唐津这样拥有这么多的大建筑家。

辰野金吾以工部大学校第一名的成绩毕业后便留学英国，回国后成为帝国大学的教师，同时担任造家学会（后来的日本建筑学会）的会长。就这样，他以学术的世界为出发点，成为尚处在黎明期的日本建筑界毫无疑问的领军人物。

他同时也是设立民间建筑设计事务所的先驱者，与葛西万司在东京共同成立了辰野葛西事务所，与片冈安在大阪共同成立了辰野片冈事务所。他的代表作有第一银行神户支店（现在的神户市营地铁港元町站）、旧盛冈银行本店、奈良宾馆、武雄温泉新馆楼门，等等。他的建筑风格朴实刚健，因此得到外号"辰野坚固"[2]。

辰野金吾私底下非常喜欢相扑，甚至一度想让儿子（辰野隆，法国文学专家）成为一名相扑选手。他也参与设计了国技馆（1909年竣工），该建筑拥有漂亮的圆形屋顶。如果留存至今，肯定是一座与东京火车站齐名的胜地。

1　明治时代初期由工部省管辖的教育机构，现在东京大学工学部的前身。
2　日语中，"坚固"与"金吾"发音相似。

原来如此，←他看到的是这般光景啊。
噢
啊哦
真了不起！
东北
这边的更值得研究呢……
原来如此！

06

建议浏览观赏

三内丸山遗迹

青森市/绳文时代前期至中期

大型竖穴式住居遗迹后面是大型掘立柱式建筑物遗迹

东北

这是日本最大的绳文时代聚落遗迹。在1992年进行的发掘调查中，人们找到了大型竖穴式住居、大型掘立柱式住居和道路等建筑遗迹，由此证明了古时候曾有人在此地过着长期的定居生活。直径约2米的柱穴是这里的标志性遗迹，证明此地曾存在大型掘立柱式建筑。据推测，柱穴里曾埋有6根巨大的栗子树木料，古代人在此之上修筑了长方形的干栏式建筑物。

指定　特别史迹

建筑时期　5500年前至4000年前(绳文时代)

设计者　不详

营 9:00—17:00开放(6月至9月开放至18:00，关闭前30分钟不得进入)。年末和年初休馆。

¥ 免费。绳文时游馆(展厅)也免费。

周围无任何遮挡物。

青森市大字三内字丸山

从JR青森站出发乘出租车约需要20分钟；乘坐市营巴士的话就在三内丸山遗迹下车；从JR新青森站出发乘出租车约需要10分钟。

不要小看绳文时代的建筑能力

三内丸山遗迹是绳文时代前期至中期的住居遗迹。

其标志性建筑就是由6根柱子组成的塔。柱穴的直径和深度均为2米。在发掘的时候，人们在里面发现了栗子树木料残留的痕迹。有一种说法认为这只是单纯地把栗子树木料立起来做成的“图腾柱”，但根据柱穴排列的规则性来看，这是“巨大的掘立柱式建筑物”的说法则更为有力。

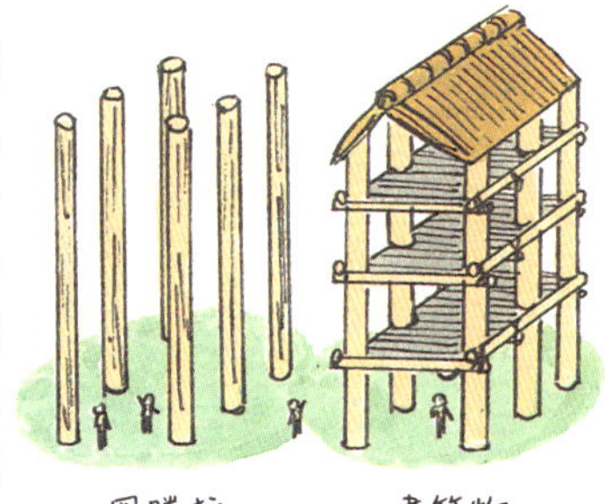

复原当时情形

即便这是一座建筑物，但它有两三层楼高还带有房顶。当时的人们是如何把这样粗壮的木料立起来并做成这样的呢？在复原的时候，难道人们没想过绳文人的建筑观念居然如此先进吗？

对于建筑爱好者来说，大型竖穴式住居也非常值得玩味。根据复原图所示，人们在同一个屋顶下共同生活。

宫泽想象图

但即便是绳文人，过着这种完全没有隐私的生活真的没关系吗？他们的建筑能力确实很强的话，其实可以做成长屋那样的“复式公寓”呀。

想象图

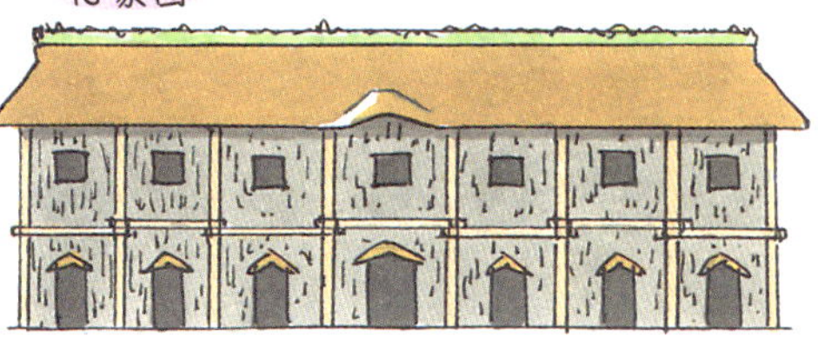

想象图

复式公寓建造起来简便，而且便于上下。

按照自己的想法复原古代遗迹真的很有趣！

07

大汤环状列石

秋田县鹿角市/绳文时代后期

左边是万座环状列石，右边是野中堂环状列石（航空拍摄）

这是绳文时代后期（约4000年前）的遗迹，其中心地带有直径约52米的“万座环状列石”和直径约44米的“野中堂环状列石”。这两处遗迹均由超过100处的遗构组成，它们集合在一起排列成两组同心圆，同心圆的内外两侧分别被称为内带和外带。人们在环状列石的周围还发现了很多储藏穴和柱穴的遗迹。

东北

指定　特别史迹

建筑时期　约4000年前（绳文时代后期）

设计者　不详

营 4月至10月9:00—18:00开放，无休。11月至次年3月仅开放至16:00，每周一休馆。

¥ 环状列石可免费参观，大汤环状列石馆的门票价格为300日元/成人。

周围无遮挡物。只不过将整个石环都纳入镜头内非常困难。

秋田县鹿角市十和田大汤字万座45

从JR鹿岛花轮站乘坐开往大汤温泉的巴士在环状列石前下车。或者在JR十和田南站乘坐出租车，约花费15分钟。

双子之环

从盛冈站出发，依次乘坐岩手银河铁道和 JR 花轮线，大约用两个小时才到达十和田南站。在站台旁边，就有一处小小的环状列石复制品。由此可见，这里已经成为当地的标志性景观。

从这里开始再搭乘出租车，15 分钟左右就到达了大汤环状列石馆。我跟随馆内的工作人员参观了就在不远处的环状列石。

这处遗址是在 1931 年被人发现的，据说建成于绳文时代后期，迄今已有 4000 多年的历史。

两组环状列石分居公路两侧，东边的是野中堂环状列石，西边的是万座环状列石。经过研究后发现，如果把这两组环状列石的圆心连成直线，其向西延长的部分正好指向夏至日的日落方向。

野中堂环状列石的直径约为 44 米，万座环状列石的直径则为 52 米。因为它们分布在广阔的平地上，所以在近处很难判断出其形状。人们在万座环状列石的旁边建造了一个瞭望台，站在台上向下看时才会发现："的确是个圆形。"

走近仔细观察，这些圆形都是由很多小石块组成的。虽然很难判断出其排列是否具有一定的规则性，但能看出来曾经有柱状石头放置在此。而且在"外带"和"内带"之间的区域内有一组石头正好被放在从中心放射至西北方的位置上，被称为"日晷状组石"。在环状列石的中心区域内也有柱状立石。人们复原了位于万座环状列石周围的掘立柱式建筑物，发现它们也是按照同心圆的形状排列的。

那么，环状列石到底是做什么用的呢？据发掘调查显示，每块被安排好的石头其实都是一块墓碑，这里就是一处公墓。但也有可能是举行丧葬或祭祀仪式的地方。这些石头都是绿色的，经考证，它们全部是从距离此地4千米远的安久谷川的冲积平原上运过来的。绳文时代的人们凭借着繁重的劳作和惊人的毅力才建造出了这些环状列石阵。

小小的建筑之源

这种把石头按照环状排列的古代遗迹被统称为“stone cycle”。在日本，除了大汤环状列石之外，还有小樽市的忍路环状列石和北秋田市的伊势堂岱遗迹等，在北海道和东北地区多有发现。世界各地也不乏这样的遗迹，像英国的巨石阵和非洲塞内冈比亚环状列石等，都被认定为世界遗产。

这些石头阵无一例外都是人们从远处将沉重的石头运到某地，然后将它们竖立起来形成的。石头的排列都是有讲究的，意在让看到这些笔直朝天的巨石的人们自觉地从内心涌出崇高的情感。身兼建筑史学家和建筑家两大头衔的藤森照信先生高度评价了这些遗迹群，认为它们是人类“建筑的起源”。

海外那些著名的“stone cycle”中的石头都非常巨大，如英国巨石阵里的立石甚至高达5米。而大汤环状列石里的石头最高也不超过1米。如果把这看作建筑的起源，未免也太袖珍了点。

不过事实上，日本建筑以“小”为特点的历史由来已久，茶室就是世界上最小的建筑样式。即使在现代，也有不少建筑家以设计狭小住宅而闻名。曾经被戏称为“兔子笼”的日式小型住宅如今也受到了海外建筑界的关注，听说有不少海外住宅就是模仿这样的设计。

可能日本小型建筑的根源，就在这小巧的环状列石之中吧。

这次之所以想参观大汤环状列石，是源于跟藤森照信先生的一番谈话。他已经把世界上的环状列石看遍了。

说起石头阵，我就只知道英国的巨石阵……

我成功地说服了矶达雄先生跟我一起去。

石头阵有什么可写的？

去了就知道了嘛。

大汤环状列石位于秋田县的鹿岛市。

如果搭乘电车的话，从东京出发要花5个小时。因为离东北机动车道比较近，建议开车前往。

青森 八户 新干线 秋田 盛冈

从距离遗迹最近的十和田南站下车，就会看到站内有一组环状列石。

噢

当然了，这是现代人做的模型。

真正的环状列石就位于一片巨大的草地中间，看起来毫不起眼。明明是贵重的绳文遗迹，居然不收参观费！

哦，确实是环状的。

只用绳子围起来真的不要紧吗？

居然这么小啊。

在我的想象中，石头阵应该很庞大才是。稍微有点失望。

象征永恒的标志

参观大汤环状列石后，人们会觉得这两个石头阵相邻且并列的结构值得玩味。而且，无论从大小还是结构上来说，它们几乎完全相同，就像是参照着彼此做出来的一样，就像是在镜子里对着另一个自己。

而且，外形偏偏还是对向心性要求极高的圆形。每处的阵形都是两个同心圆，强调唯一的中心。但是，建造出环状列石的绳文人，把两个相同的环状并列在了一起。虽然各自拥有一个中心，但呈现出的却是分裂的状态。

不管哪一处都无法说自己的是唯一的。两个圆互为参照和模仿，一起存在下去。

像这样并列的建筑，据我所知有好几处。例如，日本的伊势神宫就有两块比邻的用地，一块用来建造，另一块用来生息，隔段时间就相互交换职能，用这种建造方式令建筑得到永生。

另外一处就是曾经矗立在纽约市的世界贸易中心——双子塔(设计：山崎实，1973年竣工)。法国的思想家让·波德里亚在其著作《象征交换与死亡》(1976年)一书中曾这样评价道：“两座摩天大楼以非竞争的姿态面对面地站在一起，宛如资本主义自闭的终结形态。”也就是说，这样的设计代表着资本主义的永恒性。

大汤环状列石的双子圆环就是立于我们面前的一个记号，象征着建筑无始无终的永恒生命。

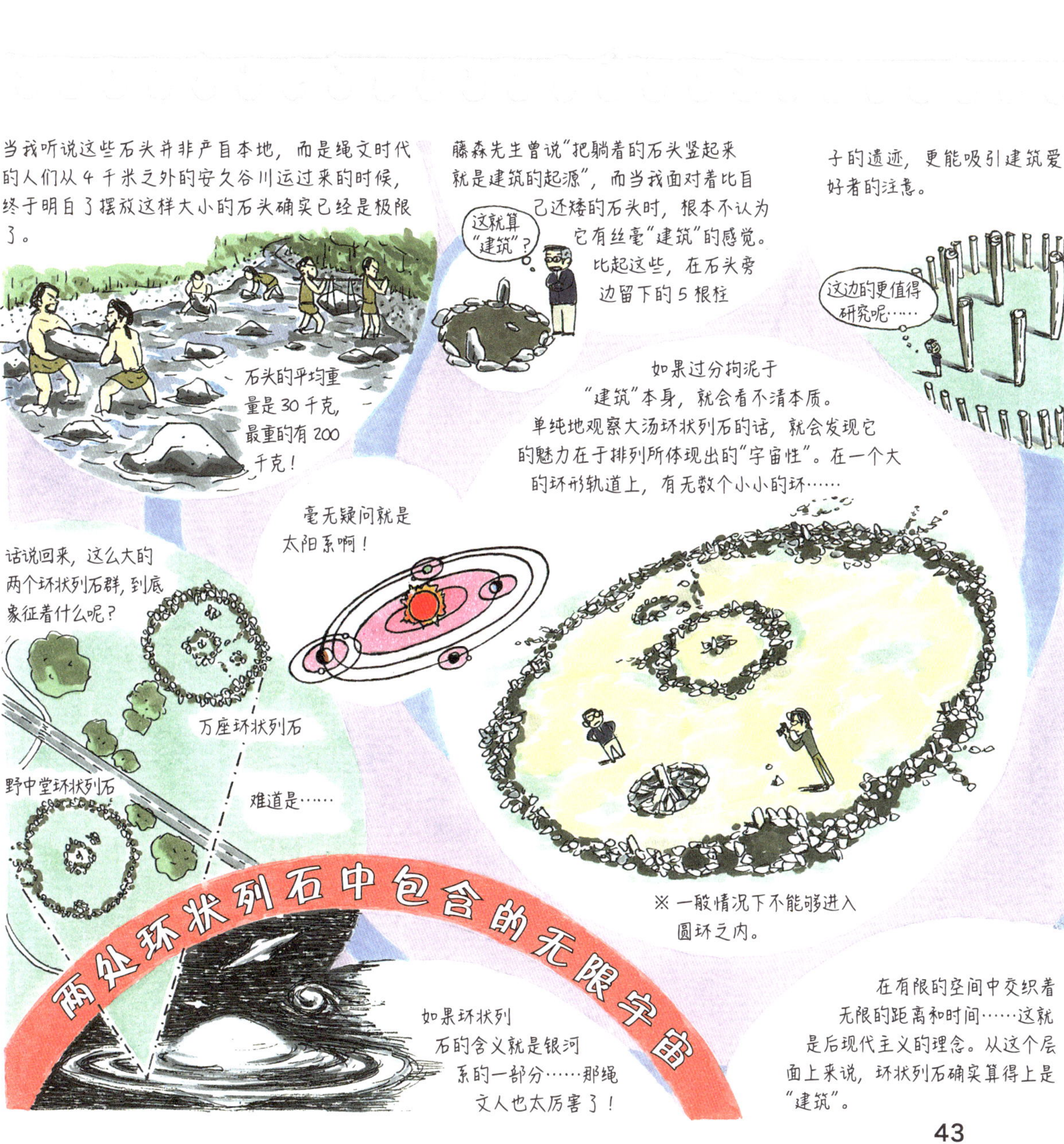
当我听说这些石头并非产自本地，而是绳文时代的人们从4千米之外的安久谷川运过来的时候，终于明白了摆放这样大小的石头确实已经是极限了。
石头的平均重量是30千克，最重的有200千克！
藤森先生曾说“把躺着的石头竖起来就是建筑的起源”，而当我面对着比自己还矮的石头时，根本不认为它有丝毫“建筑”的感觉。
这就算“建筑”？
比起这些，在石头旁边留下的5根柱子的遗迹，更能吸引建筑爱好者的注意。
这边的更值得研究呢……
如果过分拘泥于“建筑”本身，就会看不清本质。
单纯地观察大汤环状列石的话，就会发现它的魅力在于排列所体现出的“宇宙性”。在一个大的环形轨道上，有无数个小小的环……
毫无疑问就是太阳系啊！
话说回来，这么大的两个环状列石群，到底象征着什么呢？
万座环状列石
野中堂环状列石
难道是……
※一般情况下不能够进入圆环之内。
两处环状列石中包含的无限宇宙
如果环状列石的含义就是银河系的一部分……那绳文人也太厉害了！
在有限的空间中交织着无限的距离和时间……这就是后现代主义的理念。从这个层面上来说，环状列石确实算得上是“建筑”。

08

中尊寺金色堂

岩手县平泉町/平安时代后期

金色堂的正面外观（手绘）

据说金色堂是由奥州藤原氏的第一代当家藤原清衡在1124年修建的。
其内部覆满金箔，被称为“皆金色”。除此之外还装饰有象牙、宝石和用夜光贝做成的螺钿等。
夜光贝是通过海上丝绸之路从南海专门运过来的。
在须弥坛上供奉有藤原氏的第一代藤原清衡、第二代藤原基衡、第三代藤原秀衡和第四代藤原泰衡。

指定	世界遗产、国宝
建筑时期	1124年上梁
设计者	不详

营 8:30—17:00开放（11月4日至次年2月最后一天则开放至16:30）。

¥ 门票价格为800日元/成人。

禁止拍摄。

岩手县西磐井郡平泉町平泉衣关202

从JR平泉站到中尊寺月见坂入口，徒步需要约25分钟。

东北

边界线上的佛堂

从 JR 平泉站（岩手县平泉町）下车后，我步行前往目的地。一路上看到排列间隔有序的大楼和住宅，它们的背后就是看似近在咫尺的青山，给人的感觉就像是走在东京近郊的新兴住宅区一样。话虽如此，这里确实是日本中世纪就得到开发的“新城”啊。

平泉的历史要追溯到 12 世纪初。当时奥州的豪族藤原清衡将其据点由江刺（如今的岩手县中南部）移至此地。随后他的子孙藤原基衡、藤原秀衡和藤原泰衡继续在这里经营，修筑了寺院、庭园和厅舍等设施。在四代人的努力下，这个远离京都的地方变成了文化繁盛之城。

但是这样的盛世在源赖朝出兵征讨平泉之时就画上了句点——前后仅有百年的光阴。

中尊寺就是在平泉建设初期修筑的。自打进入从国道 4 号线分出来的尾根道，路的两侧就不时出现零星的佛教建筑。其中最气派的就是 1909 年建造的正殿，人们在 2012 年春天刚刚完成对它的抗震整修工程。

穿过正殿再往里去，就到了一处名叫“讃衡藏”的建筑物前——这是专门用来展示中尊寺宝物的地方。在门口缴纳了参观费后，终于就要见到金色堂的真面目了。那可是中尊寺创建至今唯一流传下来的建筑。

登上坡度和缓的石阶，就能看到右前方有一座在阳光下闪闪发光的建筑物。这样的通道设计避免了人与建筑正面相对，而是让人们自然采取仰视的角度，真是非常巧妙。其实现在看到的这座建筑还不是金色堂，而是罩在它外面的、用钢筋混凝土建造的“覆堂”（设计：

山下寿郎设计事务所）。入口还在里面，进去之后才能见到金色堂——整座建筑都收在透明的玻璃柜里与外界隔离，通体发出耀眼的金色光芒。

现代仍在使用的覆堂手法

金色堂建成于 1124 年，格局为“三间四方”（5.45 米 ×5.45 米），地板下面保存着藤原清衡、藤原基衡和藤原秀衡这三人的木乃伊和藤原泰衡的首级。整座建筑都覆满了金箔，部分地方还饰有螺钿。只有屋顶上的木瓦未经加工，保持着原色。

为了保护金色堂免遭风吹雨打，在它的外面建有覆堂，也叫“鞘堂”。现在使用中的覆堂是 1965 年建造的，最早的覆堂出现于 13 世纪前后，是由镰仓幕府主持修建的，为木质结构。上一座覆堂则建于室町时代中期，现在整体移至金色堂的后面保存。

由石碑或者石像组成的覆堂并不少见，但是将一座建筑覆盖于另一座建筑之上的设计则屈指可数。宇治上神社本殿就是其中之一。

与金色堂相似，神社本殿的屋顶也未加任何装饰。其实这个屋顶本是寺庙翻修时为了遮盖建筑而修的罩棚（本书西日本部分也收录了出云大社改建时的本色屋顶），本应该在翻修完毕后撤掉，但后来作为覆堂保留了下来。这与金色堂覆堂的建造初衷很不一样。

现代设计中也有运用此种方法的，那就是大谷幸夫设计的千叶市美术馆·中央区役所（1994 年）。这座高层建筑将竣工于 1927 年的旧川崎银行千叶分行包得严严实实，可以说是现代版的“覆堂”。

安藤忠雄设计的国立国会图书馆国际儿童图书馆（2002 年）虽然不是覆堂的样式，但他用玻璃幕墙将明治时期的建筑正面遮盖起来了，算是部分采用了覆堂的参观当天上午下起了雨，午后就停了。一路上的风光如同当年松尾芭蕉看到的那样。

五月雨の降り残してや光堂[1]

虽说如此，在树荫下漏出的阳光中闪闪发亮的建筑物并不是金色堂，而是由钢筋混凝土建造的“覆堂”，金色堂就在它里面。知道了吗？

从位于覆堂南边的入口进来，就能隔着玻璃罩看到金色堂的左侧面。

噢

绕到玻璃罩的右边就能一睹金色堂的全貌了。

覆堂之中禁止拍摄，我只好挑战一下现场速写啦！这可是开连载以来的头一回。

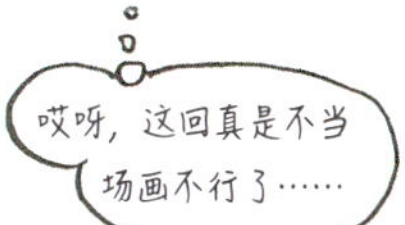

哎呀，这回真是不当场画不行了……

虽然给人以“贴满了金箔”的印象，其实最耀眼的应该算是螺钿的工艺之细腻及其庞大的数量。

仔细看的话就会发现，连屋檐下的椽子上都有繁复的雕花……要想好好欣赏，那可要记得带上双筒望远镜！

1 松尾芭蕉的名句，意为“五月梅雨降光堂，不掩昔辉煌”。

设计。竣工于同一年、设计者也是同一人的美国沃斯堡现代美术馆也是如此。虽然大楼全部都是新建的，但安藤忠雄还是用玻璃罩子把清水混凝土打造的展示室围了起来。清水混凝土可以说是安藤建筑的代名词。也有人认为，正因为沃斯堡现代美术馆用玻璃覆盖，才使得安藤建筑看起来就像美术馆里的收藏品一样。

是建筑，还是艺术品

一座建筑若覆盖于另一建筑之上，就容易让人把里面的那个当作艺术品来看。特别是现在金色堂还被收藏在玻璃罩之内，就更让人往这方面想了。与其说它是一座建筑，不如说是一件模仿建筑的工艺品，就像法隆寺的“玉虫厨子”[1]一样。

而且金色堂的大小与普通佛堂相比确实小巧了一些，更增强了其艺术品的印象。

虽说如此，还是不能简单地把它当作一件艺术品来看待。如果真是那样，就没必要把真品留在这里了，应该找个更好的地方收藏起来，这儿放一个仿制的不就得了。但没有人会这样想。并不是大得挪不了，而是因为藤原氏四代的遗体都在这里面躺着呢！从无法移动这点来看，金色堂的确算得上是一座建筑。

说到这里，又让我想起中尊寺的正式名称了。寺院的全名为“关山中尊寺”，“关山”是古地名，当时是以京都为根据地的大和族和在东北盘踞的虾夷族这两族的分界线。

中尊寺的金色堂就位于这条分界线上。与此同时，它也在建筑与艺术品的分界线上。

扯句闲话，下次重建覆堂的时候，干脆直接在外面罩上一个更大的玻璃盒子算了……不知道成不成呀？

1　安置于日本法隆寺金堂之宫殿型佛龛。因其装饰有玉虫之翼，故称之。

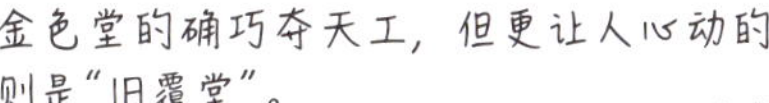

金色堂的确巧夺天工，但更让人心动的则是“旧覆堂”。

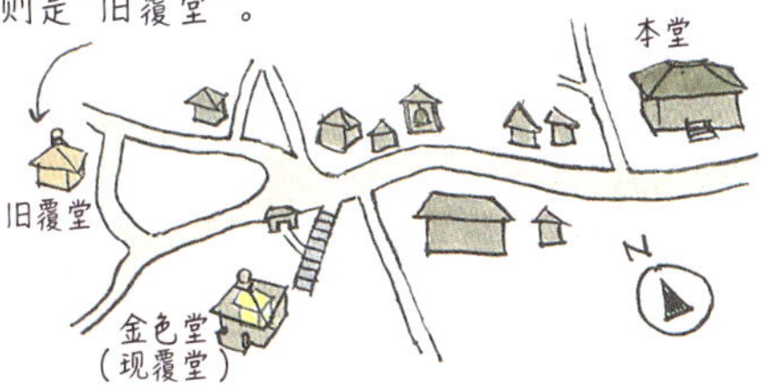

昭和时代进行了一次大的翻修，把旧覆堂整个挪到现在的位置上了。

在金色堂建成约160年后，镰仓幕府为它修建了第一座覆堂。而现有的“旧覆堂”则是在室町时代中期建造的。→

咦，室町时代？那么松尾芭蕉（1644—1694）看到金色堂时，它正在这座木造的“旧覆堂”里面呢。

五月雨の降り残してや光堂

旧覆堂的里面就是很简单的一间屋子，小得惊人。恐怕就是贴着金色堂盖的。

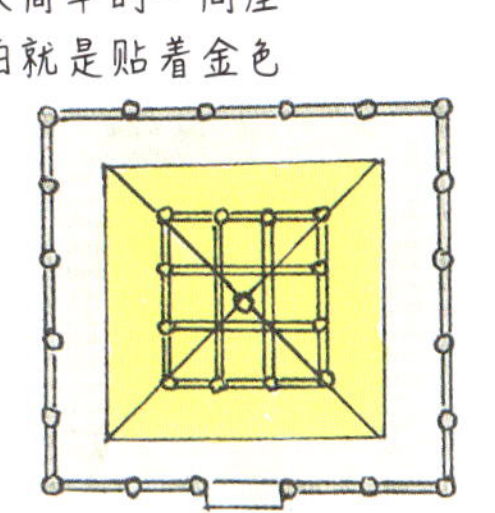

（两者的大小关系目测是这样）

建造覆堂的人是如何打算的呢？

见到旧覆堂的时候，我的心中涌出了很多问题。

- 镰仓幕府把故人的精神支柱——金色堂用覆堂保护起来了，他们当初是怎么想的？
- 覆堂盖得如此简陋，是为了控制成本，还是为了反衬出金色堂的金碧辉煌？
- 内部能透入多少光线呢？
- 松尾芭蕉所吟咏的是金色堂的内部还是外部呢？

不管怎么说，喜爱建筑的人可千万不要错过“旧覆堂”呀！

09

会津荣螺堂（圆通三匝堂）

福岛县会津若松市/江户时代后期

从南侧的斜面俯视荣螺堂

东北

在会津若松市的饭盛山上有一座16.5米高、六角三层的佛堂。
其内部有双重螺旋结构的坡道，不管是向上去还是往下走的人都不会互相交错，各有单独的动线。
在坡道两侧安放着西国三十三观音像，参拜者只用沿着坡道朝一个方向走就能将其尽收眼底。
在佛堂附近还有白虎队十九勇士的墓地。

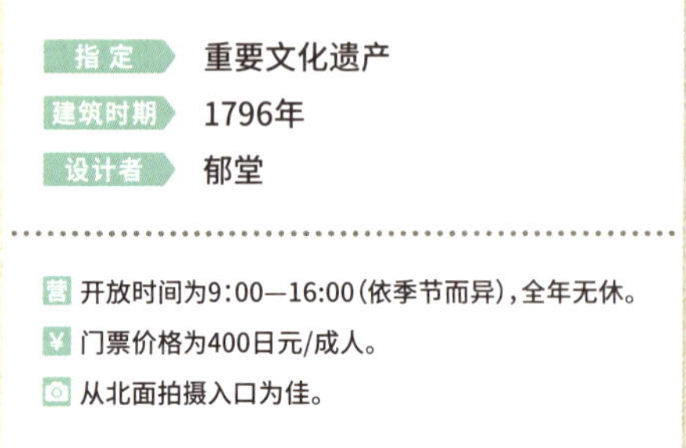

指定　重要文化遗产
建筑时期　1796年
设计者　郁堂

营　开放时间为9:00—16:00（依季节而异），全年无休。
¥　门票价格为400日元/成人。
从北面拍摄入口为佳。

福岛县会津若松市一箕町八幡弁天下
从JR会津若松站出发乘坐巴士至饭盛山下车，徒步5分钟即到。

双重螺旋的并行世界

即便是平日里，在会津若松町的街道上也到处都是观光客和修学旅行的学生，巡游市内的巴士总是满员。这种状况可能也与NHK电视台热映的电视剧《八重之樱》有关吧。

饭盛山上有白虎队十九勇士的墓地，山脚下有一处巴士站台。下车后沿着神社旁边的道路往上走，台阶尽头是一座六角形的塔。塔的周围缠绕着连绵不断呈倾斜状的屋檐，光是从外表上看就觉得非常怪异。这就是会津荣螺堂。

它的内部构造更是惊人。付完参观费后进入佛堂，左手边有一条呈螺旋状向上延伸的坡道。这样扭曲的空间设计，在我迄今为止见过的所有古建筑里面是绝无仅有的。

荣螺堂竣工于1796年，原本这里是一座名叫正宗寺的寺院。佛堂的通道两边供奉着33座观音像，意思就是参拜了这里就等于完成了“诸国巡礼”[1]，可以获得相同的福报。

据说这种“速效巡礼设施”起源于东京本所的罗汉寺，因为大受欢迎而被推广至各地。罗汉寺的荣螺堂后被大火烧毁，没有存世，但如今在埼玉县的本庄市和群马县的太田市还保留着同样的建筑物。

不过那些荣螺堂的外表还是普通的四角形，像会津荣螺堂这样带有螺旋状上升坡道的佛堂在日本是独一份的。可以说它是日本建筑中的一个突然变种。

1 去各地的寺院巡回拜祭。

螺旋形建筑的系谱

据传会津荣螺堂的设计者是时任住持的郁堂禅师。他到底从哪里得到了灵感，居然设计出了这样不可思议的建筑？

佛堂的所有者——饭盛家族称这座建筑的灵感来源于“纸捻儿”。与此相对，日本大学理工学部的小林文次教授通过在 20 世纪 60 年代的调查研究后认为，该建筑的结构与达·芬奇的某张素描中出现的螺旋阶梯很像，可能间接地受到了外国文化的影响。

不管小林教授的说法是否正确，回溯世界史就不难发现，很早以前的确出现过螺旋形的建筑。例如，彼得·勃鲁盖尔所绘的《通天塔》（1563 年），以及伊拉克的马尔维亚宣礼塔等。

对于现代主义兴起以后出现的建筑师而言，螺旋形的空间构成是极具魅力的主题。建筑师 F. L. 赖特设计的古根海姆美术馆（1959 年）就极具知名度。勒·柯布西耶的“世界馆”和弗拉基米尔·塔特林的“第三国际纪念塔”这两座庞大的建筑虽然只停留在纸面上，但仍不失为绝妙的螺旋设计。

如今，建筑师诺曼·福斯特痴迷于螺旋形建筑，德国商业银行大厦（1977 年）和瑞士再保险总部大楼（2004 年）等超高层大楼就是其中的代表作品。建筑师雷姆·库哈斯也在康索现代艺术中心（1992 年）和西雅图中央图书馆（2004 年）等建筑中使用了螺旋状连续空间的设计。

说起日本的螺旋状现代建筑，我的脑海中立刻就浮现出了叶祥荣设计的三角港水陆码头（1990 年）、青木淳设计的潟博物馆（1997 年）和坂本一成设计的 House SA（1999 年）等。

会津荣螺堂也在世界螺旋形建筑系谱中占有一席之地。在明治时代，政府发布了“神佛分离令”，原先置于佛堂之内的 33 座观音像被移至别处。曾经有

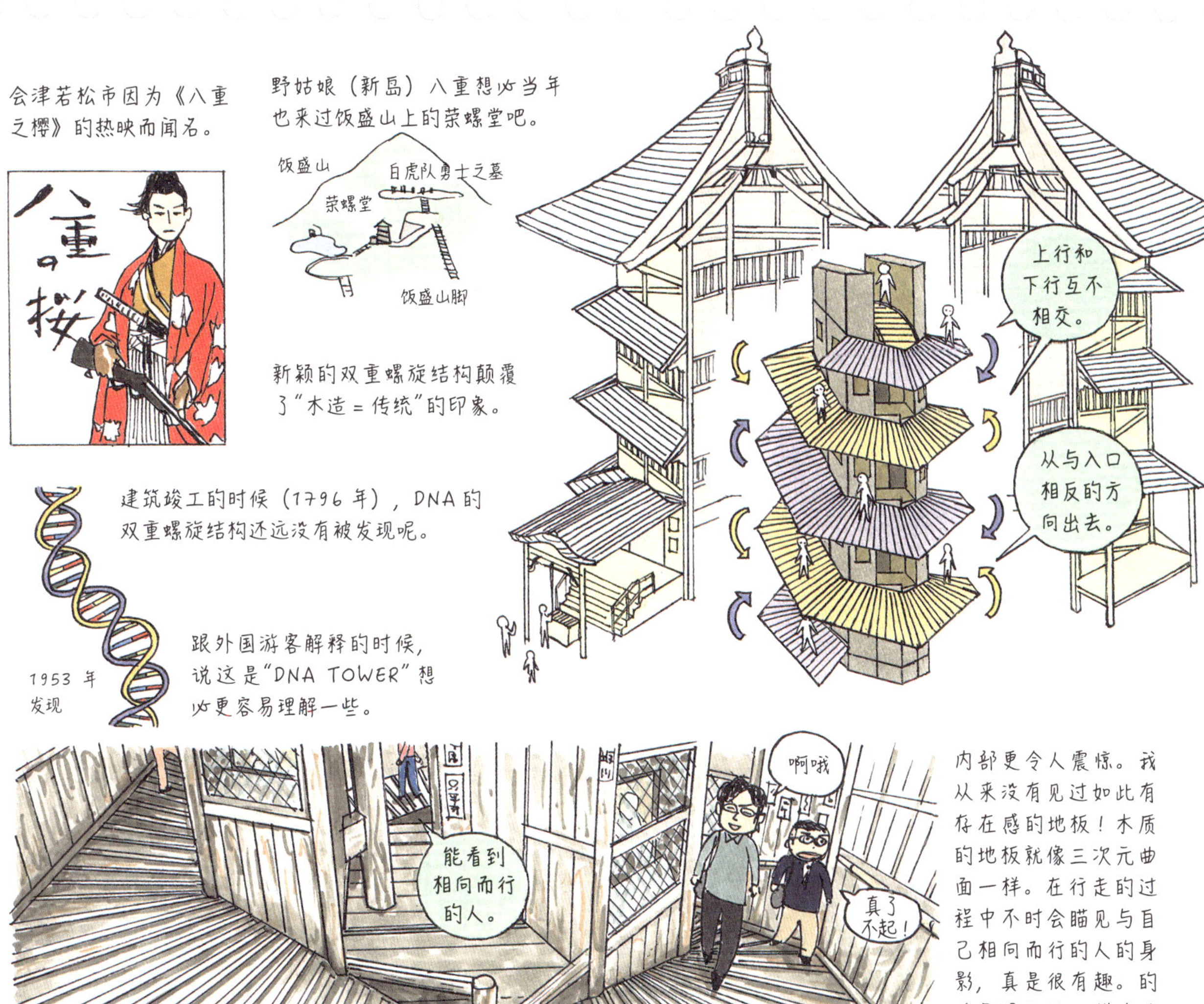
会津若松市因为《八重之樱》的热映而闻名。
八重の桜
野姑娘（新岛）八重想必当年也来过饭盛山上的荣螺堂吧。
饭盛山
白虎队勇士之墓
荣螺堂
饭盛山脚
新颖的双重螺旋结构颠覆了“木造＝传统”的印象。
建筑竣工的时候（1796 年），DNA 的双重螺旋结构还远没有被发现呢。
1953 年发现
跟外国游客解释的时候，说这是“DNA TOWER”想必更容易理解一些。
上行和下行互不相交。
从与入口相反的方向出去。
能看到相向而行的人。
啊哦
真了不起！
内部更令人震惊。我从来没有见过如此有存在感的地板！木质的地板就像三次元曲面一样。在行走的过程中不时会瞄见与自己相向而行的人的身影，真是很有趣。的确是跟 DNA 一样的结构啊！

一段时间，里面还供奉着白虎队十九勇士。现在里面展示的是宣扬孝道的“皇朝二十四孝”的匾额。如果有一天要再次更换展品，希望里面能摆上从古至今、从东洋到西洋各地的螺旋形建筑图样。那该多好啊！

一个空间两个世界

即便与这些数量庞大的螺旋形建筑相比，会津荣螺堂仍有自己独特的地方。它在拥有双重螺旋的同时，还有各自分离的动线。

沿着入口处的坡道向上走，就会到达顶端的“太鼓桥”。过了桥之后就是向下的坡道，走下去就到了出口，位置正好跟入口相反。

这两条坡道就只在顶端相连，除此之外，即使同处一座建筑之内，两者也互不相交，就像是两个平行的异次元世界。

虽然佛堂内部很狭窄，但上行和下行的人也不会相遇，而是被分割在两个世界之中。

正因如此，当通过建筑内部细小的空隙看到对面也有人的那一瞬间，总让人心生悸动，宛如透过自己所处世界的裂隙窥见另一个世界一般。

一个空间中同时存在两个世界。感觉不可能存在的事情，一旦实现了，会有什么样的结果呢？柴纳·米耶维就在长篇科幻小说《都市与都市》（2009年）中营造了一个“假设”的世界。会津荣螺堂就是这样一座建筑——它令人思考世界与空间存在形式的可能性。

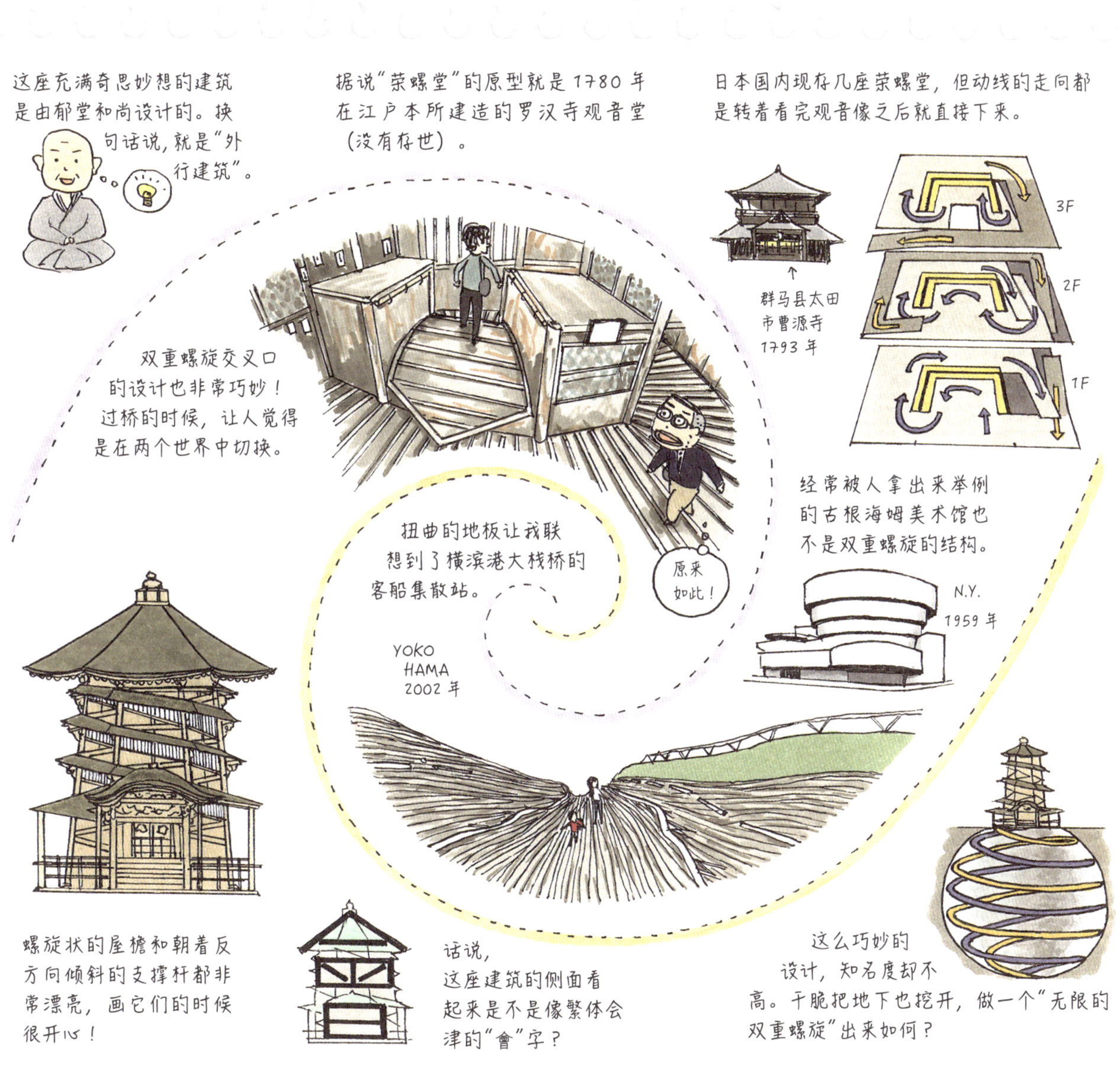
这座充满奇思妙想的建筑是由郁堂和尚设计的。换句话说，就是“外行建筑”。
据说“荣螺堂”的原型就是1780年在江户本所建造的罗汉寺观音堂（没有存世）。
日本国内现存几座荣螺堂，但动线的走向都是转着看完观音像之后就直接下来。
群马县太田市曹源寺 1793年
3F
2F
1F
双重螺旋交叉口的设计也非常巧妙！过桥的时候，让人觉得是在两个世界中切换。
经常被人拿出来举例的古根海姆美术馆也不是双重螺旋的结构。
扭曲的地板让我联想到了横滨港大栈桥的客船集散站。
原来如此！
N.Y. 1959年
YOKO HAMA 2002年
螺旋状的屋檐和朝着反方向倾斜的支撑杆都非常漂亮，画它们的时候很开心！
话说，这座建筑的侧面看起来是不是像繁体会津的“會”字？
这么巧妙的设计，知名度却不高。干脆把地下也挖开，做一个“无限的双重螺旋”出来如何？

10

旧济生馆本馆（现山形市乡土馆）

山形市/明治十一年

站在中庭仰视塔楼

基于当时山形县令三岛通庸"实现山形近代化"这一理念，
山形县立医院于明治十一年（1878年）建成。太政大臣三条实美将其命名为"济生馆"。
这是东北地区最早引入西方医学的医院，在提供诊疗服务的同时还开设了医学院。
1967年整体搬迁至霞城公园，现在成为山形市乡土馆。

东北

指定	重要文化遗产
建筑时期	1878年（明治十一年）
设计者	筒井明俊

营 开放时间为9:00—16:30，12月29日至次年1月3日休馆。

¥ 免费。

从北面拍摄正门为佳。从南面拍摄中庭的塔楼为佳。

山形市霞城町1-1

从JR山形站出发徒步10分钟即达，在霞城公园内。

革命时代的纯粹几何学

从山形站的西口出来走10分钟左右，就到了霞城公园。护城河包围的这块区域就是原来的山形城，现在里面聚集了体育馆、棒球场和博物馆等设施。济生馆本馆就在城内的一角。

它建于明治十一年（1878年），当时是作为县立医院使用的。澳大利亚医师阿尔巴切特·冯·罗瑞兹担任副校长，培养出了一大批医疗从业人员。

明治三十七年（1904年），这家医院由民营转为公立，成为山形市立医院。原本位于距离现址以东800米远的七日町（现在的市立医院济生馆所在地），在昭和四十二年（1967年）整体搬迁至此地。搬迁后一切仍按照原样恢复并进行修缮，现如今成为山形市乡土馆。

走进这座建筑时，首先映入眼帘的就是3层高的塔楼。它的下面原本是玄关，现在已经被封闭，需要绕到后面才能找到新的入口。

进入建筑之后，就能看到圆形的中庭，它的周围建有一圈平房。准确地说，中庭应该是一个十四边形，共计有8个房间。这些房间现在主要用来展示以前的医学教学情况。

塔楼位于回廊的北端，二楼就是乡土资料的展示室。再往上去的区域平时是禁止参观的，这次因为要采访，我们获得了特别许可。

从二楼的螺旋状阶梯上去就到了中三楼，然后才到最高层。这其实是一个小小的八角形房间，外面有一圈露台。站在这里，公园的景色尽收眼底。如果是在明治时期，看到的应该就是官厅街了。县厅舍（1911年被烧毁，现位于山形县乡土馆内）、警察署、师范学校和银行等建筑鳞次栉比。那该是多么壮观的景象啊！

和洋混合的“拟洋风建筑”

管理这条官厅街的是第一代山形县令——三岛通庸。当时的县令就相当于现在的知事。

三岛通庸出身于萨摩藩，历任宫崎县都城的地头、东京府参事、山形县令、福岛县令、栃木县令和警视总监。他每到一任必开发整修当地的城市设施和道路，因此得到了一个“土木县令”的外号。因为搞这些工程必须向民众征收繁重的徭役和税金，人们非常害怕他，都称其为“鬼县令”。

济生馆本馆也是三岛通庸下令建造的。设计者是山形县的一名公务员，也就是后来的济生馆馆长筒井明俊。不过建筑史学家藤森照信推测，三岛通庸本人应该也参与了设计（《日本的近代建筑》，1993年），施工方面则由参与过银座红砖街建设的原口佑之担任总指挥。

房屋外壁上的雨淋板是建筑外观上的特征之一。除此之外，很多地方都能明显看出西洋建筑的影响，如带有凹槽装饰的玄关门廊圆柱、呈细长酒瓶状的扶手栏杆、阶梯室内的立式玻璃镜，等等。

但仔细观察后你就会发现，楼梯的侧面和屋檐下的云朵形装饰仍体现出了和风建筑的主题。这个时代的很多建筑物都模仿了西洋建筑的形式，但仍有日式风格混杂其间，被称为“拟洋风建筑”。旧济生馆本馆作为该类建筑的代表经常被人提起。

济生馆本馆是"拟洋风建筑"中的最高杰作——这一论调的呼声很高。它是由第一代山形县令（县知事）三岛通庸下令建造的，修筑时动用了全体"宫殿木匠"[1]，仅用时7个月便竣工。建成时（1878年）位于山形市七日町（现·市立医院济生馆）一带，后于1967年搬迁至霞城公园内。整座建筑在周围绿色植被的衬托下更显美丽。

啊，感觉真不错！← 其实是检索了"拟洋风"之后才知道的。

一说到"拟洋风"，总会让人联想到照猫画虎。但济生馆本馆可不是那种半吊子建筑。

一楼的中庭平面图看起来像一个甜甜圈（十四边形），据说参考了当时位于横滨的英国海军医院的样式。

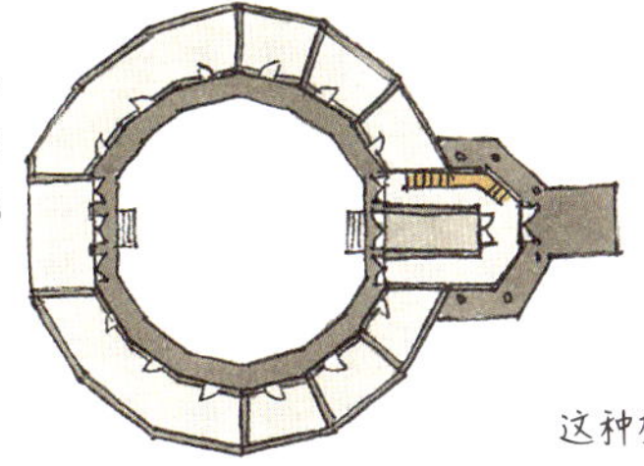

如果完全照搬的话那就只是模仿别人，但在这个"甜甜圈"的一角，却建了一座塔楼（高24米）。

这种样式是绝无仅有的！

1　专门建造神社、佛寺的木匠。

与过去决裂

济生馆本馆在平面上的特征就如之前提到的那样，是一个类似甜甜圈的圆形。这种平面格局在其他拟洋风建筑中并没有先例，只是借鉴了横滨的英国海军医院的样式。那座建筑就是围绕着运动场建了一排圆弧形的房间，但是那个圆是有缺口的，并不是闭锁的形态。

说到完全采用圆形设计的医院，就不得不提到1774年由法国医生布缇设计的新巴黎市立医院。虽然这个方案最终并没有实现，但它具备一个圆形的平面——呈放射状延伸出来的6栋大楼之间通过一条圆形的回廊相连，在大楼中间还有一座圆锥状的塔楼。这些设计都是为了便于通风换气，这对于保持医院的卫生状况非常重要。这种圆与塔的组合与济生馆倒是很相似。

在18世纪的法国，除了新巴黎市立医院的设计方案之外，还有很多包含圆、球、四角锥等纯粹几何学形态的建筑设想，如克劳德·尼古拉斯·勒杜的“理想城”、艾蒂安·路易·布雷的“牛顿纪念堂”，等等。

这些建筑师与过去的风格决裂，致力于开发源自理性的新式建筑。建筑史学家埃米尔·考夫曼把他们称作“革命的建筑师”。在法国革命风起云涌的时代，他们想在建筑设计界掀起变革也是情理之中的。

济生馆本馆也是在日本历史上伟大的革命——明治维新之后竣工的，它是一座诞生于革命时代的纯粹几何学建筑，也是一座在法国革命100年后，于远东之地出现的革命性建筑。

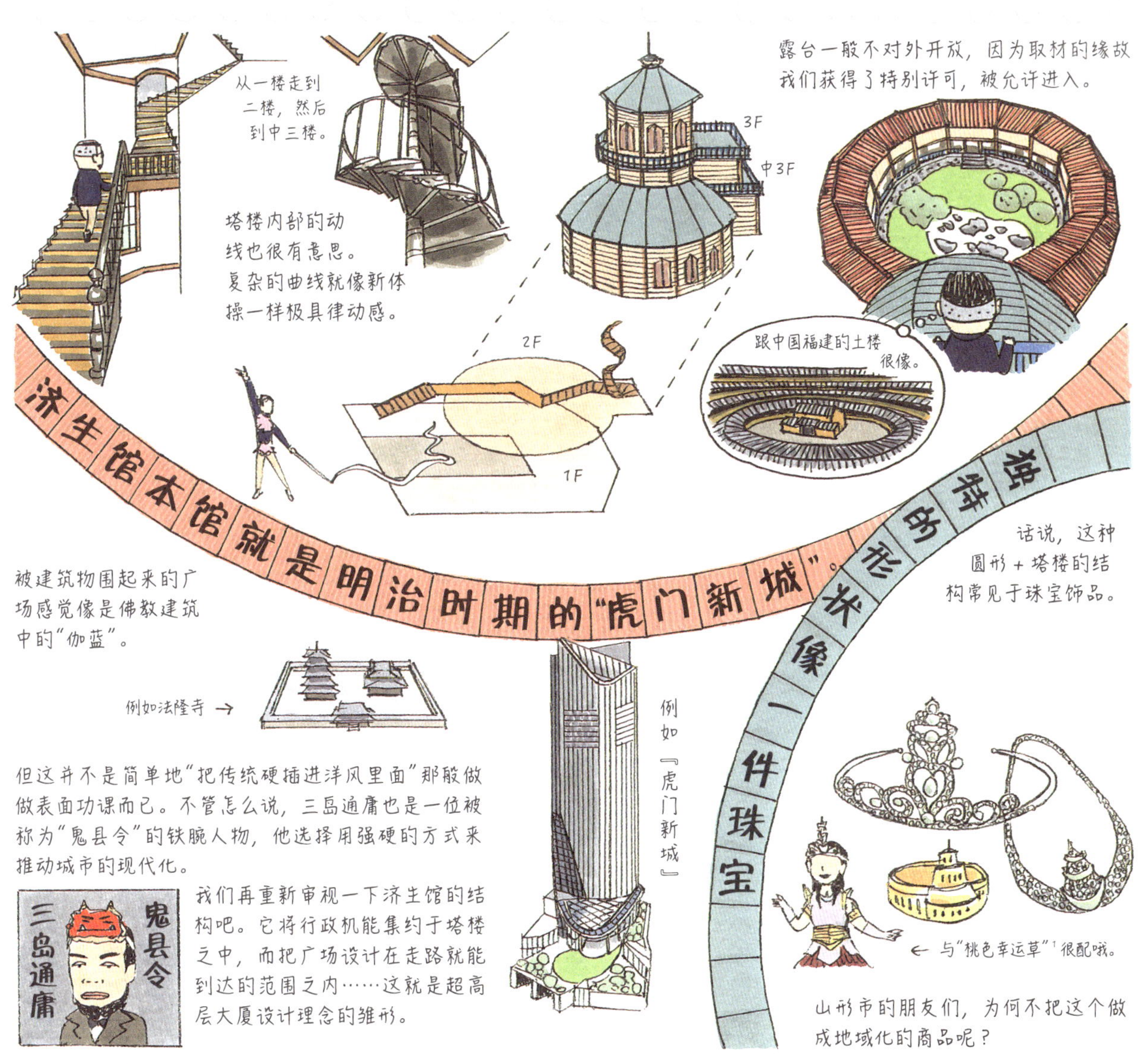

1　日本的一个女子偶像组合。

11

斜阳馆（原津岛家住宅）

青森县五所川原市/明治四十年

从西侧看到的斜阳馆大门及其周边

这是津轻的大地主、津岛源右卫门（太宰治之父）所建的木质住宅。
虽然太宰治将其描述为“毫无风情，大而无趣”，但实际上这可不只是一栋“大房子”。
设计者是擅长拟洋风的“栋梁”堀江佐吉，这座房子是他晚年的最后一件作品。
“二战”后，津岛家将其转卖，从1950年开始，它成为一家名叫“斜阳馆”的旅馆。现在则是太宰治纪念馆。

东北

- 指定　重要文化遗产
- 建筑时期　1907年（明治四十年）
- 设计者　堀江佐吉

- 开放时间为8:30—18:00（11月至次年4月的开放时间为9:00—17:00，闭馆前30分钟禁止入内）。
- 门票价格为500日元/人。
- 最佳拍摄地点为入口处的西侧。

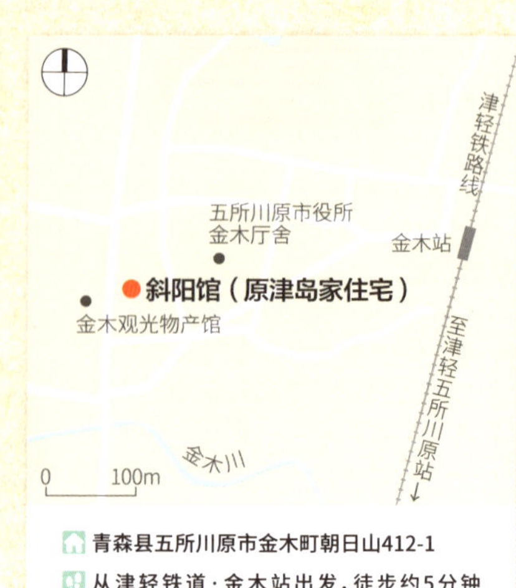

- 青森县五所川原市金木町朝日山412-1
- 从津轻铁道·金木站出发，徒步约5分钟即到。

“咚咔咚咚”的声响

我从东北新干线的终点新青森站下车，然后换乘 JR 在来线，1 个小时以后到达了五所川原市。接着再换乘津轻铁道，到金木町用了 30 分钟左右。这个地方有小说家太宰治出生的家——斜阳馆。

这是一栋用砖墙围起来的豪宅，采用了歇山式的屋顶结构，竣工于 1907 年（明治四十年），是由太宰治的父亲津岛源右卫门下令建造的。他是当地的大地主，同时兼任众议院议员和贵族院议员等职。

津岛源右卫门于 1923 年去世，家业由太宰治的哥哥文治继承。虽然他也同样有权有势，担任过众议院议员和青森县知事等职，但在战后的农地改革中也不得不变卖所有的地产，这座房子也不例外。有段时间此处曾被当作旅馆使用。现在其所有权则属于青森市，作为太宰治纪念馆——“斜阳馆”对外开放。

进入斜阳馆的玄关之后，先踏上的就是没铺地板的“土间”，也就是三合土地面。这块地非常开阔，走到最里面就是仓库。正对着土间的是带有地炉、铺着榻榻米的客厅（“座敷”）和井式房间[1]。这样的结构就是典型的日式商人之家。略有不同的就是在玄关旁边还有一间带有柜台的小屋，这表明了津岛家从事的还有金融行业。

沿着装饰豪华、不同于寻常人家的楼梯走上二楼，可以看到那里有 7 个日式房间和 1 个西式房间。在那个时代，有很多住宅都呈现“和洋混杂”的奇特风格。例如，内部的桌椅摆放走西洋路线，天花板还是传统的日式方木格。而斜阳馆内的日式房间和西式房间则各自独立，泾渭分明。由此可见设计者超凡的设计理念。

1 房柱中间没有墙壁，向外敞开。

从这个意义上来说，能够干脆利索地切换这两种风格的二楼走廊，才是这栋建筑中最值得一看的地方。

脱离拟洋风建筑

斜阳馆的设计者是弘前的“栋梁”——堀江佐吉。他出身于弘前的木匠世家，祖上曾参与弘前城的建造。他的学徒时代是在改建寺庙中度过的，随后又修建青森县和北海道的兵营，正是在那里学习到了西洋建筑的知识。因为此人德才兼备，弘前一带的大工程都会找他帮忙。

他的很多杰作都保留至今，成为弘前的观光景点。例如，旧东奥义塾外人教师馆（1900 年）、旧第五十九银行本店本馆（现为青森银行纪念馆，1904 年）、旧弘前市立图书馆（1906 年）等。

在明治时代，由像堀江佐吉这样的木匠师傅设计并施工建造的西洋建筑被称为拟洋风建筑。他们并没有接受过系统的近代建筑教育，只是见样学样，造出来的东西非土非洋，倒也有一番情趣在其中。松本的旧开智学校（1876 年）和山形的旧济生馆本馆（1878 年）就是很有代表性的建筑。但是，堀江佐吉却毫不逊色于大学出身的精英建筑家，他的作品不能称为“拟洋风建筑”，而是脱离了那个档次，属于更高级的存在。

从五所川原站出发，步行 7 分钟就到了一处名为“布嘉屋”的老房子。这里展示着木嘉太郎私邸的精巧模型，其原型（1896 年）就是由堀江佐吉设计并建造的。房屋采用了土仓结构，外侧则围绕着一圈人工浇筑的地基。这座房屋后因火灾被毁，但光是看模型就能大致明白设计的精妙之处。

斜阳馆是堀江佐吉晚年的最后一件作品，因为身体原因，设计由他完成，具体的施工则交给了儿子。可能是意识这次要拜访的建筑是原津岛家的住宅（现名：斜阳馆）。这里就是以《斜阳》和《人间失格》等作品而知名的作家太宰治出生的地方。

生而为人，对不起

太宰治
1909—1948

虽说如此，这篇纪行却并不是以他为主角。我想要重点介绍的人物是传奇木匠——堀江佐吉。青森县内有很多风格独特的拟洋风建筑都出自他手。

堀江佐吉
1845—1907

出身于木匠世家的堀江佐吉在40多岁的时候才接触到西洋风格的建筑。他的代表作基本都是在人生的最后10年里完成的。首先，我们从他生活的弘前地区看起吧。

光是弘前城附近就有3处建筑。（★形标记）

也顺便看看弘前地区由前川国男（1905—1986）设计的建筑吧。（●形标记）

1 1906年
旧弘前市立图书馆

双塔形的外观非常具有标志性，玄关旁边的旋转楼梯造型很“三次元”，特别漂亮。

2 1900年
旧东奥义塾外人教师馆

室内装饰好像丽佳娃娃[1]的家一样，非常时髦。

3 1904年
青森银行纪念馆

屋顶的造型看不出来属于哪一国的建筑特色，但是非常漂亮！二楼的天花板也兼容了和式与西洋建筑的优点。

4 再远一点的……
1907年旧弘前偕行社

位于弘前市以南1.5千米处的这座建筑物身上，充满了现代派风格。

1 Licca-chan，日本玩具公司 takaratomy 开发的换装娃娃，设定是11岁的小学五年级学生，类似于芭比娃娃。

到自己将不久于人世，所以他把身为木匠最早接触到的和风建筑与后来掌握的西洋建筑结合在一起，以此来挑战工匠生涯的极限吧！

大而无趣的家

那么，太宰治是如何看待“斜阳馆”的呢？在他 1946 年发表的作品《苦恼的年鉴》中有这么一段话：“这位父亲造了一座很大的房子。可是毫无风情，大而无趣。（中略）这座房子坚固得可怕，但真的没什么意思。”

虽说言辞辛辣，但也不难想象他为何会这么说。斜阳馆是大地主的家，盖房子的钱都是从农民手中剥削来的。对于当时热衷于左翼运动的太宰治而言，这是难以接受的现实。

而且原因恐怕不仅限于此。从太宰治痴迷于毁灭的人生志向就可以看出，他对于任何完美牢固的事物都抱有一种生理上的厌恶。斜阳馆自然也逃不过他的“毒舌”。与其说因为房子盖得不好才说它的坏话，不如说正是因为造得太完美了，才招致了太宰治的恶评。

太宰治对建筑抱有复杂的厌恶情绪，这可以从他写于 1947 年的小说《咚咔咚咚》中窥见一二。每当主人公要做什么的时候，脑海中就会响起“咚咔咚咚”的声音，搞得他兴致全无。在盖房子时经常出现的“咚咔咚咚”的锤子敲打声，在太宰治听来就是象征着终极虚无的声音。

建筑师矶崎新于 20 世纪 70 年代设计的作品总是利用正方形的格子把建筑包裹起来；同样，建筑师隈研吾在 90 年代也经常尝试着用埋在土里的玻璃来掩盖建筑的痕迹。他们的作品都表现出对建筑本质的批判——其中包含“否定建筑”的理念。可能在他们的脑海中也经常响起“咚咔咚咚”的声音吧。

为了追寻堀江佐吉的足迹，我从弘前跑到了金木。从车站出来走5分钟的路，就能看到他晚年的最后一件作品——斜阳馆（1907年）。

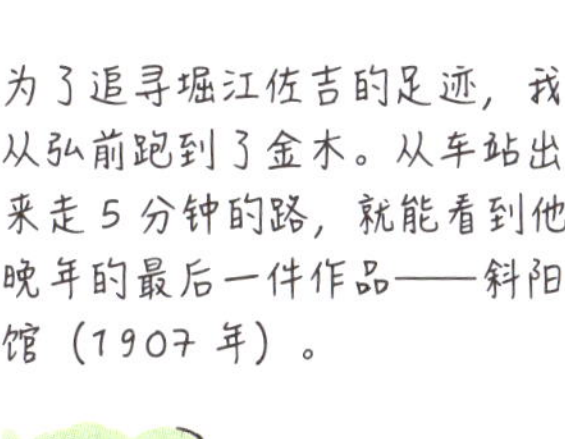

从外观上看，砖墙和红色的歇山式屋顶让人印象深刻。不过感觉略有些“俗气”。内部却又是另一番天地，二楼的独特结构更是让人惊叹。提到“和洋折中”，人们一般都会把和式的和西洋的东西混在一起，或者分别盖一栋和式楼房和西洋楼房。而斜阳馆内则将和式房间与西洋房间共同安置在同一楼层内，而且泾渭分明。

2F
井式房间
和
和
和
休息室
西式房间
和
和
和
楼梯间

二楼东南边的和式房间

纸门上写的汉诗里有“斜阳”二字。

二楼的西式房间

如同鹿鸣馆一样豪华的西式房间。不过面积不是很大，给人以浮躁之感。

塑造太宰治人格的“时间迷宫”

二楼走廊

啊！

走廊的造型很有冲击力。涂抹着灰浆的顶壁就像一道门，将和式房间与西式房间干脆利落地隔开。

四个楼梯分别朝着不同方向，宛如迷宫。

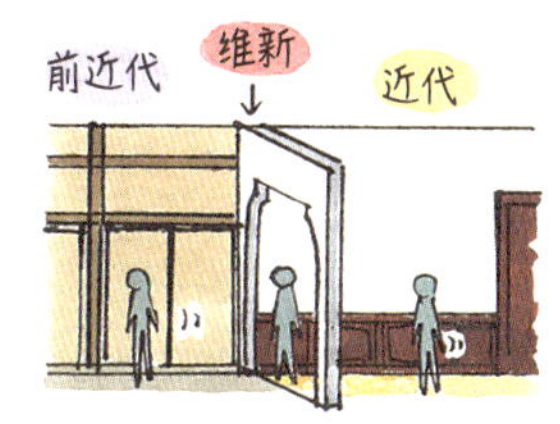

太宰治冷眼旁观世间的文风肯定受到了这栋住宅的影响。在“前近代”和“近代”之间来回穿行，过着“时间旅行的生活”。这就是一个“天才之家”啊！

专栏

布鲁诺·陶特

1880—1938

年轻时热衷于迷幻风格

陶特访问日本的时候见识到了桂离宫，于是立志要将它的美介绍给全世界——人们很可能以为他是一位评论家或者新闻记者，但事实上他是一位不折不扣的建筑家。

陶特出生于1880年的德国。他的故乡是柯尼斯堡，但那里现在已经成为俄罗斯的领土，更名加里宁格勒。

他的建筑风格可能是受到了作家保罗·希尔巴特的影响。那个人的作品中充满了迷幻色彩，如《小行星物语》中就有这样的描写："天空呈现出紫罗兰的颜色，而星星则是绿色的。太阳也是绿色的。"陶特初期的作品"玻璃展馆"（1914年）就如实地反映了这种感觉。20世纪60年代兴起的迷幻风潮也给人以相同的体验。

在德国纳粹得势的时候，持有左翼思想的陶特遭到迫害，于是来到了日本。他在群马县的高崎盖起了房子，在那里从事工艺品的制作。与此同时，他还把在日本各地游览时的所见所闻集结成书，出版了《日本》《日本之美的再发现》等著作。在《日本》一书中，他对桂离宫赞赏有加，而对日光东照宫则进行了毫不客气的批判。

陶特虽然在异国他乡受到了欢迎，但作为一名建筑师，他只完成了一件作品，那就是位于热海的日向别墅中附属的地下室（1936年）。他也曾想做一名早稻田大学的教师，也想过在高崎创办一所建筑学校，但最终都没有实现。对陶特而言，那真是一个怀才不遇的时代。在日本待了3年多后，应当时土耳其总统阿塔土克的邀请，陶特踏上了新的旅途。

关东

第一眼见到阳明门时，我就觉得

啊，这个太难画了！

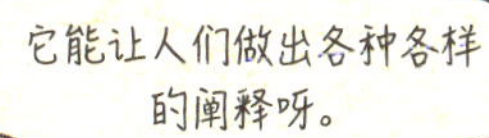

真不愧是矶先生，说得太好了！

哦

12

圆觉寺舍利殿

神奈川县镰仓市/室町时代中期

圆觉寺始建于1282年，是在北条时宗的命令下修建的。
保存着释迦遗骨的舍利殿据说于室町时代中期从太平寺搬迁而来。
这是日本现存的采用“禅宗样”建筑风格的最古老的佛堂。禅宗样与禅宗一起从中国传来，
上翘的屋檐、纤细的柱子和如同展开的扇子一般的“扇垂木”（翼角椽），都是禅宗样的建筑特征。

指定	国宝
建筑时期	1393—1466年前后（室町时代中期）
设计者	不详

营 舍利殿只在正月与11月上旬祛除湿气的时候对外开放。

¥ 圆觉寺的门票价格为300日元/成人。

舍利殿内禁止拍照。

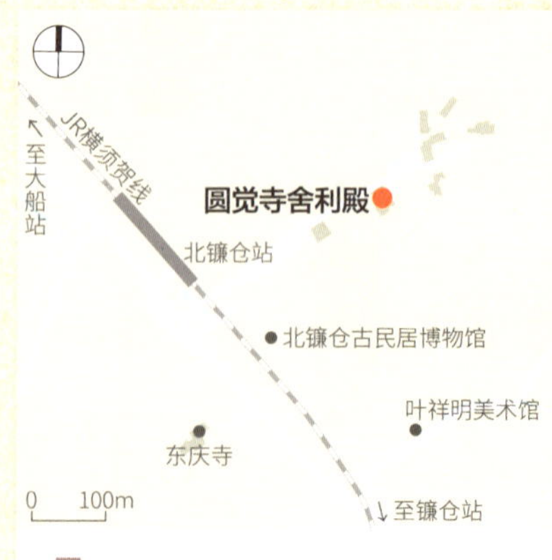

神奈川县镰仓市山之内409

JR北镰仓站出发徒步1分钟即到。

这就是“禅宗样”

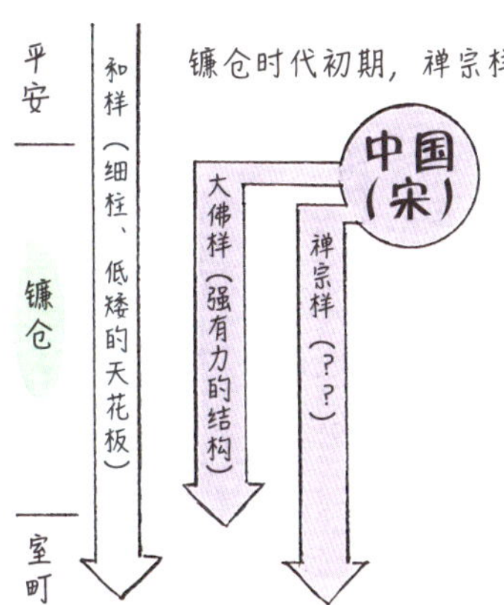

镰仓时代初期，禅宗样（也称为“唐样”）随着禅僧一起从中国传到日本。与同时期采用多种多样、易于辨识的横梁结构的大佛样（也称为“天竺样”）相比较，禅宗样的特征三言两语可说不清。镰仓圆觉寺的舍利殿就是禅宗样建筑的典型代表。从正面轮廓来看，并不能一眼就分辨出属于哪种建筑风格，但给人的感觉就是美！（虽然小得有点出人意料……）

从外观上如何分辨禅宗样的建筑特征：A. 呈放射状散开的“扇垂木”。B. 呈吊钟形的“花头窗”。C. 波纹状的“弓栏间”。

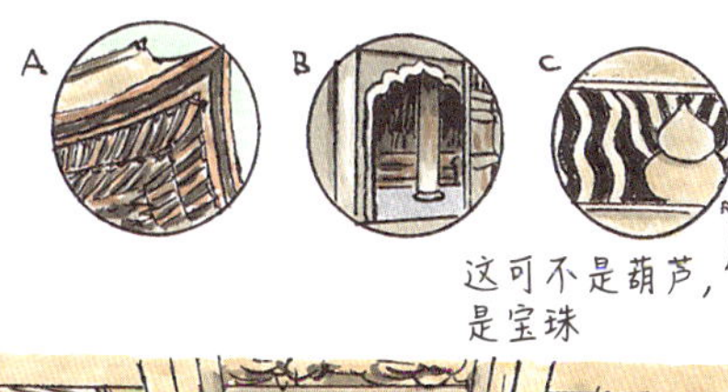

舍利殿的内部不对外开放（参观外部的时段也是有限制的，需要注意）。因此我前往神奈川县立博物馆，那里有一座等大的舍利殿模型供人参观。

站在里面往上看会发现天花板上有很多细小的部件，它们营造出了一种禅宗样特有的上升感。不过画起来可真是麻烦啊……

查找资料的时候我发现了一张舍利殿的剖面图。咦？这和上面

的插画完全不一样啊，上下竟然是一般粗细！想必这是近距离精密测量得出的结果。在这上面所呈现出的美学意识恐怕正是禅宗样在日本广为流传的原因吧。

13

笠森寺观音堂

千叶县长南町/安土桃山时代

从东面看到的全景

笠森寺是“坂东三十三观音”中的第三十一处札所[1]。建在一块巨岩之上的观音堂采用的是“四方悬造”的建筑结构，也就是说在四个方向都有向外延伸的露台状平台。据说是后一条天皇于1028年颁布敕令，建造了这所观音堂，但它后来被大火烧毁。现存的这座建筑是安土桃山时代重建的。

关东

指定	重要文化遗产
建筑时期	1597年前后
设计者	不详

营 8:00—16:30开放（10月至次年3月开放至16:00）。

¥ 门票价格为200日元/成人。

可以拍照。最佳摄影地点为观音堂入口东侧。

千叶县长生郡长南町笠森302

从小凑铁道·上总牛久站下车乘坐开往茂原站的小凑巴士，在笠森下车，徒步5分钟即到。或者从圈央道·茂原长南IC出发行驶约5千米即到。

1 译者注：在佛教灵场，作为参拜标记领取或缴纳护身符札板的场所。

和现代共通的“空中”表演

笠森寺观音堂是日本唯一的四方悬造式建筑，这也是它的建筑特征。所谓“悬造”，就是像清水寺那样，在悬崖上修筑立体的格子支架作为底座的建造方式。悬造式建筑本来就少见，这座观音堂更是在4个方向、360度都是悬空的。从回廊眺望周围的风光，感觉就像身处森林里的摩天大厦一样！→

清水寺

楼梯架在外侧，曲折上升，走在上面就像在空中漫步一般，非常有趣。

这让我联想到了新梅田CITY里面通往空中庭院的电梯。

实物已然令人惊叹，印在宣传册上的这幅浮世绘更是了不得。这是安藤广重二世所绘的《诸国名所百景》中的一幅，换句话说，那就是在没有照片的时代里的旅游指南。画中呈现的景象虽然有些夸张，但是跟照片比起来，还是图画更能传达出这座建筑的魅力。说句冒昧的话，如果本书中的插图能像这幅浮世绘一样给读者带来感动，那就太好了。→

14

建议仔细观赏

日光东照宫

栃木县日光市/江户时代前期

最初的神殿竣工于1617年。20年之后，也就是1636年，德川家第三代将军德川家光下令重建了几乎所有的神殿。在总奉行秋元泰朝的指挥下，斥巨资——“金五十六万八千两，银百贯匁，米千石”[1]——建成了包括阳明门在内的55处建筑。据说总工期仅用了一年零五个月。

关东

指定	世界遗产、国宝
建筑时期	现存的主要神殿群为1636年改建的
设计者	不详

营 8:00—17:00开放（11月至次年3月仅开放至16:00，闭馆前30分钟禁止入内），全年无休。

¥ 门票价格为1300日元/成人。

“平成大修理”（第4期）要持续到2019年，因此拍照前最好确认目前修理工程的进度。

栃木县日光市山内2301

从东武日光站或JR日光站出发乘巴士约10分钟到达，徒步则需30分钟左右。

1 引自《日光山东照大权现样御造营御目录》。

动摇的布鲁诺·陶特

上次来这里是多久以前了？头一次来还是因为小学组织了修学旅行，再往后就没有相关的记忆了。日光这地方倒是来过好几次，但成年之后应该还没有涉足过东照宫的神域。如此说来，这是时隔35年的参拜了。

从东武日光站发出的巴士上下来，先看到的是位于右手边的轮王寺。匆匆一瞥后就踏上了表参道，不久就到了用石头雕刻的鸟居。穿过鸟居就算进入了东照宫的神域，左边立有一座五重塔。沿着石阶往里去，就看到了雕刻着“三不猿”（不看、不听、不说）的神厩。所谓“神厩”，就是饲养那些用来供奉的马匹的地方。

参道夹在各种建筑物之间，像钥匙的齿槽一样曲折。沿着参道走了一会儿，就到了阳明门跟前。本以为神域内部会更宽广一些，结果略扫兴。而且阳明门的规模也比我想象中的要小一圈。

虽说如此，倒也不虚此行。雕刻覆盖了阳明门上的每个角落，其精美程度令人感叹不已。雕刻的主题也非常丰富，包括人物、动物、植物等多个种类。再加上红、蓝、绿等多样的色彩和耀眼的金色，令整座大门看起来流光溢彩，华丽夺目。阳明门还有一个别名叫作“日暮门”，确实门如其名，能让人看得入了迷，忘记了时间的流逝。

穿过阳明门就是唐门，再往后是拜殿和正殿。往右去是奥宫，那里是德川家康的墓地所在。这儿的每栋建筑上都装饰着无数的雕刻。

神兽入手

据高藤晴俊《日光东照宫之谜》（1996年）一书记载，这里共有5173处雕刻。在众多雕刻之中，最引人注目的就是以动物为主题的作品。它们栩栩如生，仿佛随时都能从建筑物的表面一跃而下。

其中以狮子、龙、麒麟和凤凰的形象最为常见，这些都是众人耳熟能详的神兽。除此之外还有一些珍禽异兽。

例如，阳明门前所立的荷兰灯笼的灯罩上就雕刻着貘。据说这种动物以铁为食，一旦发生战争，铁都被用来锻造武器，貘就会因为缺少食物而死。在刚刚摆脱了战乱之苦的江户时代，人们可能比较喜欢用它作为雕刻的主题吧。

在阳明门的耍头[1]上，雕刻着一种动物的头颅，它与龙并排，立于其下方。据高藤晴俊的书中所言，这是名字叫作“息”的神兽。息的鼻孔张大，头上有一根角，跟龙的形象略有不同。

一边在神域内散步，一边找寻各种神兽，感觉就像在“口袋妖怪”的游戏世界中穿行一样，别有一番趣味。

东照宫里面虽然有这么多可看之处，但它在建筑界的评价却很低。给出这样定论的人，就是布鲁诺·陶特。

布鲁诺·陶特是一名德国建筑家，于1933年来到日本。他遍览日本各地的建筑，将所见所闻写成了一本名为《日本》的书。在书中，陶特盛赞桂离宫，而把东照宫贬得一无是处。

“根本不是建筑艺术”“让人感到不快”“非常粗野，毫无趣味”“完全不想多看一眼”……唉，真是毫不客气的连串恶评啊。

如果仅仅是想与贯彻着现代主义简洁之美的桂离宫进行比较，则完全没有

1　建筑部件名，指最上一层栱或昂之上，与令栱相交而向外伸出的如蚂蚱头状者，也叫“爵头”“胡孙头”。

关东

阳明门
填色图
第一眼见到阳明门时，我就觉得
啊，这个太难画了！
不过，倒也不是画不出来……真是羡慕这次只负责拍照的矶先生啊（涂上色的话就看不清楚细节了，因此这次就用白描的手法）。
基本没有未经加工的平面。就连白色的圆柱上都满是雕刻……
这可不是石头，是木头。
虽然到处都是雕刻和绘画，但怎么都看不腻。真不愧有“日暮门”的别称啊。
噢！
到底是有多喜欢龙啊！
与之前在奈良和京都等地看到的大门相比，阳明门确实挺小。但这有利于观察装饰上的细节。

必要把东照宫贬损至此。我猜测陶特一定有其他方面的考虑。

陶特持否定意见的理由

陶特的看法，符合当时日本迅速壮大起来的现代主义建筑家们的意图。因此他的发言就被意欲宣传现代主义的人利用了。

但是从陶特经手的建筑设计来看，他与现代主义的主流派——瓦尔特·格罗皮乌斯有很大不同。后者的著名作品就是位于德国德绍市的包豪斯学院，该建筑由黑白灰的立方体楼房构成。

陶特的代表作是在德意志制造联盟展览会上设计的“玻璃展馆”（1914年）。那是一栋极具迷幻色彩的建筑——通过彩色玻璃的折射，光线把建筑内部的空间装点得五彩斑斓。那种流光溢彩的感觉，与其说像桂离宫，不如说更像东照宫。

陶特为了追求设计风格上的变化才来到了日本。他一心想摆脱那些依赖于光线和色彩效果的建筑，看到了东照宫，就像看到了昔日的自己，所以才心生厌恶吧。那种强烈的否定表现，就是他对待过往的态度。

位于热海的日向别墅（1936年）是陶特留在日本为数不多的设计之一。他负责建造的部分是该别墅位于山坡上的地下室。这是一处没有“外形”，只有内部空间体验的建筑。与外表华丽却没有内在的东照宫阳明门对照起来，两者是完全相反的设计。

桂离宫确实对陶特的建筑观造成了很大的影响。但是令陶特的潜意识产生动摇的，实际上应该是东照宫。

令人吃惊的还有“完全没有统一感”的雕刻题材。一开始吸引我的是各种各样的龙（王权的象征），而在龙的下面就刻着“仙人乘鲤图”……好有趣！

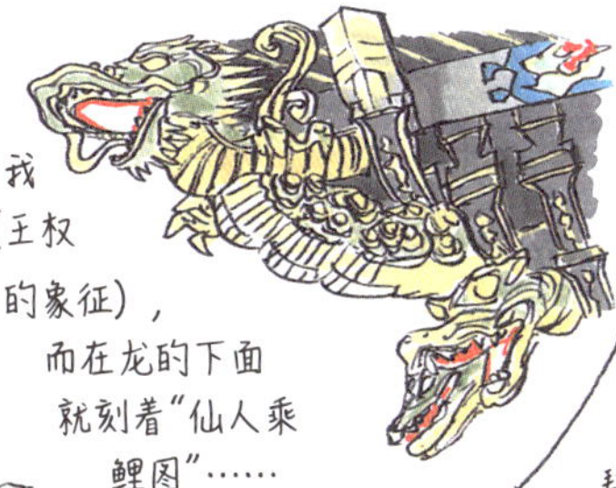

也有天真无邪的小孩子正在玩耍的场面。

有名的“三猿”就刻在被称为“神厩”的马房里面。

居然刻在这种地方……

这三只猴子还都是小猴，据说其含义是“在岁数小的时候，不应该看到恶人恶事，不应该听到坏话，不应该口出恶言”。

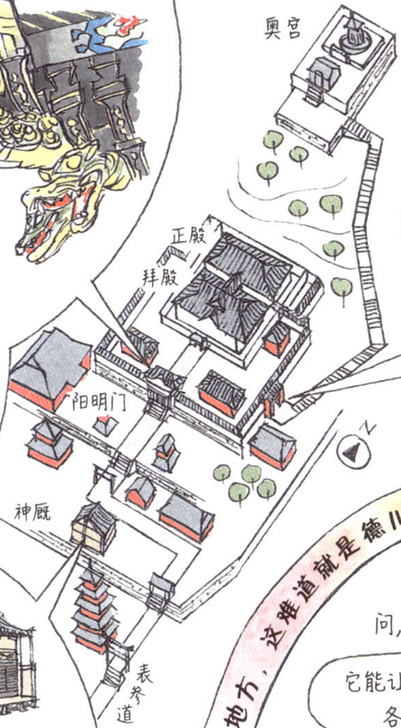

奥宫

正殿

拜殿

阳明门

神厩

表参道

N

奥宫的入口处刻有左甚五郎所作的“眠猫”。据说其含义是“托德川家康大人的福，才有了一个让猫咪也能酣睡的太平盛世”。

这难道就是德川家光的高明战略吗？

作为一件雕刻作品，这只睡着的猫到底厉害在哪里呢？我向矶先生提出了疑问，他是这样回答我的：

它能让人们给出各种各样的阐释呀。

真不愧是矶先生，说得太好了！

到处都是简单易懂的装饰和能吐槽的地方，

矶先生的话令我豁然开朗。现存的东照宫建筑群是第三代将军——德川家光的手笔。他曾经巧妙地利用各地藩主的虚荣心，创立了“参勤交代”制；在东照宫的设计中，他又利用了人们的“批评家”本性。一般人是不会向他人推荐连自己也看不懂的“高级”东西的。相反，如果这个东西到处都是“槽点”，人们则会很乐意向他人宣传。德川家光正是利用了这点吸引人们前来参拜的吧。

NOMOIRO

用人来做比方的话，就像是“桃色幸运草组合”一样的建筑？

15

三溪园听秋阁

横滨市/江户时代前期

从北侧观赏听秋阁

三溪园的主人是做生丝贸易发财的实业家原三溪。在占地面积超过17万平方米的宅地里汇集了从京都和镰仓等地迁移过来的建筑物。听秋阁原先是德川家光在二条城内修建的小楼，后来赐给了春日局。该建筑据说是由佐久间将监设计的。他是与小堀远州同时代的人物，当时担任幕府的作事方（负责建设）一职。

指定	重要文化遗产
建筑时期	1623年
设计者	佐久间将监

营 9:00—17:00开放（闭园前30分钟禁止进入）。12月29日至31日休园。听秋阁的内部不对外开放。

¥ 门票价格为500日元/成人（三溪园的门票）。

站在下游时，东南方向为最佳取景位。只有在特别开放的时候才能进入上游的人行道拍摄。

横滨市中区本牧三之谷58-1

JR樱木町站、横滨站出发乘坐市内巴士在本牧三溪园前下车，徒步5分钟即到。或者从首都高速·本牧埠头出入口出发行驶2千米左右即到。

行云流水般的左右不对称

西有飞云阁，东有听秋阁——这是以左右不对称之美而闻名的日本建筑双璧。

话是这样说，其实听秋阁的位置更偏北一些。

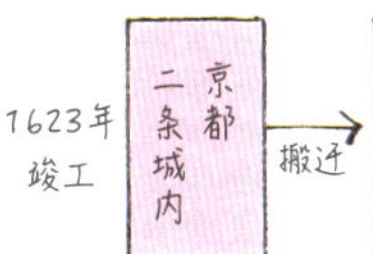

春日局位于江户的宅邸内 →1881年 搬迁→ 牛迁若松町二条公邸 →1922年 搬迁→

这座建筑最初的主人是德川家光。他可是有名的“策划人”，日光东照宫和清水寺也是他下令修建的。不过在家光掌管的时候，它并不叫“听秋阁”，而是“三笠阁”。后来经过三次搬迁，最终落户三溪园，从那时起，它就改名“听秋阁”。原三溪（实业家，1868—1939）的品位很是高雅，把这座阁楼安置在河边的一块倾斜的地面上。可以将其看作“日本的流水别墅”（或者说流水别墅是美国的“听秋阁”？）。

流水别墅
F.L.赖特
1935年

入口处的地面上铺有木质的薄板，因为当初就是依水而建，为了方便乘坐小船出入而做这样的设计。

根据看的角度不同，这座建筑也呈现出不同的风貌。看着就是普通住宅而已，但真要上手修筑这么一座小楼，可并非易事……

画插图的时候也有意识地想要呈现出不对称的样式，可想要画出整体结构上的美感可真难啊！

16

成田山新胜寺三重塔

千叶县成田市/江户时代中期

从南侧仰视三重塔。左下角是大本堂

穿过总门[1]，走上台阶，位于大本堂右前方、色彩鲜艳的三重塔（建于1712年）就出现在眼前。
塔高25米，周身雕刻着十六罗汉，抬头就能看到房檐内部画满了鲜艳的云水纹。
大本堂（建于1968年）是由吉田五十八设计的，
除此之外，值得一看的地方不少，如额堂（建于1861年）等。

指定	重要文化遗产
建筑时期	1712年
设计者	不详

营 5:30—16:00开放（10月至次年3月则是6:00开放）。全年无休。

¥ 免费参拜。

如果想以大本堂作为背景，东南方是最佳拍摄方位。

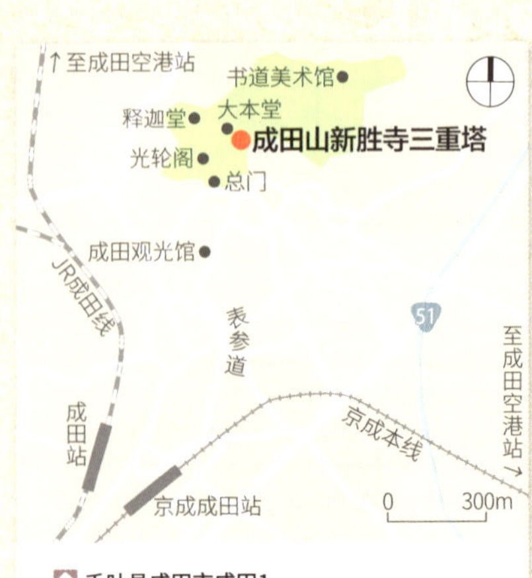

千叶县成田市成田1

JR成田站或京成成田站出发，徒步10分钟即到。

1　禅宗寺院的正门。

流露出的奢华感

说到色彩鲜艳的大门，脑海中浮现出来的就是日光东照宫的阳明门了。

说到色彩鲜艳的神社大殿，那就非欢喜院圣天堂（熊谷市）莫属了。

那么，色彩最漂亮的塔呢？自然就是成田山新胜寺的三重塔。

1636年

彩

1760年

色

之

1712年

如果能把这些建筑集中在一起，想必会成为一大胜景。

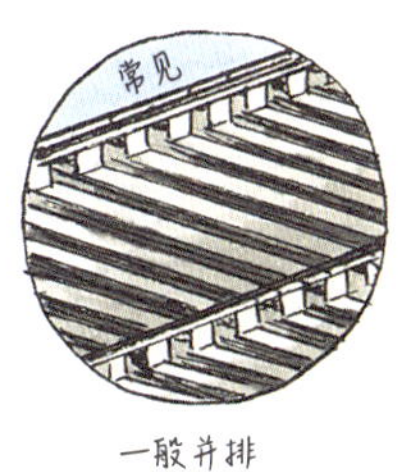

一般并排有很多椽子

一般日式建筑的房檐下面都是一排排的椽子，而这座三重塔的房檐下只有一块木板，这种结构被称为“一枚垂木”。上面雕刻了满满的云水纹。

不是一般的图画，呈现半立体的状态

风调雨顺

天下太平

到处都有“天下太平”系列的雕刻图案，这已经成为这类彩色建筑不成文的规定。

这座塔的色彩搭配可不仅是看着很花哨而已。二层和三层利用了红黑二色的撞色效果，为整体色彩的和谐定下了基调。

如果把包包设计成这个样子，感觉能大卖呢！

虽说关西有很多衣着鲜艳的老阿姨，但说到“衣着鲜艳”的建筑反倒是东日本居多，让人觉得不可思议。可能是受到了江户文化的影响，也可能是东日本对鲜艳的颜色没什么抵抗力吧。

17

建议仔细观赏

富冈制丝厂

群马县富冈市/明治五年

从东南方的上空俯视整个工厂。左手边的建筑是缫丝车间(照片来自群马县)

这是明治政府为了实现现代化而设立的第一座机械制丝示范厂，于明治五年（1872年）投入生产。缫丝车间长约140米，配有可供300人使用的缫丝器。这也是当时世界上规模最大的制丝工厂。开业20年后该厂被三井家族收购，其后又历经原合名会社、片仓制丝纺织等经营者之手，一直生产至1987年，有超过一个世纪的使用历史。2014年被指定为世界遗产。

指定 世界遗产、重要文化遗产

建筑时期 1872年(明治五年)

设计者 奥古斯特·巴斯蒂安

营 9:00—17:00开放(闭馆前30分钟禁止入内)，12月29日至31日休馆。2015年1月以后的休馆日请于其官方网站上确认。

¥ 门票价格为500日元/成人。

最佳拍摄地点为入口处的东蚕茧仓库东侧。

群马县富冈市富冈1-1

上信电铁·上州富冈站出发徒步约15分钟即到。

关东

壁与柱的混搭

明治新政府为了促进出口品——生丝在全国范围内的生产，专门建造了富冈制丝厂，作为机械制丝的示范工厂。

为了建设这座拥有西式机械的工厂，政府去横滨请来了法国人保罗·卜鲁纳作为顾问。当时他只有 30 岁。

从工厂选址开始，卜鲁纳就参与其中。上州[1]的富冈由于距离原料产地近，又有大片的空地可供使用，最终成为工厂所在地。

工厂于 1872 年开工，虽然产品在海外得到了很高的评价，但经营情况不甚乐观。工厂于 1893 年被三井家收购，到 1902 年其所有者又变成了原合名会社，1939 年又被转让给片仓制丝纺织株式会社。1987 年停产之后，富冈市政府最终接手了这座工厂。

1 上野国的别名，相当于现在群马县全境。

成为评价甚高的世界遗产

从 2005 年开始，工厂的部分建筑开始对外开放，供人参观。此后便陆续被评为国家历史遗迹和国家重要文化遗产，受关注度急速上升。

2014 年，富冈制丝厂与养蚕农家田岛弥平旧宅（伊势崎市）和养蚕教育机构高山社（藤冈市）一同被联合国教科文组织评为世界遗产。

顺带一提，同样以工厂的身份录入世界遗产的还有德文特河谷工业区（英国）、弗尔克林根钢铁厂（德国）和格罗皮乌斯设计的法古斯鞋楦厂（德国）。富冈制丝厂是第一座被评为世界遗产的日本工厂建筑。

同年，工厂内的三栋主要建筑被内定为国宝。

木骨砖瓦结构

工厂内现存的建筑除了缫丝厂和东西两个蚕茧仓库，还有卜鲁纳的公馆和女工宿舍。

缫丝厂的纵深足有140米，内部有很多隔间，却没有一根柱子，视野非常开阔。厂房高处有巨大的玻璃窗户，采光也很棒。从全国各地聚集而来的女工就在这样的空间里切切实实地感受到了近代日本这一新时代的到来。虽说1851年的英国世博会上已经出现了“水晶宫”这样的建筑，但是在这座工厂落成之前，日本从未出现过利用自然光就能让室内明亮如斯的建筑。

负责设计富冈制丝厂内部建筑的是法国人奥古斯特·巴斯蒂安。他原本以横须贺制铁所制图师的身份来到日本，后来受卜鲁纳的委托，设计完成了富冈制丝厂的建筑图纸。

这座工厂的建筑特征就是它的木骨砖瓦结构。简言之，就是以杉木制成的梁柱为主要建筑框架，墙壁则采用砖瓦等材料砌成。

砌墙使用的是“梅花丁”砌法（也叫“一顺一丁法”），即砖块的长边与短边交错排列；厂房的框架结构使用的则是西方的桁架结构。除此之外，工厂的设计还引进了很多西洋的新式建筑材料，如铁质的窗框、双开门的合页，以及连接各部件的螺栓螺母等。

为什么不全部采用砖瓦结构呢？多半是因为日本是个地震多发的国家，建设者认为全砖瓦的结构不足以抵抗这样的自然灾害。相比之下，木质的结构框架则因其柔软性不容易损毁，更适合这样的地理环境。

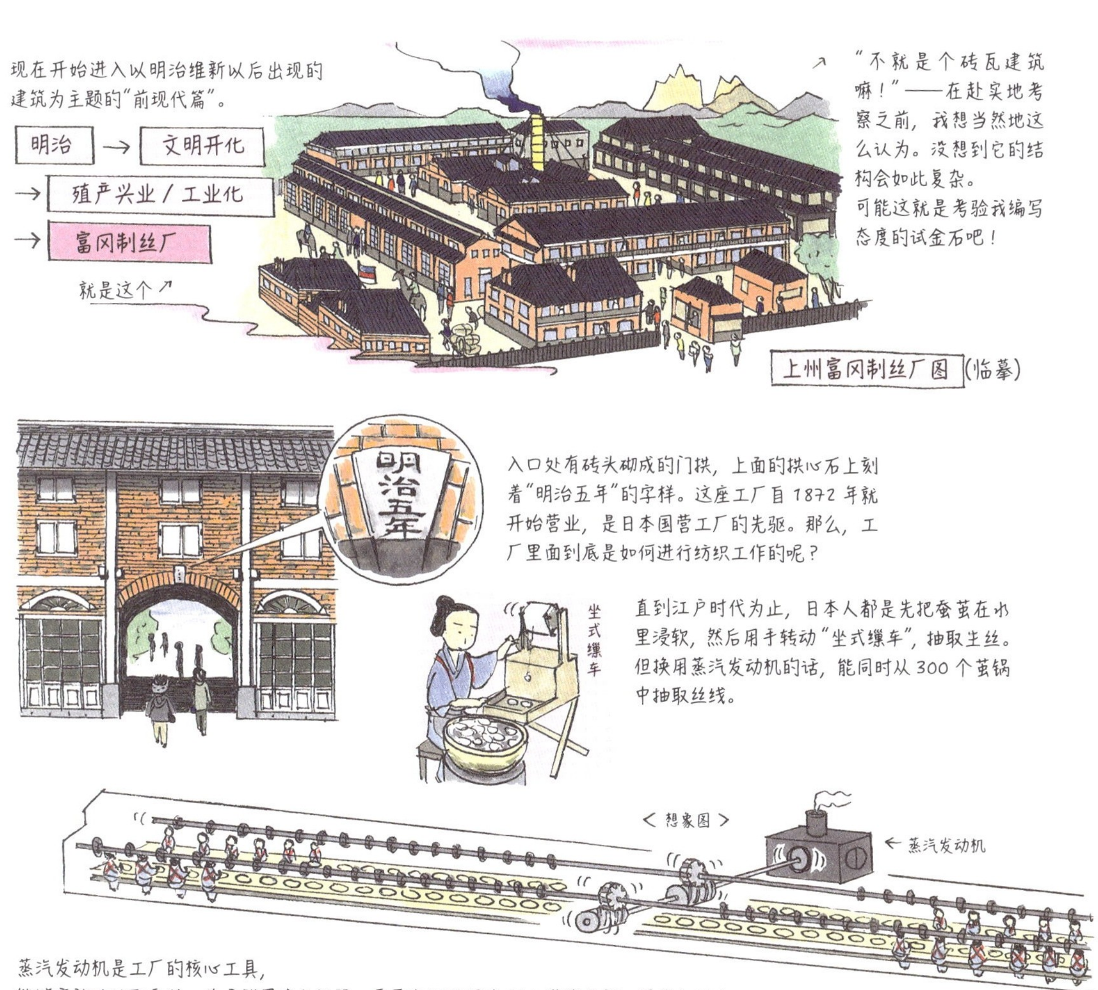
现在开始进入以明治维新以后出现的建筑为主题的“前现代篇”。
明治
文明开化
殖产兴业／工业化
富冈制丝厂
就是这个
“不就是个砖瓦建筑嘛！”——在赴实地考察之前，我想当然地这么认为。没想到它的结构会如此复杂。
可能这就是考验我编写态度的试金石吧！
上州富冈制丝厂图（临摹）
明治五年
入口处有砖头砌成的门拱，上面的拱心石上刻着“明治五年”的字样。这座工厂自1872年就开始营业，是日本国营工厂的先驱。那么，工厂里面到底是如何进行纺织工作的呢？
坐式缫车
直到江户时代为止，日本人都是先把蚕茧在水里浸软，然后用手转动“坐式缫车”，抽取生丝。但换用蒸汽发动机的话，能同时从300个茧锅中抽取丝线。
＜想象图＞
蒸汽发动机
蒸汽发动机是工厂的核心工具，
能够高效地抽取蚕丝。为了放置这台机器，需要南北纵深达140米的车间。原来如此！

采用木骨砖瓦结构是法国人巴斯蒂安做出的决定，还是出于某个无名日本工人的强烈要求，已经无从得知，但我更倾向是后者。如果有时间机器，真想回到过去偷听一下他们的讨论内容。

之所以对这个原因感兴趣，是因为在这座建筑之中已经出现了今后在日本建筑界被多次拿出来讨论的一大课题。

日本与西洋建筑风格的衔接

墙壁的样式大体分为两种，一种是柱子露在外面的明柱墙，另一种是柱子藏在墙里的隐柱墙。

在日本的建筑中，明柱墙占压倒性多数。无论是神社、寺院还是民宅的墙壁，大抵都是这种样式。只有在土窑仓库和城郭这种特殊的建筑中才会使用隐柱墙。与此相对，西方常见的石造或者砖瓦造的建筑里一般用隐柱墙。

由此可见，我们在富冈制丝厂里见到的木骨砖瓦造的墙壁中，既采用了从西方传过来的建筑材料，又采用了根植于日本传统建筑中的明柱墙结构。

此时我联想到一位日本建筑家——吉田五十八。在现代派成为日本建筑界主流的时期，他却致力于带有现代和式风格的建筑设计。他的手法之一就是在和式建筑中使用隐柱墙。虽然与富冈制丝厂所用的建筑方法正好相反，但实属殊途同归。

在明治维新后不久，日本的建筑家所面临的一大问题就是该如何将西洋传来的新式建筑方式与日本的传统建筑自然地衔接在一起。

在展示厅了解到一些基础知识后，就进入了缫丝厂房的内部参观。天花板上的木质桁架一直延伸到房间的尽头。这是日本最早拥有三角桁架屋顶的厂房。

东西两面都有大玻璃窗，室内很明亮。

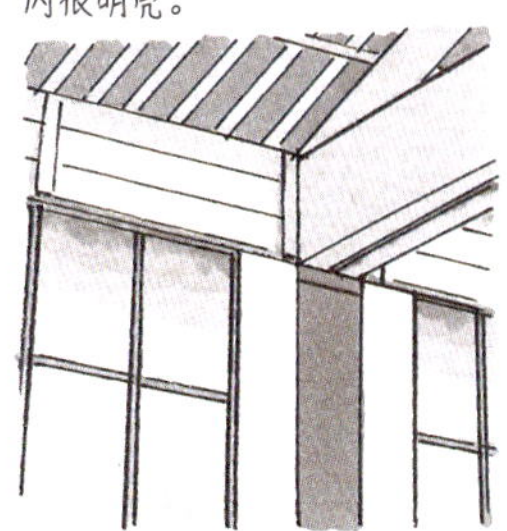

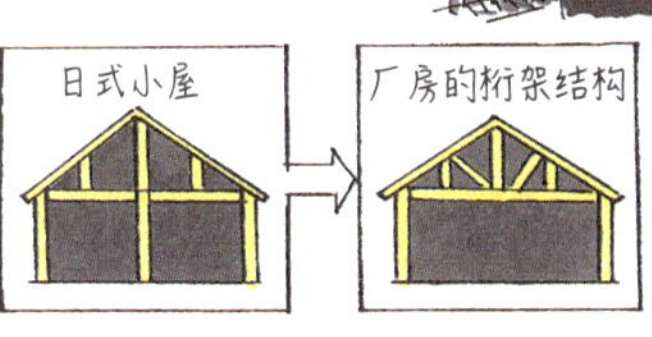

当时的日本并没有这样的玻璃板，工厂里所用的都是法国的进口货。窗框都是铁质的。屋顶上另设的单跨小屋顶下面也可以采光。

厂房的内部空间非常气派，但是我总感觉有些别扭。因为脑海中浮现的都是传统缫丝机排列成行的画面。

在昭和六十年代工厂关停之前，这里所用的机器如右图所示。

虽然这座工厂给人的感觉像是“古时候的遗迹”，但实际上，当笔者在小学课本上了解到它的时候，它还在“服役”中呢。

真厉害！ 115年

1872年 开工
1893年 被三井家收购
1902年 三井家→原合名会社
1939年 原合名会社→片仓制丝纺织
1987年 停产

过去并不是一个个点，而是一条线（有时还是一个面）。我重新审视了这个问题。

啊，快没有空间介绍重要的砖瓦结构了……后面我还会介绍更多的砖造建筑，到时候再细说吧。

18

建议
仔细观赏

旧岩崎久弥邸

东京都台东区/明治二十九年前后

从入口北侧欣赏外观

这是三菱的创始者——岩崎家族的主宅。保留到现在的有洋楼、台球室和一部分和馆。
其中，洋楼和山间小屋风格的台球室是约西亚·康德尔设计的，
据说这两者之间有地下通道相连（通道不公开）。
这座建筑的主人是岩崎久弥，他是岩崎弥太郎的长子，也是三菱财阀的第三代掌门人。

指定	重要文化遗产
建筑时期	1896年（明治二十九年）前后
设计者	约西亚·康德尔

营 9:00—17:00开放（闭馆前30分钟禁止入内），12月29日至次年1月1日休馆。

¥ 门票价格为400日元/成人。

最佳拍摄地点为入口的北边。要想拍摄面对草坪的阳台一侧则最好在南边拍摄。

东京都台东区池之端1-3-45

东京metro·汤岛站出发徒步3分钟即到。

关东

来自红茶之国的宅男

进入砖墙围起来的区域后，就是一道斜坡。走到路的尽头，就看到了一栋在棕榈树掩映之下的两层木造洋楼。小楼的正门在北边，右侧还有塔楼，整座建筑是左右不对称的结构。从窗户四周环绕着的华丽装饰来看，这栋楼的主人非同一般。没错，这就是岩崎久弥的家。

他是三菱财阀第三代掌门人，也是三菱创始人岩崎弥太郎的长子。

据说这栋洋楼主要用于接待客人，而主人的日常起居则在西边紧挨着的和馆之中。

从正面玄关进入洋楼就会发现一楼和二楼都是以会客大厅为中心，其他房间则作为餐厅、集会室、客房和书房。每个房间的墙壁及天井的装饰设计各不相同，均值得一看。设计者在楼梯上也下了很大功夫，每根柱子上都缠绕着以植物为主题的华丽装饰。这种设计被称为雅各宾样式，曾于17世纪前期在英国风靡一时。

如何给这座建筑的风格定性，其实是个难题。它的阳台是科洛尼亚式的，而内部装饰则带有文艺复兴和伊斯兰的建筑特点。

此外，有人认为那间位于建筑东侧的台球室是美国哥特风的木质建筑，而设计师一开始模仿的其实是瑞士的山中小屋。可以说，这座建筑是古今东西各种风格的杂糅体。

喜欢日本的年轻宅男

这座建筑的设计师是约西亚·康德尔，有人称他为“日本近代建筑之父”，也有人说他是“日本近代建筑之母”。

康德尔1852年出生于伦敦，1877年来到日本，当时只有25岁。他曾经在英国皇家建筑师协会举办的一次设计比赛中凭借乡村别墅的方案取得了第一名的好成绩，被寄予厚望，但他总归不过是一名刚刚进入设计事务所工作的年轻建筑师。但明治新政府大胆地起用了这名年轻人，聘请他担任工部大学校（现在的东京大学工学部）的教师。

他能够响应号召前去日本工作，也是一种非常有魄力的表现。虽说工资给得高，但毕竟是去地球的另一边，在完全不同的异国文化氛围中工作啊。

其实康德尔愿意去日本还有另外一个理由。他曾经在伦敦举办的世博会上见识到了以绘画和民间工艺为代表的日本文化，并被深深地吸引了。如果拿如今的情况做对比，他就像是被日本动漫迷住的欧洲宅男一样。

作为一名教师，康德尔无疑是非常优秀的，他培养出了很多著名的建筑家，如设计东京站的辰野金吾、设计迎宾馆赤坂离宫的片山东熊、设计庆应义塾大学图书馆的曾祢达藏、设计日本游船小樽支店的佐立七次郎和设计神户地裁的河合浩藏，等等。

他还曾受明治政府之托，设计了鹿鸣馆（1883年）。而且如前文所言，他也为日本文化倾倒，还拜了画家河锅晓斋为师。

康德尔在任职期满后曾回到英国，但不久后即返回日本，并娶了一名日本女子为妻，在这片土地上终老一生。

如果他留在英国

康德尔本人自然在近代日本建筑史上留下了不可磨灭的印记，那么他在世界建筑史上又处于怎样的地位呢？

在他学习建筑的时候，欧洲建筑界

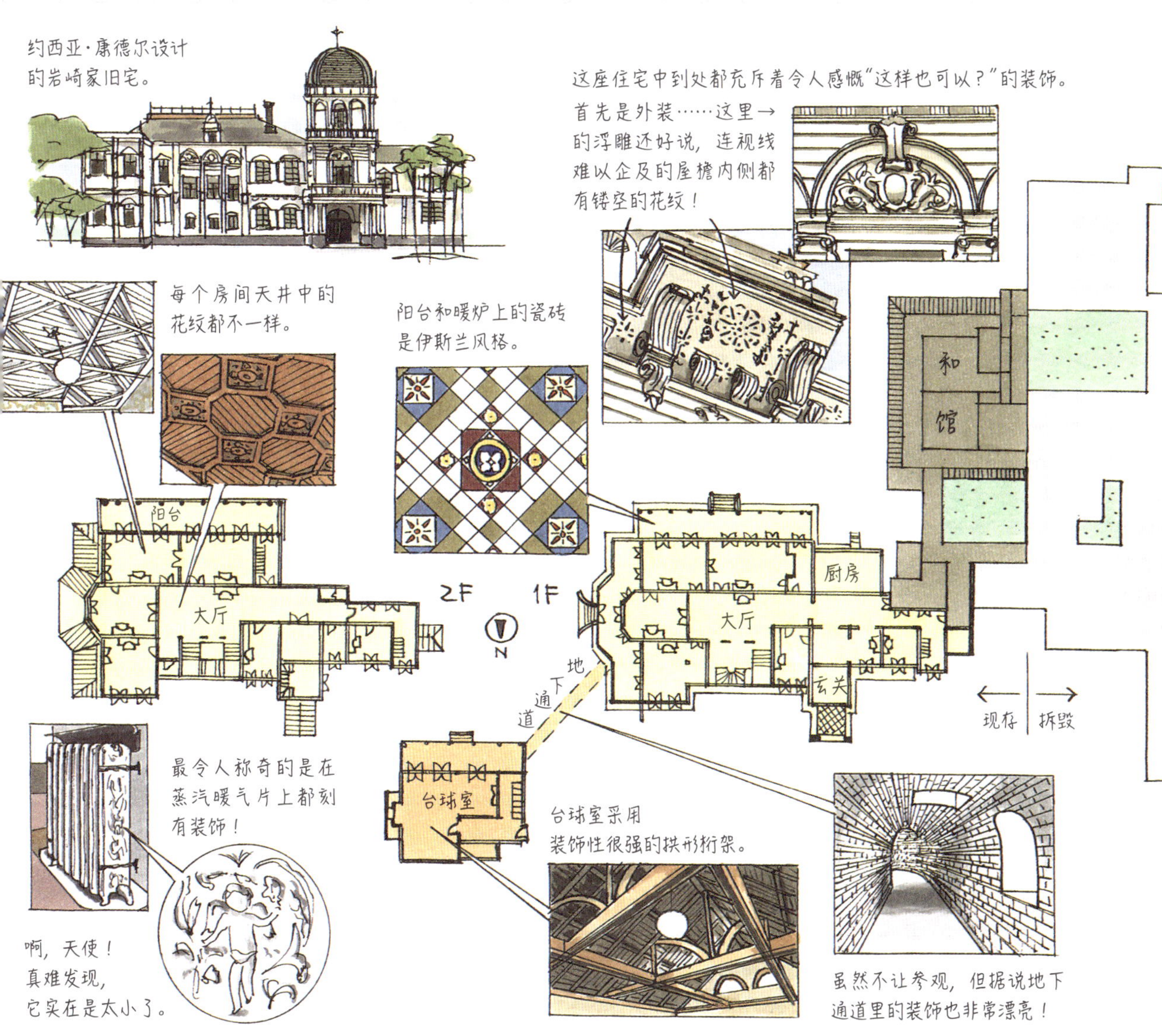
约西亚·康德尔设计
的岩崎家旧宅。
这座住宅中到处都充斥着令人感慨"这样也可以？"的装饰。
首先是外装……这里→
的浮雕还好说，连视线
难以企及的屋檐内侧都
有镂空的花纹！
每个房间天井中的
花纹都不一样。
阳台和暖炉上的瓷砖
是伊斯兰风格。
和
馆
阳台
大厅
2F
1F
N
厨房
大厅
玄关
地
下
通
道
现存
拆毁
台球室
最令人称奇的是在
蒸汽暖气片上都刻
有装饰！
台球室采用
装饰性很强的拱形桁架。
啊，天使！
真难发现，
它实在是太小了。
虽然不让参观，但据说地下
通道里的装饰也非常漂亮！

正流行历史主义，“采用了从古代到巴洛克时期出现过的所有历史建筑样式，甚至包括欧洲以外的埃及、美索不达米亚地区、印度、中国、日本，乃至伊斯兰建筑风格都被吸收了进去。”（弗里茨·鲍姆加特《西洋建筑样式史》）

在这样的时代背景中，来到日本的康德尔借着设计鹿鸣馆的机会，正好可以进行在西洋建筑中融入异国风格的尝试。他既然如此喜欢日本，那么在设计的时候，参考的自然就是日本建筑了。

但这是不可能的。因为委托方就是日本政府。日本不应该是被参考的一方，而应该去参考别人才对。康德尔只好在鹿鸣馆中融入了伊斯兰建筑的风格，结果不仅没有得到好评，恐怕连他自己都很不得志吧。

而岩崎久弥家宅的设计把他从烦恼中解放了出来。至于如何在设计中融入日本风，只需要全权交给旁边的和馆来解决。康德尔可算轻松了下来，终于能自由自在地尝试日本以外的混合建筑风格了。

如果康德尔从日本返回英国定居，并在祖国从事建筑设计的话，他会造出怎样的建筑呢？可能会在自己所掌握的日本美学的基础上，创造出全新的建筑风格。

例如，活跃于19世纪末的苏格兰建筑师查尔斯·马金托什的作品中，就有淡淡的日本风。没准康德尔还能在他之前首先创造出近现代化的杰作呢。

洋楼的基调是英国雅各宾样式，台球室则具有美国哥特式木造建筑的风格……一般来说，不管是习惯也好，固执也好，同一个人所设计的建筑中总能看出一些共通的地方。但从这两栋建筑之中根本看不出任何共同点。这难道就是康德尔的风格吗？

尼古拉大教堂 1891 年

为了寻找所谓的“康德尔风格”，我寻访了东京都内现存的他设计的建筑。每座都堪称一种风格的教科书，但距离共通的“康德尔风格”似乎越来越远了……看到鹿鸣馆的照片时我也是这种感觉。

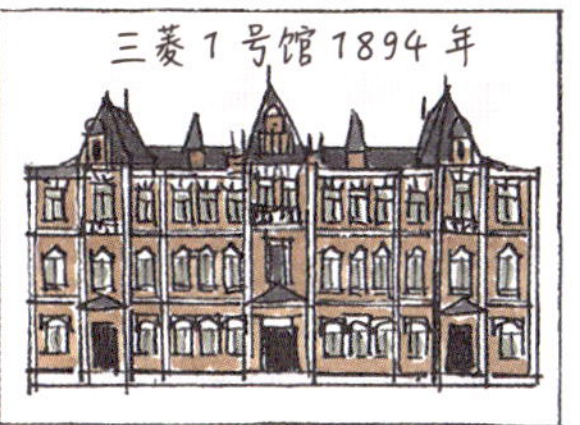
三菱 1 号馆 1894 年

三井俱乐部 1913 年

古河邸 1917 年

转过来，转过去，康德尔在自由地飞翔。

鹿鸣馆 1883 年

仔细想来，康德尔能在三菱、三井和古河等大财阀之间游刃有余地来往，真是了不起。可能正是因为不拘泥于自己的风格，才更容易接纳对方的风格吧。我终于明白为什么很多人都称他“日本近代建筑之母”了。

19

日本银行本店本馆

东京都中央区/明治二十九年

从南侧欣赏本馆（旧馆）。它后面10层高的大厦是建于1973年的新馆

日本银行开业时所使用的办公场所是由约西亚·康德尔设计的旧北海道开拓使物产交易所的小楼。可惜这栋建筑有些狭小，第二年人们就决定尽快搬家。康德尔的徒弟辰野金吾被提拔为新大楼的总设计师，从1888年起，他花了约1年的时间去欧美各国考察当地的中央银行，并最终于1896年建成了日本银行本店本馆——距离下定搬家决心那天已经过去了10年之久。

指定　重要文化遗产

建筑时期　1896年（明治二十九年）

设计者　辰野金吾

营 开放时间为周一至周五，仅限预约者入内。如有参观需求，请提前一周致电日本银行信息服务局进行预约。

¥ 参观免费。

最佳拍摄角度为正门南侧。内部禁止拍摄。

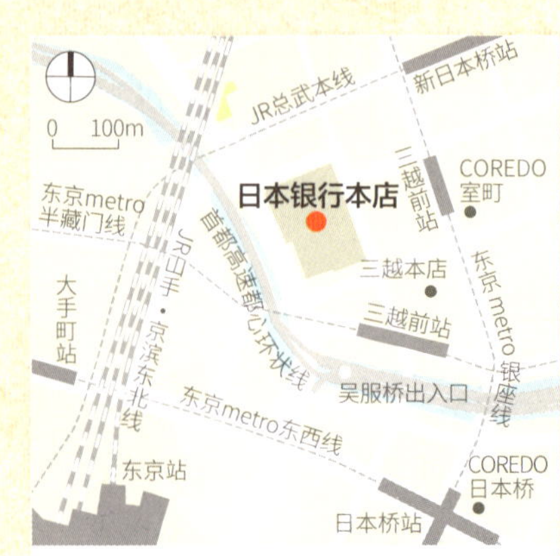

东京都中央区日本桥本石町2-1-1

东京metro·三越前站出发徒步1分钟，或JR东京站出发徒步8分钟即到。

来自镜之国的建筑家

请问哪些建筑曾经出现在日本的纸币上？你能答上来吗？

现在的2000日元纸币上印有冲绳的守礼门。除此之外，在旧版的纸币上还出现过国会议事堂、法隆寺和八纮一宇塔等建筑。当然，本文中将要提到的日本银行本店也曾经被印在旧版的1000日元和5000日元的纸币上。

日本银行本店位于东京站的北边，斜对着架在日本桥川上的常盘桥。这里原是江户时代的金座所在地，曾经有多家金融机构聚集于此。

这里的一楼是营业厅，二楼是职员办公室，三楼是领导办公室，地下设有金库。

它从外面看上去像是石造建筑，其实只有外侧是石头，内侧则是砖墙。石头与砖块之间有钢筋加固。之所以采用石砖混合结构，是因为在施工期间发生了浓尾地震，为了增强建筑的抗震性，人们对设计方案进行了修改，二楼以上的墙壁材质以砖块为主，外侧只敷了一层薄薄的石片。

这栋建筑的平面呈左右对称的样式，翼楼朝左右展开。民间盛传它的俯视图就是一个“円”[1]字。

建筑的正中央就是正门玄关，科林斯柱式的圆对柱（两根为一对）支撑起了三角墙，上面覆盖着穹顶，看起来非常气派。

可是如果站在这座建筑外面，你是看不到这个玄关的。因为连接左右翼楼的大门遮挡住了视线。为什么要把这么漂亮的正门藏在里面呢？

1 日元的日文字形。

银行建筑家 = 辰野金吾

这座建筑的设计者是辰野金吾。他是工部大学校造家学科（现东京大学工学部建筑学科）第一期的学生，毕业时力压同学片山东熊和曾祢达藏，以第一名的成绩结束学业，后来去英国留学了一段时间，回国后成为工部大学校的教授，同时兼任建筑学会的会长。他曾经培养出了很多后来知名的建筑家。

有很多知名建筑都出自他手，比如东京车站（1914 年）。辞去教授一职后，他创办了日本第一家民间设计事务所，因此他还被称为“日本新建筑第一人”。

辰野金吾接受日本银行本店的设计委托时，还不到 35 岁。以此为契机，往后他还设计了多处银行建筑。其中有日本银行大阪支店（1903 年）、日本银行京都支店（现为京都文化博物馆，1906 年）、第一银行神户支店（现为神户市营地下铁港元町站，1908 年）、旧盛冈银行本店（1911 年）、日本银行小樽支店（现为金融资料馆，1912 年）等。

自他开始，日本建筑界出现了一批以设计银行店铺出道的建筑师，如设计日本相互银行的前川国男、设计福冈相互银行的矶崎新、设计秋田相互银行的宫胁檀、设计京都信用金库的菊竹清训等。可以说辰野金吾就是他们的领路者。他的名字“金吾”（KINGO），与“银行”（GINKO）还是谐音，难道这就是天生注定与银行有不解之缘?

套匣一样的建筑结构

我们还是回到刚才的问题上吧。为什么要把银行的正门遮挡起来呢？据说在开始设计之前，辰野金吾曾经赴欧洲考察，特别对柏林的中央银行进行了细致的研究，并将其作为主要参考模型。不过那栋大楼也不是这种结构啊。辰

从日本银行本店（1896 年）开始，辰野金吾陆续设计了不少日本银行支店的建筑。

工部大学校造家学科第一期学生，毕业成绩第一！

辰野金吾
1854—1919

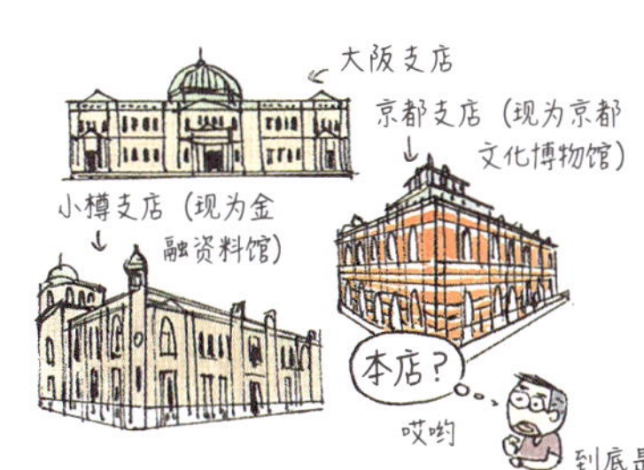

无论是大阪支店、京都支店还是小樽支店，凡是现存的辰野金吾经手的建筑，笔者的脑海中都有印象。可为什么偏偏想不起来距离自己住所最近的本店是什么样子呢？

辰野金吾是日本建筑家们的原点，而日本银行本店又是辰野金吾职业生涯的原点。此地非去不可。与日本银行交涉采访事宜时，对方说："必须按照规定的参观路线行走，才能同意你们拍摄。"真不愧是日本银行啊。

*各层的平面图均为完工当时的模样。三楼不对外开放只好略去不提。

最初的屋顶采用玻璃结构。

二楼职员集会室的明厅。▶

哦哦，是个穹顶啊。

一楼营业厅的客户等候区。在最初的设计中，自然光线可以从屋顶射进来。▼

职员集会室

总裁室

总会室

2F

只让我们瞥了一眼地下的金库。不能进到里面真是遗憾啊。

客户等候区

客户等候区

八角堂

中庭

1F

B1F

金库

参观路线的起点——玄关大厅。一般被称为"八角堂"。

野金吾采用如此独特的设计，到底有何深意呢？

首先想到的就是这种结构有助于提高银行建筑的防范能力。对于银行而言，比起视觉效果，更应该考虑的是如何守住金库里储存的财富。这也是主流的看法。不过在这里，我还想提出另一种看法。

从正面的大门走进去，首先来到的并不是银行内部，而是中庭。它也算外部。穿过中庭进入玄关，就到了营业厅。这里的天花板很高，最开始还是半露天的设计，以便采纳自然光线。银行的办公区域还在更里面。也就是说，这座建筑的结构就像套匣一样，一个盒子里面还藏着另一个盒子。连接左右翼楼的大门就像一堵围墙似的把银行包裹起来，它就是最外层的那个盒子。

好像是在暗示这种结构似的，不管是正面的玄关还是翼楼的大门，统统都有内外两重立柱。

更具比喻意味的就是那些印有日本银行图案的纸币，它们最终的归宿还是这座银行的金库。这种一环套一环的连锁结构随处可见。

但并没有任何证据可以证明辰野金吾的设计意图就在于此。不过这倒令我产生了如下的联想——在辰野金吾留学英国期间，英国作家刘易斯·卡罗尔的作品《爱丽丝镜中世界奇遇记》（1871年）已经出版。其中有这么一段描写："在爱丽丝的梦境中出现的红方国王，正在做着关于爱丽丝的梦……不，应该说在爱丽丝梦境中出现的红方国王的梦里，爱丽丝正在做着关于红方国王的梦……"

可能是这个无限延伸的、如同套匣一般的故事曾经令年轻的辰野金吾着迷吧。呵呵，以上都是我个人的妄想而已。

中庭的设计很有意思。

这是一处用立柱与露台围起来的空间，有着奢华的宫廷风格。据说这里以前停的可不是小轿车，而是马车。

顺便一提，日本银行本馆完工后的第四年，也就是1900年，它的形象就出现在了100日元纸币上。这个时候辰野金吾46岁。他想必非常激动吧。

男儿有泪不轻弹

自打纸币上不再印有日本银行本馆的图案后，能够回忆起其外貌的人就越来越少。究其原因，自然是正面高高的围墙把最具特点的设计给挡住了。辰野为什么偏偏要用这种“犹抱琵琶半遮面”的设计呢？当我看到围墙上露出的一角屋顶时，突然就悟出了答案。

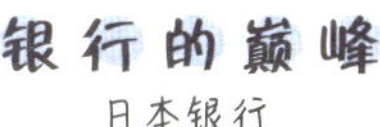

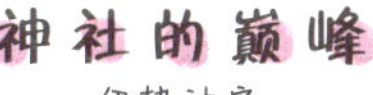

这种若隐若现的感觉不就和伊势神宫的正殿一模一样嘛！伊势神宫在正殿外设置了5道围墙，更加彰显了它的神圣感，日本银行本店也是如此。辰野金吾专门用高墙把银行的中心部围了起来，就是为了保持日本银行的神秘性（八成是这样）。

20

迎宾馆赤坂离宫

东京都港区/明治四十二年

从南侧欣赏庭园和宫殿外观

这是日本最早的西式宫廷建筑，建于明治四十二年（1909年），原本作为东宫御所使用。“二战”后，它的管理权由皇室转移到政府，它也成为政府的公共设施之一。后来经过村野藤吾的改造，这栋建筑最终于1974年以国家迎宾馆的身份获得了新生。迎宾馆赤坂离宫被认为是日本国内近代西洋建筑的顶峰，2009年，其中的本馆、正门、东西卫舍、主庭喷水池和主庭楼梯等处被指定为国宝。

关东

指定	国宝
建筑时期	1909年（明治四十二年）
设计者	片山东熊（宫内省内匠寮）

营 夏秋两季各有一次开放参观的机会。

¥ 免费。

开放参观期间只可拍摄外景。

东京都港区元赤坂2-1-1

JR四之谷站出发徒步7分钟即到。

左右对称中的近代化

从JR四之谷站出来朝南走上一段，道路就向左右分开。两旁的行道树营造出了透视效果，格外突出了位于前方正中心地带的迎宾馆赤坂离宫。

从四之谷站北侧望过去，建筑的中央是玄关，左右两翼各向前伸展出了一个美妙的弧度。定睛一看，屋顶上还有披甲武士和凤凰模样的装饰。虽然细节部分包含很多日本元素，但从总体构成来看，这还是正宗的西洋建筑。

迎宾馆赤坂离宫于1909年竣工，原本打算作为东宫御所，即皇太子的住宅使用。设计者是片山东熊。他是工部大学校造家学科的第一期学生，曾与辰野金吾一起在康德尔的门下学习，毕业后进入宫内省，负责建筑设计。奈良国立博物馆、京都国立博物馆等建筑都出自他之手。

迎宾馆赤坂离宫是砖造建筑，其中还有钢筋加固。房顶则铺设了铜板。设计基调是文艺复兴时的巴洛克风格，另外还吸收了路易十六式、帝国式和伊斯兰式等建筑的特点。

设计这栋建筑时，片山东熊曾赴欧美各国考察，并以法国的卢浮宫和凡尔赛宫为原型参考。可以说，迎宾馆赤坂离宫是明治时期的日本建筑界学习了西洋建筑之后集大成的“毕业设计”。

未被使用的宫殿

可能是这栋建筑做得过于完美，明治天皇视察过完工的东宫御所之后，说了一句：“太奢侈了。”这句评价不知被谁泄露了出去，当时的皇太子，也就是后来的大正天皇最终没有入住此地。

此事对于片山东熊来说无疑是个巨大的打击。身为一名宫廷建筑家，他做了最佳设计、用了最好材料、倾尽所能完成的作品，居然遭到了彻彻底底的否定。

昭和天皇还是皇太子时，婚后曾在这里小住一段时间，但自从继位之后，他就再也没有住过这里。

直到现在，建筑师的匠心令用户产生困扰，最终导致无法顺利使用的事例也屡见不鲜。建筑成品与使用理念之间的冲突所造成的悲剧，早已在这座东宫御所里上演。

东宫御所曾在太平洋战争的空袭中遭到破坏，“二战”结束后被当作国立国会图书馆使用。这对于来这里看书的平民而言当然是件好事，但是未免有些大材小用了。

20 世纪 60 年代，随着招待国宾的需求不断增加，需要设立专门的迎宾馆，这里就被选中了。在“尽量恢复原貌”的指导方针下，村野藤吾主持了改建工作。

迎宾馆的一楼用于住宿，二楼则用于举办宴会。其中以“花鸟之间”“彩鸾之间”等名字命名的房间里装饰各异，配置不一，每间都让人流连忘返。特别是“朝日之间”和“羽衣之间”的天花板上有法国画家绘制的图案，整个房间堪称一件艺术品。

2009 年，迎宾馆被指定为“国宝”。这也是明治时期以后的近代建筑首次获此殊荣。

内部机能也是左右对称的

不对外开放的一楼不仅从外观上看是左右对称的，内部的空间结构也是如此。小泽朝江在《明治的皇室建筑》(2008年)一书中对此专门进行了研究。他提到，国宝·迎宾馆赤坂离宫。其设计之繁复令人叹为观止。要是有一个显示单位面积里设计密度的指标，那么数据相较之下，恐怕日光东照宫都要甘拜下风。

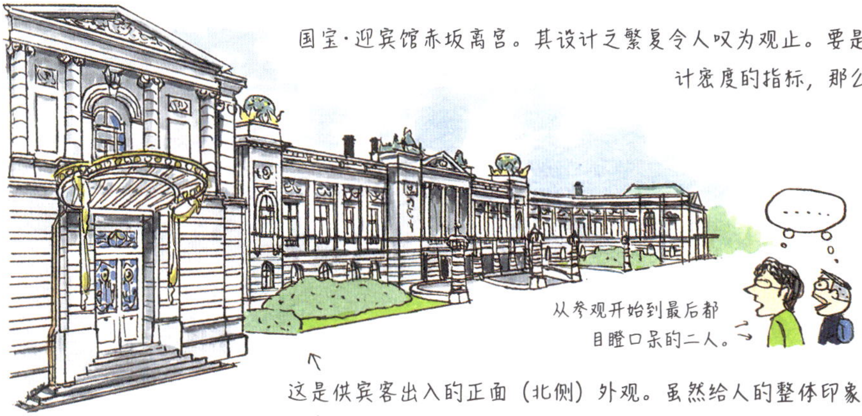

日光东照宫的阳明门被称为“日暮门”（看到日落也不会不耐烦），那么迎宾馆就该叫作“月暮馆”。

……

从参观开始到最后都目瞪口呆的二人。

这是供宾客出入的正面（北侧）外观。虽然给人的整体印象是一座法国式的宫殿，但观察细节就会发现其实有很多日本风格的装饰。光是欣赏这些就在不知不觉中度过了半天时光。

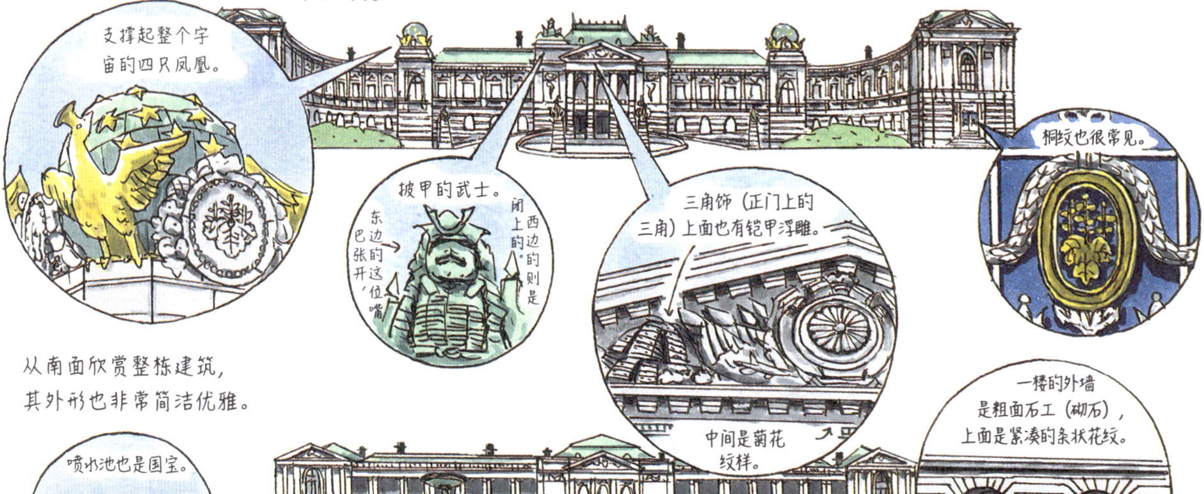

支撑起整个宇宙的四只凤凰。

披甲的武士。

东边的这位嘴巴张开，

西边的则是闭上的。

三角饰（正门上的三角）上面也有铠甲浮雕。

中间是菊花纹样。

桐纹也很常见。

从南面欣赏整栋建筑，其外形也非常简洁优雅。

喷水池也是国宝。

乌龟象征着万年长存？

这边更有片山东熊的风格啊……

一楼的外墙是粗面石工（砌石），上面是紧凑的条状花纹。

20 迎宾馆赤坂离宫

●迎宾馆赤坂离宫的参观信息

迎宾馆赤坂离宫在夏秋两季各有一次对外开放参观的机会。具体的安排请参考内阁府的主页http://www8.cao.go.jp/geihinkan/。

(1) 夏季参观

在每年7月和8月对外开放10天（在5月的时候从报名者中抽选），参观人数共计2万。参观者可以参观二楼的一些房间（但不能在里面拍照）。

(2) 秋季开放前院

每年11月对外开放3天。虽然不能进入建筑物内部，但可以在前院近距离欣赏建筑物的外观（也可拍摄外景）。无须事先申请即可参观。

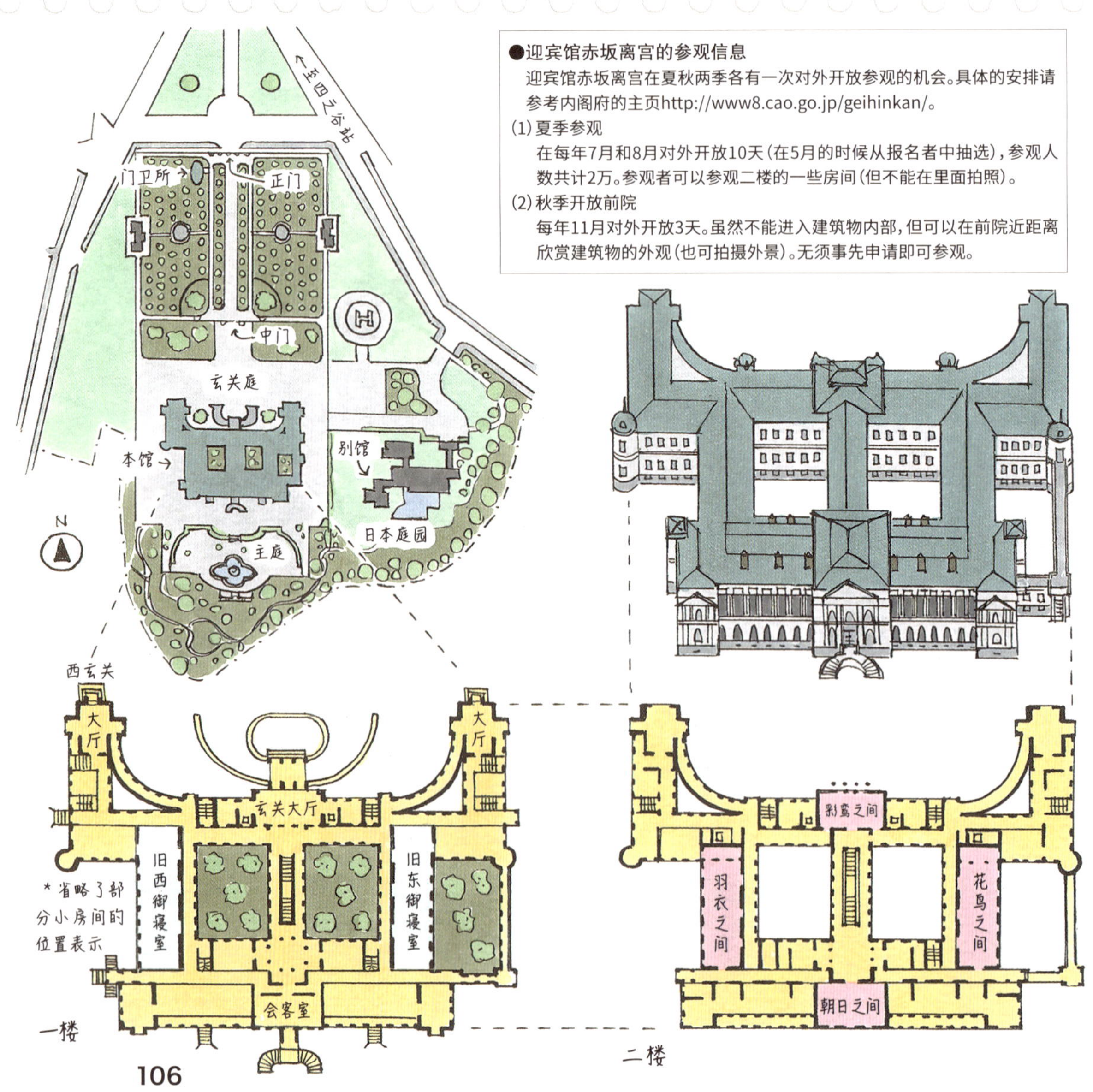

那么，我们就假装自己是美国总统，来逛一逛迎宾馆吧。在外事接待中，主要使用的是二楼。

首先是西侧的大房间——羽衣之间。这里被当作宴会厅使用。

四角的柱子笔直地伸向天空。天花板上的画作铺满了每个角落，看起来就像真的天空一样。

天花板和墙壁上的图画都是由法国的画家亲笔绘制的。它们与片山东熊设计的建筑融为一体，毫无违和感。

花鸟之间（大餐厅）采用的是木质内装。

墙壁上总共镶嵌了30幅采用七宝烧工艺制成的花鸟图。猜猜这一幅值多少钱？

与一般的“纪念馆”完全不同，它给人以“正在使用中”的真实感。这座建筑是活生生的！

朝日之间（会客室）的壁画。

真喜欢这盔甲啊……

华丽的装饰暂且不说，光是地面上马赛克风格的装饰画都令笔者心动不已。因为常年保养打磨的

缘故，地面就像用树脂固定过一样闪闪发光。这种材质感我从未见过。

这座建筑的东边是给皇太子殿下住的，西边是给太子妃住的，两边的功能和大小完全相同。这种设计在皇室建筑的历史中极为罕见，即便是被当作范本的卢浮宫和凡尔赛宫都没有做到这点。

这座建筑落成后不久，倡导女性解放的杂志《青鞜》才首次发刊，创刊词“原始女性是太阳”为平塚雷鸟所写。在那个远没有做到男女同权的时代，反而在皇家建筑中出现了男女同等的格局。

但片山东熊未必就是从男女同权的意识出发才使用了左右对称的平面设计。可能是总有人在他耳边提起左右不对称就是日本建筑的特点，所以他才执着于西洋建筑的左右对称结构，甚至在房间的配置上都贯彻了这一理念。所谓男女同权的平面，只不过是结果而已。

这让我联想到 20 世纪 90 年代，由建筑家山本理显掀起的关于建筑和理念之间的讨论。

山本理显表达过这样的意思——理念并非早于建筑产生，而是建筑空间的构成决定了理念的内涵。激进的男女同权理念，可能就产生于这座左右对称的建筑之中。它的存在为山本理显的观点提供了很好的佐证。

这些在明治维新之后出现的近代建筑，与其说诞生于近代社会，不如说它们才是近代化的先行者。

如此说来，正是帝国议会和议事堂也采用了左右对称的结构，日本才使用了二院制……这种说法也不无道理呀。

这座建筑可是半点折扣都没打、实实在在地盖起来的，建筑费用超过预算1倍还多。如果换算成现在的货币，就是500亿日元。总建筑面积大约是1.5万平方米，那就是说……

500亿日元÷（1.5万平方米÷3.3平方米）=1100万日元/坪[1]！（无语……）

虽然无比精致，但明治天皇却说“太奢侈”，皇太子（大正天皇）

不住！

根本就没来住过……因为遭受的打击太大，片山东熊于8年后去世。

这座遭到冷遇的建筑重新焕发光彩是在1974年。村野藤吾主持了改造计划，将其变成迎宾馆。

1891—1984
“昭和的巨匠”
登场

拜托你了，村野！

虽然是改造历史遗产，但村野藤吾不愧是村野藤吾，他并不拘泥于完全恢复原状。例如，他将支撑东西玄关处玻璃屋檐的黑色钢筋换成了白色，

←正门的铁栅栏也是如此操作。虽然只是一些细节上的改动，但与原建筑非常和谐，看起来像一开始就是他设计的一样。

嗯，有点村野的意思。

虽然只是改造，但仍流露出村野的风格。

正门附近新建了门卫所。这也是妥妥的“村野流”。

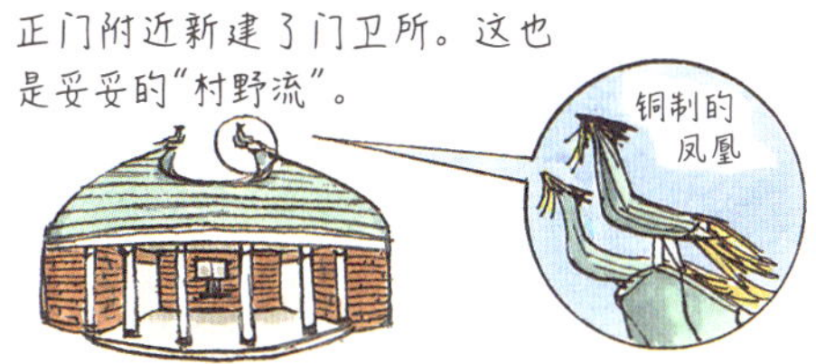

门卫用的小亭子也非常可爱！感觉可以量产。

无论给出的条件如何苛刻，总要加进去一抹“村野色”。即便只是“1%的村野”，也能让人感受到。

好像听到他在笑着说：“瞧我做得不错吧！”

1 日本土地面积单位，1坪约等于3.3平方米。

21

东京站丸之内站舍

东京都千代田区/大正三年

从西南方向欣赏车站外观

丸之内站舍是由辰野金吾设计的，为钢筋砖瓦结构，于1914年竣工。
虽然它在关东大震灾中幸免于难，但没能逃过1945年的空袭，外壁、房顶、内部等多处遭到损毁。
“二战”结束后，人们对它进行了抢救性的复原，将3层楼改成了2层楼。
2003年，它被指定为国家重要文化遗产，2012年完全复原为当初的3层设计。

指定　重要文化遗产
建筑时期　1914年（大正三年）
设计者　辰野金吾

营　从首班车开始运营至末班车结束。
¥　从验票口买入场券价格为140日元。
西方为拍摄正面的最佳位置。从新丸大厦或者KITTE的屋顶花园也能看到其全貌。

东京都千代田区丸之内1
JR东京站内西侧（皇居方向）。

关东

堪称国技的建筑样式

被旅游指南引导过来的游客纷纷把照相机对准了这栋建筑物。等他们进入站厅内部，往往就忍不住驻足欣赏天花板上的装饰，步履匆匆的商务人士就跟他们擦肩而过——自从 2012 年完成修缮以后，这样的场景在东京站丸之内站舍（红砖站舍）里随处可见。

乘车人数也随之增加。在修缮之前，这座车站的人流量在 JR 东日本区域内所有车站中排行第五；完成整修后的第二年，就已经上升至第三位，仅次于新宿站和池袋站。

修缮中最大的看点，就是如何复原曾在战争中遭到损坏的圆形屋顶。其实直到施工之前，我都认为保持原状是最好的选择。一方面，自己已经习惯了那个样子的东京站；另一方面，比起一开始投入运营时的独特设计，反倒是后来制作的临时屋顶的使用期限更长，是原来的两倍还多。这也算有一定的历史价值了。但从目前的情况来看，修复之后使得更多人开始关注建筑物本身之美，那么这次修复无疑是非常成功的。

仔细观察的话就会发现，其实这并不是简单地将其完全复原成创建当初时的样子，而是只修复了在战争中损毁的部分，其他地方还保持原样。比如，他们保留了两层的红砖外墙，复原了第三层。有些在战前就扩建过的部分也被保留了下来，如位于车站正面中间偏南位置上的某个换气塔。

在南北方向的穹窿内部，人们复原了三楼原有的设施和浮雕，而一楼和二楼因为要满足现在车站的需要，重新进行了设计。因为结构上的要求而不得不用的粗柱子上沿袭了以前的浮雕（凹槽）花纹，顶部也安上了旧时的装饰。只不过在上面刻上了表示修缮年份的“AD2012”字样，证明这是重新做的设计。在地板的处理上，也用了石砖镶嵌的工艺取代战后临时复原时所使用的那些模仿罗马万神殿天井的图案。

在这次修缮中，我感受到了建设者们对过去100年间所经历的各个时代的敬意。作为建筑保存的方法之一，这种修复的态度值得参考。

喜欢相扑的建筑家

东京站最初的设计草案是由德国铁路工程师弗朗茨·巴尔策提出来的。在这个方案中，车站被设计成多座和风建筑物的组合，屋顶上还带有千鸟破风。

后来的设计者，也是最终的设计者就是辰野金吾。他除了能设计出如日本银行本店那样气派的建筑物，还身兼大学教授之职，培养出了多位建筑师。可以说他是明治时期日本建筑界最牛的“大腕儿”。

辰野金吾将弗朗茨的设计归纳成一列长长的建筑，并排除了日本元素。他所使用的设计是在英国建筑史上占有一席之地的“安妮女王式”。他将古典样式自由地进行搭配组合，运用到车站设计之中。

红色墙砖和白色大理石组成的红白相间条纹是这座车站外观上的特征。这样的设计在日本银行京都支店（1906年，现在的京都文化博物馆）和旧盛冈银行本店（1911年）等辰野作品中也多有出现，被称为“辰野式”。

建筑史学家藤森照信在其所著的《建筑侦探的冒险（东京篇）》（1986年）一书中将东京站比作横纲的出场仪式，穹形屋顶就是大银杏（关取的发型）的模样。

之所以会产生这样的联想，主要是

我以前只知道东京站的设计草案（基本计划）是由"国际友人"弗朗茨·巴尔策（德国籍）创作的，通过这次采访才得知，原来他采用的是和风设计。

弗朗茨·巴尔策
1857—1927

皇室用出入口

他的安排是在中间设置皇室专用出入口，南边是普通进站口，北边是普通出站口。把各个部分的立体图连在一起看，应该就是下面这个样子。巴尔策回国之后，接手这个项目的辰野金吾沿袭了德国人的安排方式，但用西式设计取代了原有的日本风。

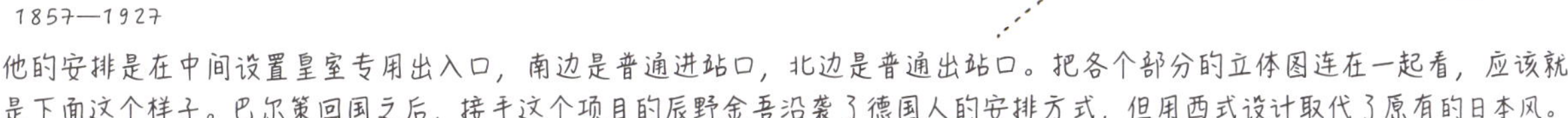

太老气了

NO NO

辰野金吾
1854—1919

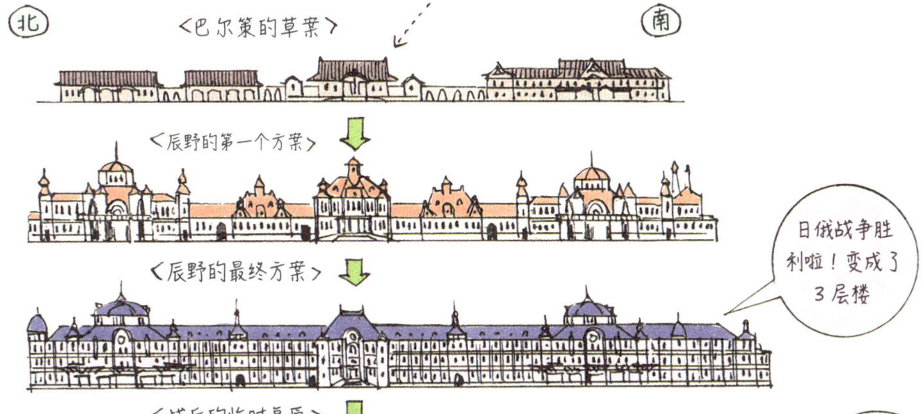

北　　南

〈巴尔策的草案〉

〈辰野的第一个方案〉

辰野金吾的第一个方案采用了两层楼的设计。但是，日本取得了对俄战争的胜利之后，为了宣扬国威，就增加了预算，于是辰野把它改成了3层楼。在那之后……→

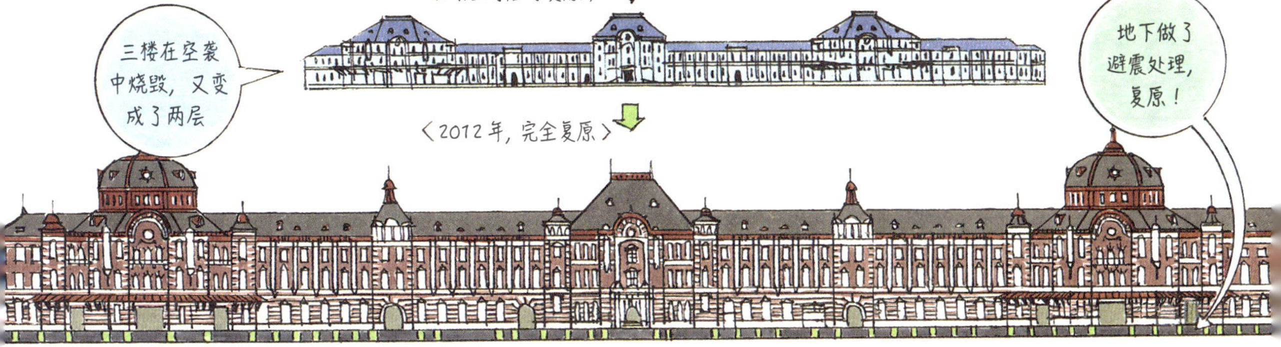

〈辰野的最终方案〉

日俄战争胜利啦！变成了3层楼

〈战后的临时复原〉

三楼在空袭中烧毁，又变成了两层

地下做了避震处理，复原！

〈2012年，完全复原〉

喜欢它的理由之一：**东京站就是"维新后的日本"的真实写照。**

想和人分享的
关于东京站的10个小知识

1. 秀吉的头盔

拱心石位于大厅上部的拱形顶端，它的外形来源于丰臣秀吉的头盔。

↑真实的头盔

3. 月相

2中提到的十二生肖是著名的看点，但如果你知道接下来的事实，那就很了不得啦——三楼的露台下方，可是藏着8种月相的剪影哦。

4. 地板图案来自旧天井

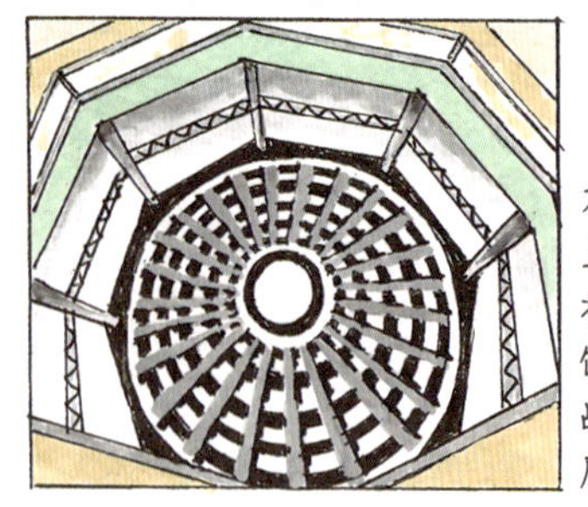

大厅的地板上铺有放射状的花纹装饰，图案来自战后临时复原的天花板。

2. 十二生肖浮雕（8只）

寅

辰

拱与拱之间设有圆形的浮雕，其雕刻主题就是十二生肖。因为圆形屋顶只分成8个部分，所以只有8只动物（下图中的黄色部分）。顺带一提，没有在屋顶上出现的兔、马、鸡、鼠这四种动物，被辰野金吾放在了他于同一时期设计的武雄温泉楼门（1915年）的天井上。

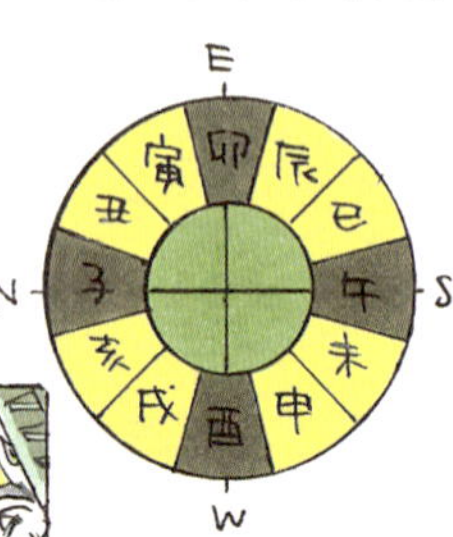

原大厅纵截面图

复原
保存

5. 柱子不是白银做的

看到银光闪闪的立柱，可能很多人都会认为"辰野先生的设计可真是大胆啊"。其实这并非出自他之手。从三楼地板往下的部分都是在2012年的那次复原时重新制作的。一开始的设计很可能是浅绿色。柱子顶部刻有"ADMM XII"的字样，作为复原时改动过的标记。

6. 焦黑的木砖

在东京站内美术长廊的二楼展示室和楼梯间里，能够看到车站最早的红砖墙。墙里夹杂着黑色的砖块，那是用建车站时剩下的材料做成的木砖，焦黑的颜色是在空袭中被烧出来的。

7. 墙上的凹槽

仔细观察墙壁就会发现上面有奇形怪状的凹槽。这说明墙里曾经埋有各种管道。

为我们解说的是JR东日本建筑设计事务所的清水正人先生。

8. 巧妙利用阁楼

东京站内宾馆在原有设计的基础上建了阁楼。其中最具代表性的就是位于中央的旅客休息室。从正面来看毫无改造的痕迹，从东边来看就会发现，人们用玻璃做了一个斜屋顶，使得室内非常明亮。

10. 重回三楼的柱头装饰

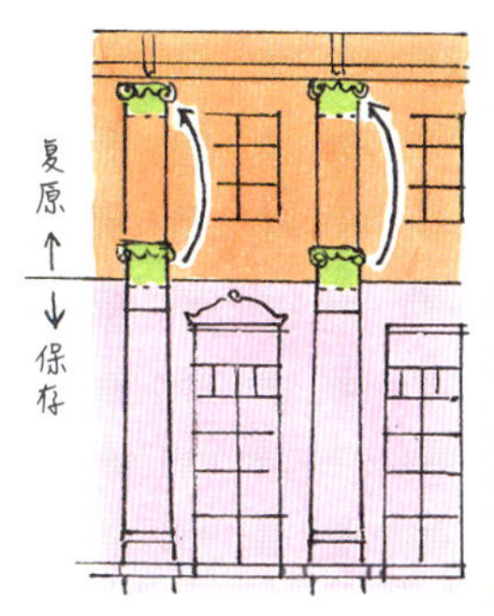

原本位于三楼的柱头装饰在战后的抢救性修复中被挪到了二楼，如今又物归原处。

9. 能够俯瞰大厅的客房

面向大厅的宾馆客房在复原前就有极高的人气，此次也得以保留。在夜深时分，人们能够透过窗户俯视灯火通明的车站大厅。真想像川端康成一样在这样的房间里写写稿子啊。

因为辰野金吾非常喜欢相扑。他不仅自己在家里设了相扑用的土俵，还把儿子送到相扑学校，想让他成为一名职业选手。他还设计过国技馆（1906 年），那是一座拥有巨大的圆形屋顶的建筑，可惜在 1917 年因为火灾被毁（后来重建过，但没有保存到现在）。

展示“日本样式”

调查辰野金吾所设计的国技馆的资料时我发现，相扑在明治时期还没有被称为“国技”。当相扑的固定比赛场馆建设完成后，人们从若干候选名称中选择了“国技馆”这个名字。从此以后，“相扑 = 国技”的概念就在大家的脑海中定型了。

如此想来，在东京站的建设过程中也出现过类似的情况。自打在原本芒草丛生的荒原上盖起了车站，并把它命名为“东京站”后，人们就把那里当作东京的大门口、日本的中心地带。

在建筑样式方面，辰野金吾其实也抱有类似的目的，即通过建筑设计展示“日本样式”。这绝对不是单纯地继承传统的和风样式，因为其风格与近代日本社会的新风气不符。辰野金吾之所以否定了巴尔策的设计方案，原因就在于此。

虽然辰野金吾也有吸收和风元素的建筑设计，如奈良宾馆（1909 年）等，但那些都属于休闲建筑。一旦进入公共设施领域，就一定是带有典型红砖墙的“辰野式”。

如今，在日本一说起有红砖墙的建筑，就等同于在谈论近代建筑。辰野先生所追求的“日本样式”，确实非常成功。

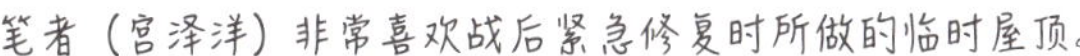
笔者（宫泽洋）非常喜欢战后紧急修复时所做的临时屋顶。

←（线条硬朗简洁的斜面屋顶）

圆形穹顶的样式模仿了万神殿（罗马式）建筑，在战争结束仅两年的时间内能做出这样的设计，真是了不起。

其实在决定复原车站之前，曾经数次提到要将其推倒重建。最终能保存下来真好……其中最有名的就是“十河构想”（1958年），即当时的国铁总裁十河信二提出的高层方案。

东京站之所以渡过了种种危机，最终得以复原，肯定是与人们的喜爱分不开的。那为什么日本人对这种“红白条纹”如此着迷呢？除了多座银行大楼，辰野金吾在接手东京站之前，曾设计万世桥停车场（1911年，下图）和新桥车站（1914年）。这两座建筑的外墙也是红白条纹。而且辰野金吾在英国留学时曾经在一封信

中写道：“我觉得红白条纹很适合日本人。”

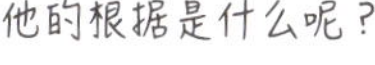
他的根据是什么呢？

万世桥停车场

我猜测在江户时代以前的文化中可能出现过条纹图案，但一番思索之后毫无所获。后来为了撰写另一篇报道而去查找了三内丸山遗址的资料，没想到居然找到了答案——绳文土器上面就有条纹图案！而且，它的边缘居然还与东京站很相像……

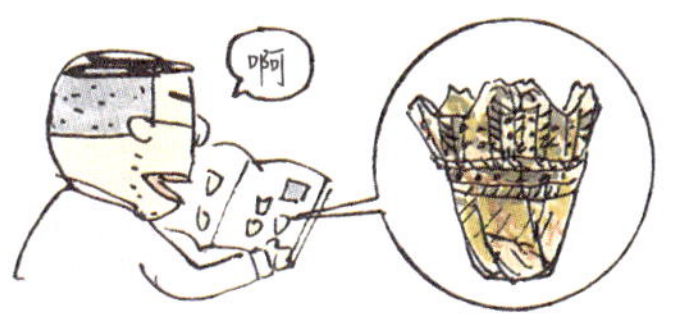

喜爱它的理由之二：**东京站包含日本人的DNA！**

专栏

片山东熊

1854—1917

伤心的“花形满”

片山东熊是工部大学校造家学科的第一期学生，与辰野金吾既是同学，又是竞争对手。他的老家是长州藩（现在的山口县荻市），与当时有权有势的政治家山县有朋是同乡。因为这层关系，他在校内进行的山县有朋住宅设计竞赛中胜出。自此春风得意，势头一时无两。用棒球漫画《巨人之星》中的人物来打比方的话，辰野金吾是星飞雄马，片山东熊就是花形满。

毕业时，虽然第一名的位置被辰野金吾夺走，但片山东熊也在宫内省(政府部门，相当于现在的宫内厅）谋得了职位。从欧洲考察回来之后，他先后设计了东宫御所、竹田宫邸（现在的格兰王子大酒店内高轮贵宾馆)等皇族住宅，以及奈良国立博物馆、东京国立博物馆表庆馆、京都国立博物馆和神宫征古馆等多处博物馆建筑。

片山东熊的建筑才能的确很高超。建筑评论家神代雄一郎在著作《近代建筑的黎明》一书中将辰野金吾、片山东熊和妻木赖黄三人称作“明治三大建筑家”，并认为“片山东熊的设计才能比其他二人更胜一筹”。

东宫御所可谓片山东熊建筑设计的顶峰之作，但这座建筑却并不为天皇所喜。因此他极为失落。作为宫廷建筑师，他度过了辉煌的一生，可其中也有痛苦的挫折所投射的阴影。

那个时代就有曲面玻璃了啊！

暴露在外的框架啊。建筑家都好这口……

天窗也是……

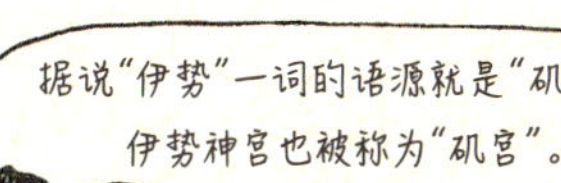
据说“伊势”一词的语源就是“矶”，伊势神宫也被称为“矶宫”。这与宫泽先生新开的连载正好一致呢。

那又如何？

中部

嚯

哦，很亲民的设计呀

好暗！

22

伊势神宫

三重县伊势市/第一次迁宫是在690年

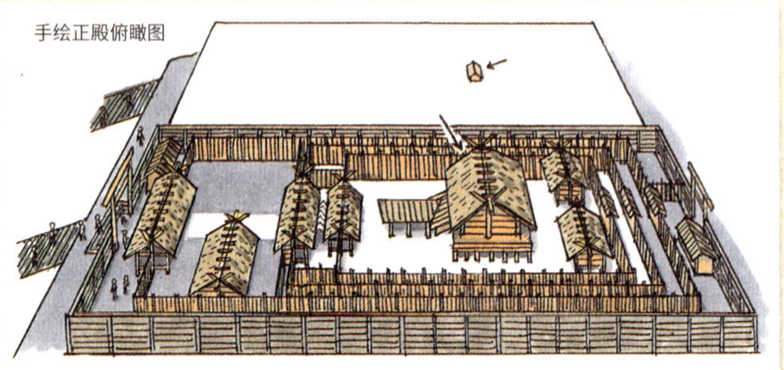

伊势神宫由皇大神宫（内宫）和丰受大神宫（外宫）组成，两者相距6千米。各自下辖有别宫、摄社、末社和所管社等宫社，共计125座。每20年要进行一次"式年迁宫"，即重新营造正殿等建筑，这项仪式已经延续了1300多年。最近一次的式年迁宫是在2013年。它的正式名称不是"伊势神宫"，而是单称"神宫"。

指定 "御木曳"等活动被评为重要无形民俗文化遗产

建筑时期 据说神灵镇守伊势的时间是约2000年之前，第一次迁宫是在690年

设计者 不详

营 5:00—18:00开放（5月至8月开放至19:00，10月至12月开放至17:00），全年无休。

¥ 参拜免费。

内宫、外宫和正殿都禁止拍摄。

三重县伊势市宇治馆町1

去内宫：从近铁宇治山田站或者近铁·JR伊势市站出发乘坐巴士在内宫前下车。
去外宫：近铁·JR伊势市站出发徒步5分钟即到。

永远活在当下

伊势神宫由“内宫”皇大神宫和“外宫”丰受大神宫组成。这两座正宫都位于森林深处，得沿着参道走到尽头才能到达。正殿位于正宫的中心位置，外面还围绕着好几道木垣，无法看清它的全貌，只能凭借旁边的御稻御仓和别宫的样式想象其建筑设计手法。

2012 年，外宫参道附近设立了“式年迁宫纪念迁宫馆”（设计：栗生明 + 栗生综合计划事务所），里面展示着外宫正殿东侧四分之一部分的原尺寸复原模型，这也可以作为参观时的参考。

正殿的建筑样式被称为“唯一神明造”。殿内的柱子直接插在土里，叫作“掘立柱”，屋顶是悬山双坡顶，入口是“平入式”（与屋脊相平行的一面开设出入口）。屋顶的凸起弧度很小，整体结构呈直线型。

屋顶上还安有鲣木和千木。鲣木与屋脊垂直相交；千木则类似于椽子，向斜上方突出。

内宫和外宫在建筑设计上基本是相通的，细节上略有不同。例如，内宫的鲣木是偶数，而外宫的是奇数；内宫的千木是“内削形”（末端与地面水平），外宫的千木是“外削形”（末端与地面垂直）。

栋持柱的构造意义

很多神社建筑中都含有鲣木和千木，伊势神宫之所以与众不同，是因为有栋持柱的存在。所谓栋持柱，就是从与屋脊垂直的两侧墙壁中央伸出的立柱。顾名思义，它就是支撑房梁的柱子，但据说从结构上来看并无设立此柱的必要。

也有人对此持有异议。建筑评论家川添登先生提出，悬山双坡顶因为自重的缘故，会越合越窄，独立支撑起它的栋持柱就起到了固定下部结构的作用（《木与水的建筑：伊势神宫》，2010年）。

也就是说，由两根立柱支撑起的水平建材起到了固定两片倾斜交叉建材的作用。这样的结构与丹下健三所设计的代代木第一体育馆（1964年）的结构是相通的。

据川添登所言，从设计广岛和平纪念资料馆本馆（1955年）开始，丹下健三就参考了伊势神宫的结构。连20世纪60年代出现的大空间建筑都可能受到了伊势神宫的影响。先不管事实是否果真如此，他的解释还是挺耐人寻味的。

被伊势神宫吸引的建筑家可不只有丹下健三一个人。因为其构造与推崇简单朴素之美、排斥多余装饰的现代派建筑理念不谋而合，现代派建筑师对它赞不绝口。

例如，1933年来到日本的德国建筑家布鲁诺·陶特就力赞伊势神宫是“日本的卫城”。

对于无法一睹真容的建筑居然能够褒扬到如此地步，真是令人不可思议。也许越是见不到，越是容易被吸引吧。建筑家矶崎新曾这样写道：“越是遮掩，越是诱惑。”（《拟始源——日本化》，1996年）

既是现代建筑，又是古建筑

伊势神宫的另一个显著特征是每隔20年就要重建一次，即“式年迁宫”制度。内宫和外宫的正殿旁边都有一块名为“古殿地”的地皮，那里就是下次式年迁宫时的正宫所在地。

参照旁边的建筑，再造出来一个一

我第一次去伊势神宫还是在大学四年级的时候，事前没有做过任何准备功课，只留下了朦胧的印象。

时隔22年，我做了充分的调查后才再次到访此地。

顺便一说，伊势神宫是由伊势市站附近的“外宫”与东南5千米之外的“内宫”组成的。

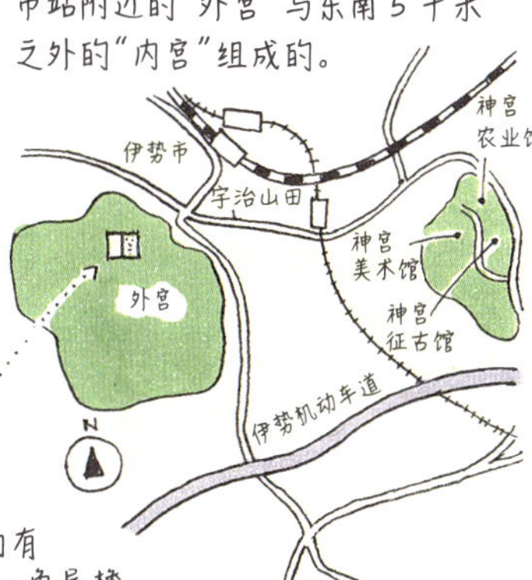

外宫外面有4道围栏，内宫外面有5道围栏。我们只能看到正殿的一角屋檐。

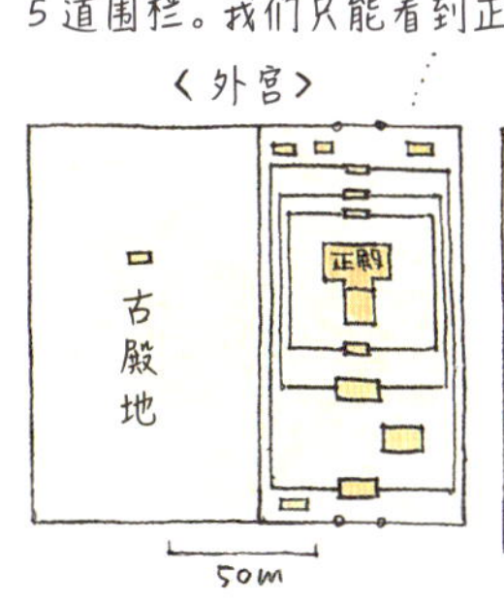

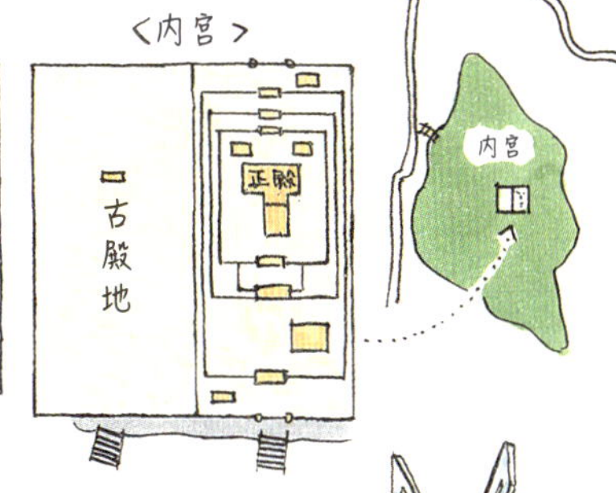

虽然只能看到一角，但我们已经能感受到神圣的气息。它真不愧是2000年来一直受人敬仰的“唯一神明造”。

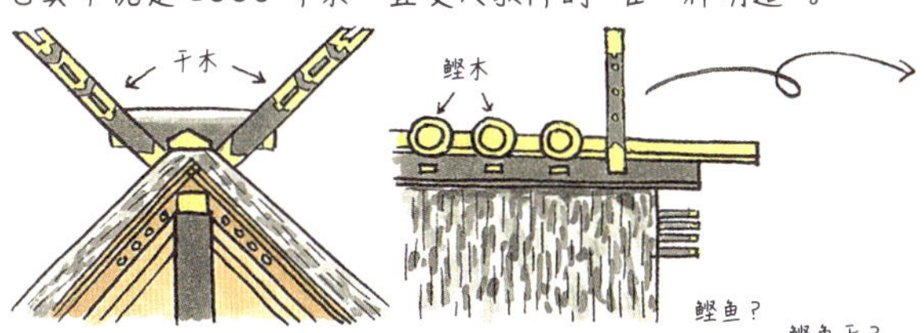

屋顶上用的是非常朴素的茅草，但是贴着金箔的千木和鲣木彰显了不同寻常的气质。

鲣鱼？

鲣鱼干？

出云大社所使用的“大社造”建筑样式中也有千木，但那里的千木并没有插入房梁，而是架在

大社造

上面的。可能是日本人的DNA“作祟”，一看到V字形就会产生一种很神圣的感觉。看来英雄人物的头顶上出现V字形并非偶然。

模一样的——正是通过这样循环往复的操作，神宫的式样和建造技术才被一代代传承下去，就像生命的延续一样，通过复制 DNA，把父母的基因传给孩子。

现在的神宫是在 2013 年建成的，这已经是第 62 回式年迁宫了。

据《日本书纪》所载，伊势神宫始建于垂仁天皇的时代，距今已有 2000 多年的历史。7 世纪时，天武天皇在如今的所在地上修造了社殿。式年迁宫则始于 690 年，当时在位的是持统天皇。从那以后，通过式年迁宫，古时候的建造样式原原本本地流传到了现代。不过，严谨地说，其实并不算是“原原本本”。

例如，在 1953 年的式年迁宫时，丹下健三的师父、建筑家岸田日出刀与其他设计师一起拿掉了神宫建筑上的大量金属饰品（井上章一《伊势神宫：魅惑的日本建筑》，2009 年）。现代派的建筑美学不仅受到了伊势神宫的影响，反过来也影响到了神宫本身。

这段往事只不过是一个例子，伊势神宫的所在地及建筑在时代变迁之中免不了会有不少改动。很多研究者也都证实了这一点。

伊势神宫是很多日本建筑的原始模型，但其本身也在悄然发生着变化。它既是古建筑，也是建成不满 20 年的“现代建筑”——是一组永远活在当下的建筑。

写作本书的目的之一就在于用审视现代建筑的眼光重新了解已经青史留名的古建筑，而伊势神宫在漫长的岁月之中，想必已经得到了来自各个时代的评判吧。

看到内宫的御稻御仓，我们可以在某种程度上想象出正殿的下部结构。它采用的也是"唯一神明造"的建筑样式。因为四周没有墙壁，高高的地板下面就用圆柱支撑，与屋脊垂直的两个侧面上还有栋持柱。

令人惊讶的是，圆柱的外形宛如工业制品一样精确。这些高精度的部件可都是在作业场打造完毕后才运到现场组装的呀。现代的干式工法可能就来源于此。

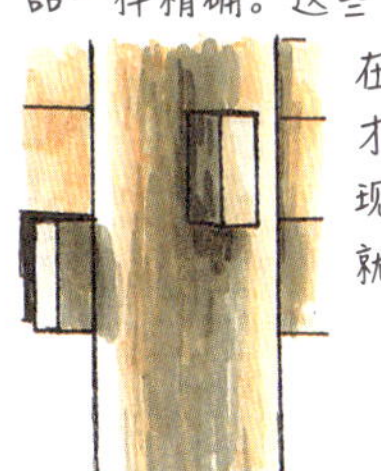

简直就像预制混凝土构件一样！

古殿地

心御柱覆屋

内宫正殿

作为建筑而言最有魅力的所在，恐怕就是伊势神宫的"核心"——包围正殿的5重围栏吧。如果真的不想让人看到，那造一堵高高的围墙不就得了？之所以用5重围栏将正殿层层包裹，只露出一角，其目的就是给人们留出想象的空间。加之20年一次的"式年迁宫"——

欲盖弥彰的想象空间 + 每隔20年的念想 ⇨ 终极的品牌管理

话说既然来到了伊势，就不能不去仓田山上的文化设施建筑群看一看。在那里能看到明治时期的建筑巨匠——片山东熊的两处杰作。

片山东熊
1854—1917

← 神宫征古馆（1909年）。一楼的外墙展示了竣工时的样子。

神宫农业馆（1891年）。富有装饰性的结构非常有趣。→

大江宏
1913—1989

神宫美术馆是大江宏的遗作，在他去世后的1993年建成。这栋建筑看起来非常气派，外面的一排柱子模仿了栋持柱的设计。

23

建议浏览观赏

安乐寺八角三重塔

长野县上田市/镰仓时代后期

仰望八角三重塔

安乐寺位于有“信州的镰仓”之称的别所温泉内，而八角三重塔就在寺庙正殿内院所处的半山腰上。它是“禅宗样”建筑的典型，这一建筑样式是在镰仓时代从中国的宋朝传播过来的。西大寺（奈良）和法胜寺（京都）都曾有八角塔，但现存于世的只有安乐寺里的这一座了。塔的内部有8根顶梁柱，它们将内部空间分成内阵和外阵[1]两个部分，内阵里面还放着自建造时就有的八角佛坛。

指定　国宝

建筑时期　镰仓时代后期

设计者　不详

营 8:00—17:00开放（11月至次年2月则开放至16:00），全年无休。

¥ 门票价格为300日元/成人。

最佳仰拍位置为东南方。

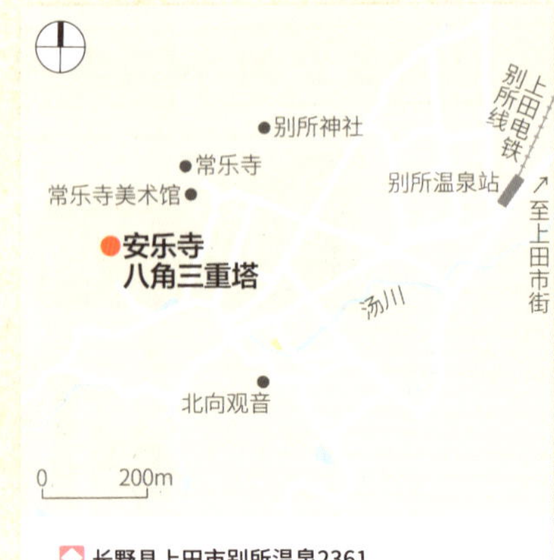

长野县上田市别所温泉2361

上田电铁·别所温泉站出发徒步约15分钟即到。

1　神社或寺院内部安置神体或本尊的最里面的部分叫作内阵，而内阵外侧用于参拜神佛的地方叫作外阵。

呈放射状的八角形

说起"三重塔"，总让人感觉好像没有"五重塔"高级。其实根本没有这么回事。

第一个要推荐的就是安乐寺八角三重塔。光是设在树林之中的游览通道就别具匠心，抬头就能从树影婆娑之中窥见佛塔的风姿。

走到通道台阶的尽头就豁然开朗，眼前出现了这样一座塔。

这是日本唯一一座木造的八角塔。虽说是"三重塔"，但最下面的一层叫作"裳阶"（外檐），所以看上去是4层的八角佛塔。

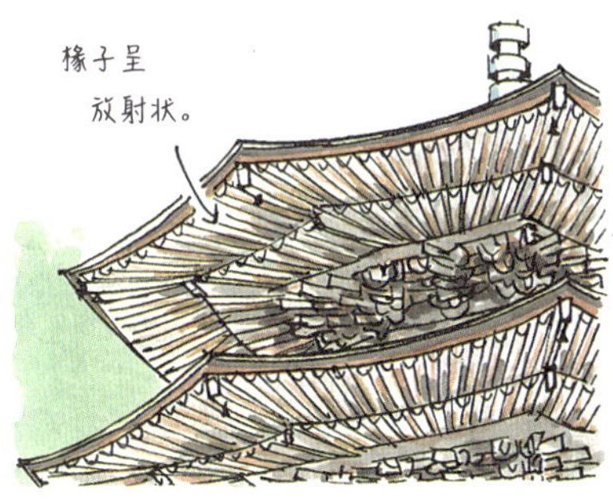

之所以看上去像蘑菇的内侧，是因为椽子呈放射状排列，而一般建筑上的椽子都是互相平行的。这种特殊的结构叫作"扇垂木"（扇形椽子），是镰仓时代从中国宋朝流传过来的"禅宗样"建筑的特征。

扇形椽子的下方设有"栏间"（楣窗），这种现代风十足的设计也是"禅宗样"的特征。

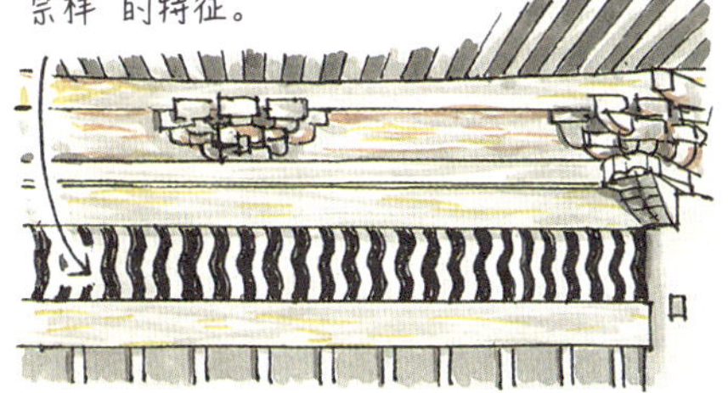

从远处来看，八角塔的剪影也非常漂亮！为什么这么美的建筑没有在日本推广开来呢？难道是八角形的平面不好安装吗？不对，日本人明明还建造出了更为复杂的多宝塔啊。

那么只能理解为在榻榻米文化中熏陶出来的空间感，导致日本人更喜欢直角形的东西吧。

24

建议仔细观赏

松本城

长野县松本市/安土桃山时代

从东侧欣赏松本城。左边的是后来扩建的“月见橹”[1]

松本城的天守阁是日本国宝四天守[2]之一。相传丰臣秀吉为了监视身在江户的德川家康，将石川数正和他的儿子石川康长分封到松本，“五重六阶”[3]的松本城就是在1593年到1594年这段时间里建造的。涂有黑漆的雨淋板与洁白的石灰涂层对比强烈，非常美丽。黑漆还起到了防水的作用。丰臣秀吉在两年后建成的大阪城里也使用了黑漆雨淋板。

指定 国宝、历史遗迹

建筑时期 天守阁建成于1593年，位于其东南方的辰巳附橹和月见橹都是在1633年前后扩建的

设计者 不详

营 8:30—17:00开放（闭馆前30分钟禁止入内，如遇黄金周或者夏季则适当延长开放时间），12月29日至次年1月3日休馆。

¥ 门票价格为610日元/成人。

天守阁入口的最佳拍摄方位为东方。如果要在护城河外拍摄全景，建议选择南向或者西向。

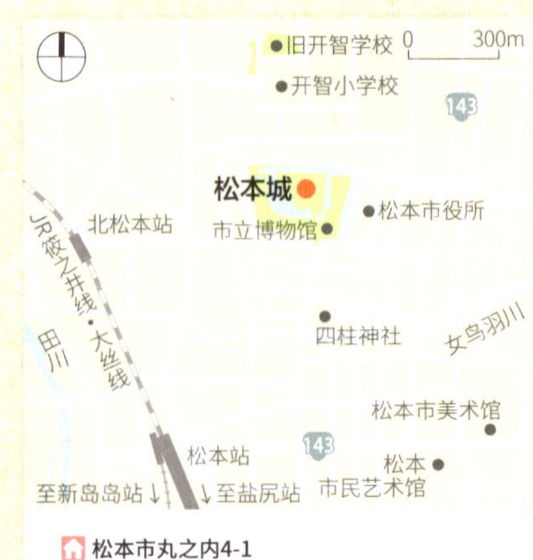

松本市丸之内4-1

JR松本站出发徒步约15分钟即到，或者乘坐巴士在松本城·市役所前下车。

1 橹，即箭楼，瞭望楼。
2 天守，日式城堡中最高的，也是最主要的一类，具有瞭望、指挥的功能，也是封建时代统御权力的象征之一。
3 天守外观的屋顶数为重数，内部的地板数为阶数。五重六阶就是指从外面看有五重屋顶，而内部为六层楼的建筑。

"看"与"被看"的统一

松本城的前身是战国时代小笠原氏所建的深志城。丰臣秀吉统一天下之后，将此地分封给了石川康长，据说城上的天守阁就是石川藩主在1593年前后修筑的。

这座城的特点就是黑白相间的外墙。白色的是外墙上涂抹的石灰泥；黑色的是墙上安装的雨淋板，只在下雨的时候撑开。

我从JR松本站出发向松本城走去，过了架在女鸟羽川上的千岁桥后，道路就变得像钥匙齿一样曲折。桥所在的位置曾经是松本城的"大手门"，进去之后就是"三之丸"了。

沿着道路再往里走，就到了"二之丸"。因为一部分外护城河已经被填平，现在可以长驱直入，而在以前，得向右转，从东边的入口进城。那边的"太鼓门"已经于1999年完成复原。身处二之丸，你可以隔着护城河看到天守阁的全貌。

穿过内护城河，走进大门，就到了两扇城门之间夹着的一块小空地。这叫作"升形"（瓮城），是一处防御的据点，主要是为了迟滞敌军的攻势。再往前走就到了"本丸"。

在穿过城门、进入天守阁之前，让我们回头再看一看。这里有一座石碑，上面记载着市川量造和小林有也的生平。其实在明治维新发生后不久，松本城曾经被人卖掉，面临着解体的危机。就在这个时候，市川量造出面，借用松本城搞了一场博览会，用所得的收益将松本城买了回来。1901年，小林有也设立了"天守保存会"，对损毁严重的天守阁进行了大修理。

如果没有这两个人的努力，我们现在也就无从得见松本城的风姿了。松本城的保存和复原也是建筑保护运动中一个伟大的成功案例。

塑造城市自我意识的装置

终于要登上天守阁看一看了。如今绿草如茵的广场就是当年本丸御殿的所在地。看到这些遗迹就会明白，天守阁其实是数座建筑的集合体。位于中央的天守通过渡橹与右边的乾小天守相连，左边则连着辰巳附橹和月见橹。从轮廓上来看，有种微妙的不对称美感。其结构堪称绝妙，我都看入迷了好一会儿。

进入天守阁要走渡橹，然后从这里一层层往上爬。在低层部分可以看到漆黑发亮的顶梁柱密密地排列在一起，就像民居阁楼里面的光景。四周的墙壁里则设有“狭间”和“石落”等机关暗室——狭间是用来发射步枪和弓箭的，石落用来阻拦登城的敌人。

到了高层部分，内部空间就变得宽敞明亮起来。最高的第六层是望楼，可将周围情况尽收眼底。原本这里是像露台一样的开放空间，后来人们在修理中把它内部化了。

站在这里可以俯视整个松本市。在日本的传统建筑中虽然有像五重塔那样的高层建筑，但人是上不去那塔的。自从出现了天守阁，人们才第一次从高处看到了自己所居住的城市的外貌。

从另一方面来讲，天守阁也是一种需要“被看到”的存在。尤其是松本城，它本来就是一座建立在平坦的湿地中心的城堡，不管从哪个方位看过去都特别显眼。

日本那些有名的城堡几乎都是在战国时代结束后才建成的，松本城也是如此，它从未在战争中发挥过作用。

那么它存在的意义是什么？答案就是能够让藩主俯视自己的领地，也能让

"天守阁"这种建筑式样是在室町末期至安土桃山时代在日本各地普及开来的。据说是织田信长起的名字，其含义并不是守护城市，而是守护上天（也有人说是"天主"的谐音）。真是霸气啊！

日本建筑史上有过一座百米高塔，那就是东大寺的七重塔。但是那座塔里其实只有一层的空间。所以说天守阁才是日本高层建筑的先驱。

没有楼梯

有楼梯

我去过松本市好几回，但这还是第一次去松本城，真是不好意思啊。

黑与白的强烈对比，大和小的绝妙平衡，石垣的漂亮线条。这些美景令宫泽先生的画家之魂熊熊燃烧起来，他尝试使用"切绘"（剪纸画）的形式来呈现古城风貌。

在被指定为"国宝"的四座天守阁（犬山、松本、彦根、姬路）之中，犬山城（一部分）和松本城是于江户时期之前建造的。而且松本城还是一座"平城"——建于平地之上的城郭，因此带有护城河，是以防御功能为重的城堡。因此，它被认为是"**战国现代派**"建筑的代表作。

天守

本丸

内堀

外堀

总堀[1]

与此相对，有"白鹭城"之称的姬路城是在江户幕府设立之后，→作为大阪城包围网的一环而建造的。其目的重在展示而非防御。这难道就是属于"**胜利者们的后现代派**"？

1　堀，就是护城河。

那些在领地里居住的人们看到它。从“看”与“被看”这两种机能合于一身的特点来讲，可以说天守阁已经具备了塑造城市自我意识的功能。

城郭对现代建筑的影响

分散在日本各地的很多天守阁都是进入昭和时期以后才得以重建的。20 世纪 50 年代后期，日本国内掀起了一阵重建天守阁的热潮。名古屋城、小田原城、熊本城、和歌山城和小仓城都是在这段时间内整修完成的。

与此同时，日本建筑界也发起了一场关于传统的争论。建筑家们各执己见，对现代主义建筑和日本传统建筑的关系展开探讨。

他们所举的例子都是像桂离宫、伊势神宫、正仓院和法隆寺这样的寺院和神社，江川家等民居也受到了人们的关注。但是几乎没有人提到城郭建筑。

之所以出现这样的情况，原因也不难想象：城郭是权力的象征，这与“二战”后日本建筑所追求的以民为重的观念是背道而驰的。

虽说如此，但这并不意味着现代派建筑师们绝不会去参考城郭建筑。例如，前川国男在设计熊本县立美术馆（1977 年）时，就借用了熊本城的雁行石垣外形。

丹下健三也在国立代代木竞技场（1964 年）中应用了石垣，不能不说这也是以城郭的外形为基础进行的设计。丹下健三的童年是在今治度过的，那里就有一座今治城。他在自传（《从一支铅笔开始》，1997 年）中写过“与好朋友一起去附近的吹扬公园玩耍，公园里有今治城的遗址”。

现代派建筑师们所参考的是没了天守阁的、象征着和平的古城遗址。在此之上，他们尽情地进行着现代建筑与古代城郭的融合与统一。

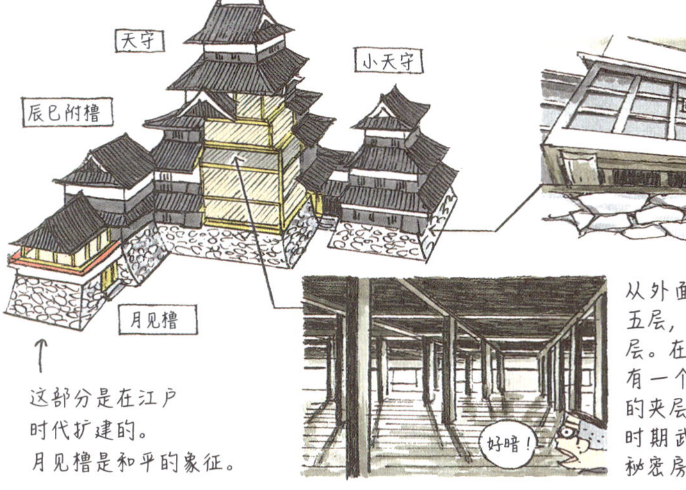

这部分是在江户时代扩建的。
月见橹是和平的象征。

一层的墙面上设有名叫“石落”的机关，看起来像机动车的裙板一样。人们可以从这里投掷石块击退攀上石垣的敌人。看起来很给力。

从外面看起来天守阁是五层，其实内部一共有六层。在三层和四层之间还有一个天花板非常低矮的夹层，据说这里是非常时期武士们用来聚会的秘密房间。

长方形的洞叫作“矢狭间”，正方形的洞叫作“铁炮狭间”。两种类型的墙洞交叉设置，从外观上看起来很有节奏感。

战国特有的功能主义——此外还具备难以言表的**优美造型**。

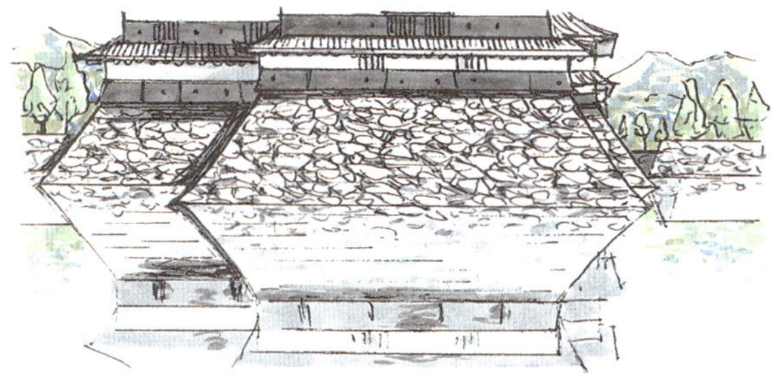

石垣上设有“入隅”（内墙角），
据说是为了方便阻击敌人。但果真如此吗？
我看着怎么觉得是为了让水面上的倒影更加美观呢……
此时我的脑子里突然蹦出了丹下健三的名言——

只有美的东西才具备功能性。

即使在战国时代，人们也不能无视美的存在呀。

进入明治时代以后，松本城已经变得破破烂烂，一副快要倒塌的样子。明治五年（1872年）时还被拍卖，眼看就要惨遭解体。就在千钧一发之际，当地的有志之士挺身而出将其赎回，并开始着手修复。看来明治时期就有遗迹

保护运动了啊。听说了这些事情以后，我的脑海中掠过了近年来主流的遗迹保护措施……真希望这样的时代不要到来啊。

25

犬山城

爱知县犬山市/安土桃山时代

从木曾川上看到的夕阳下的犬山城

犬山城是建筑在木曾川南岸的一座小山丘上的平山城（在平原的丘陵之上修建的城堡）。
它是“国宝四天守”中形式最古老的一个，
原本是织田信长的叔父织田信康所建的城堡，
但在战乱之中几经易主。据考证，天守阁也曾进行阶段性地扩建。

指定	国宝
建筑时期	下方的主屋建于1601年前后
设计者	不详

营 9:00—16:30开放（闭馆时间为17:00），12月29日至31日休馆。

¥ 门票价格为500日元/成人。

最佳拍摄位置为入口处正南方向。要想拍摄面朝木曾川的样子则应选在西北方。

爱知县犬山市北古券65-2

名铁·犬山游园站出发徒步约15分钟即到，名铁·犬山站出发徒步约20分钟即到。

中部

大胆扩建终于升格为“天守”

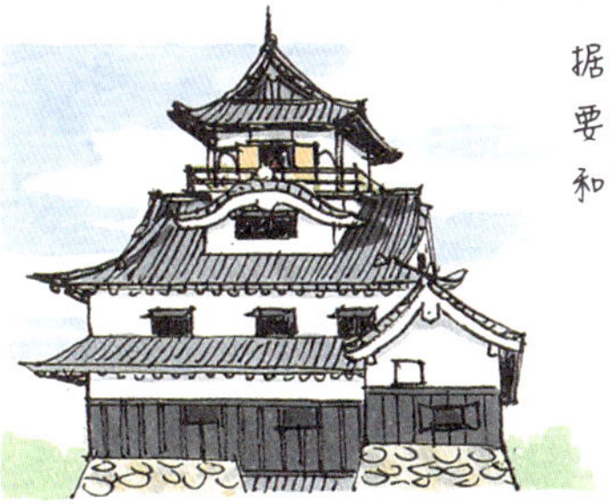

据考证，犬山城是国宝四天守（松本城、犬山城、彦根城、姬路城）之中形式最为古老的。要想领会它的建筑之美，首先要了解“望楼型天守”和“层塔型天守”这两种形态。

犬山城属于典型的“望楼型天守”。而且据考证，三层以上的建筑都是后人扩建的。

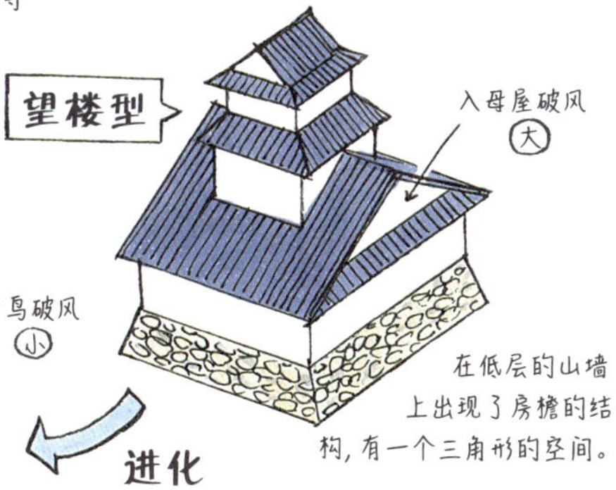

望楼型

入母屋破风 ㊅

在低层的山墙上出现了房檐的结构，有一个三角形的空间。

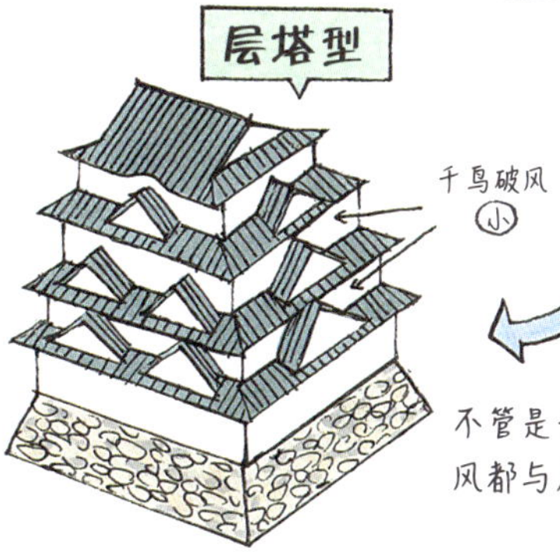

进化

层塔型

千鸟破风 ㊇

不管是千鸟破风还是唐破风都与房檐没有关系，只是个装饰。

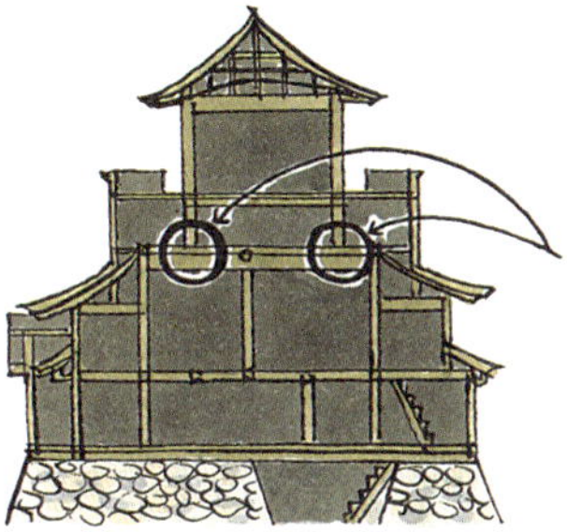

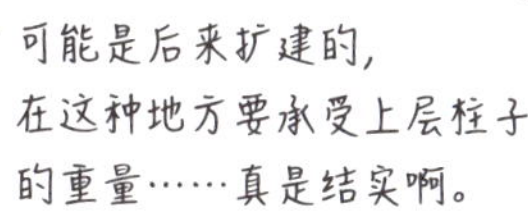

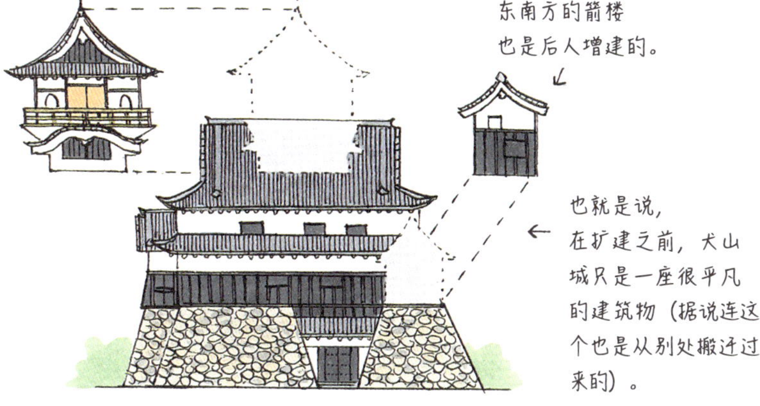

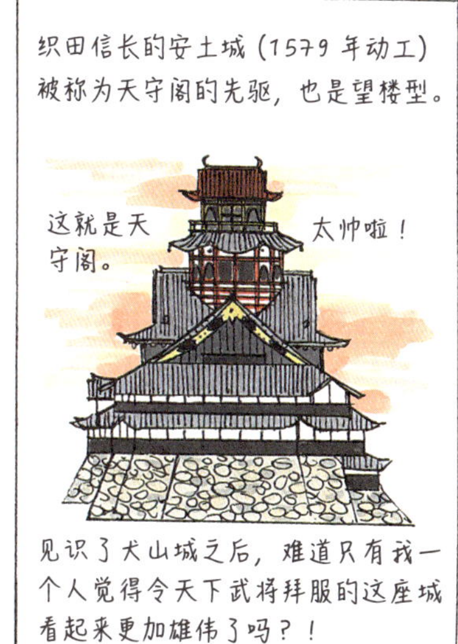

26

如庵

爱知县犬山市/江户时代前期

如庵的正面外观

这是茶师织田有乐晚年修建的茶室，与待庵、大德寺龙光院密庵合称为“国宝三茶室”。
织田有乐是织田信长的亲弟弟，出生于1547年，一生波澜起伏。
如庵原来位于京都，明治维新之后经过多次搬迁，
1972年迁至现所在地——犬山城东边的有乐苑（名铁犬山酒店院内）。

指定	国宝
建筑时期	1618年前后
设计者	织田有乐（长益）

营 平常只开放外部参观，每个月只有一次机会可以参观内部。

¥ 有乐苑的门票价格为1000日元/成人，如庵的特别参观会则是3200日元/成人。

最佳拍摄地点为正门的南面。

爱知县犬山市御门先1（名铁犬山酒店内）

名铁·犬山游园站出发徒步8分钟左右即到。或者东名高速机动车道小牧IC出发驾车25分钟即到。

中部

穿越时空的胶囊仓

犬山城耸立于一座小山丘之上，从那里可以俯视木曾川。名铁犬山酒店就在这座城堡的旁边。该建筑由小坂秀雄设计，建成于1965年，是一座非常气派的昭和风格酒店。在酒店内就有日本国宝茶室——如庵。

这间茶室始建于1618年，位于京都建仁寺的正传院内。进入明治时代后被变卖，成为出租屋。1912年整体迁至东京的三井家本宅。这座宅院在太平洋战争时期的空袭中被烧成白地，幸运的是早在1938年，如庵就被三井家移至位于神奈川县大矶町的别院之内，逃过了这一劫。在搬迁之前，它刚刚被评定为国宝。

到了1970年，如庵的所有者又变成了名古屋铁道。原本打算迁到明治村，但因为“不是明治时期的建筑物”，才最终落户名铁犬山酒店。

如庵身处一座名为“有乐苑”的漂亮庭园之中，付过有乐苑的门票钱才能见其一面。而且如庵内部平常并不对外开放，只能透过南边的窗户窥视其中。要想进去看看，就只能报名一个月才举办一次的“特别参观会”了。

因为采访的缘故，我们获得了特别许可才得以进去参观。我们穿过旁边的重要文化遗产——正传院书院，就到了如庵。然后从供主人出入的“茶道口”进到茶室内部。第一印象是“比想象中的要宽广明亮”，接下来，我们的目光就被一些巧妙的室内设计所吸引。

除去供主人出入的门口一侧，其他三面墙壁和屋顶上一共有6扇窗户。不同的设计能够带来多种光影效果。东边的两扇用细竹围成的窗户叫作“有乐窗”。

墙壁上贴有纸张，高度及腰。仔细一看，上面写满了字迹——原来都是过期的日历。这些本该废弃的纸张反倒被贴在了显眼的位置上。在江户初期居然有人具备这样不俗的品位，真是令人惊讶。

这间茶室还有一个特别之处：在壁龛和茶道口之间设有倾斜的壁板，并在地面上镶嵌了一块三角形的地板（鳞板）。通过这样的设计，给仕口[1]和茶道口合二为一，却并不妨碍各自动作的进行。

在做到美观、风雅的同时，也实现了功能性和舒适性——这样的万能茶室，非如庵莫属。

“二张半台目”的含义

这间茶室的设计者是织田信长的弟弟织田有乐。千利休作为茶室设计者的先驱，曾经挑战了最小限度的终极空间设计——仅有两张榻榻米大小的“待庵”。织田有乐认为如此狭小的茶室“会让客人感觉憋屈”，所以弃而不用，转而尝试略微宽敞一些的小间茶室设计。

如庵的面积是“二张半台目”，也就是两张普通榻榻米＋半张普通榻榻米＋1张台目榻榻米[2]的大小。1张台目榻榻米约等于四分之三张普通榻榻米，换算后是3.25张普通榻榻米。按照1张榻榻米＝1.8平方米来计算，再加上鳞板的部分，如庵的总面积在6平方米左右。

为了更好地理解这个面积的含义，我打算用自己体验过的现代建筑空间进行类比。说到小型建筑空间，那就不得不提中银胶囊塔（东京·新桥，1972年）。

根据查到的资料显示，一个装配好的胶囊仓，其内部面积为2.3米×3.8米，也就是8.74平方米。除去洗浴空间和墙

1　茶室中，主人从事除了点茶之外的活动时出入的地方。

2　也叫茶具架榻榻米，专门用在茶室中的一种榻榻米。

茶室就是建筑者的人生写照。参观了桃山·江户时代几个著名的茶室之后，我有了这样的感触。那么，修建"如庵"的织田有乐（长益）是个怎样的人呢？

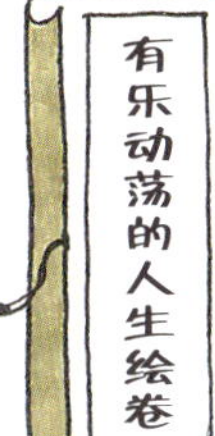

有乐动荡的人生绘卷

1547年出生于尾张国，是织田信长的亲弟弟。

兄
信长
13岁
哈哈
长益
0岁

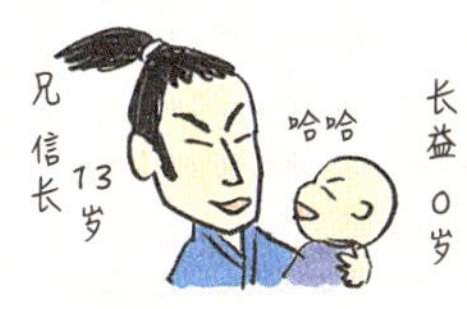

哥哥信长在本能寺之变中身亡，长益藏身于堺市，专心研究茶道。

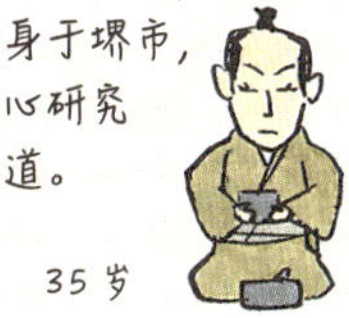

35岁

1587年，与千利休等人一起参加丰臣秀吉举办的茶会。从此时开始，以"有乐"自称。

利休老师！

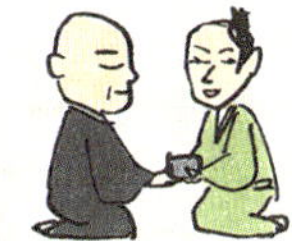

作为东军（德川一方）参与了关原之战，周旋于丰臣秀吉和德川家康之间，努力促成和解，但最终对立激化。大阪城陷落之后隐居于京都的正传院，1622年去世，享年75岁。

如庵就是有乐在正传院中建造的茶室，完成于1618年。看到如此生机勃勃的茶室，真令人难以相信这是有乐在71岁时的作品。

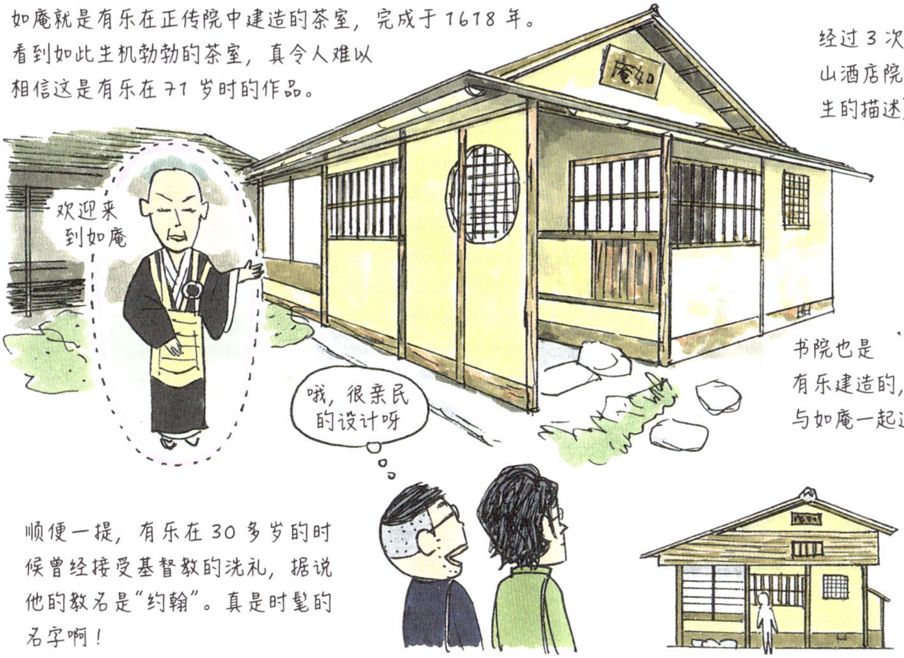

如庵
欢迎来到如庵
哦，很亲民的设计呀

经过3次搬迁之后，如庵落户名铁犬山酒店院内（详细的经过请参考矶先生的描述）。

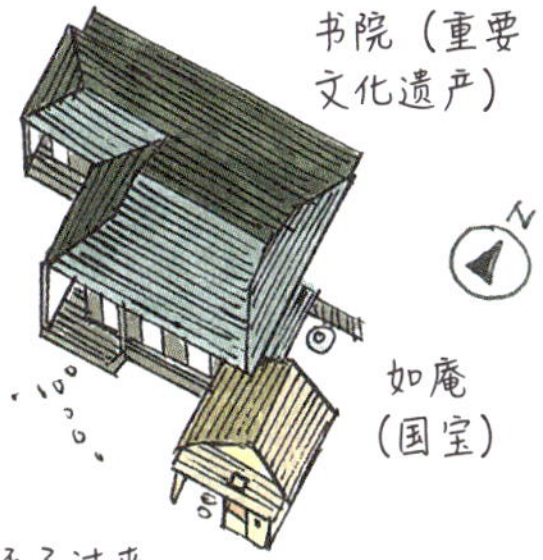

书院（重要文化遗产）
N
如庵（国宝）

书院也是有乐建造的，与如庵一起迁了过来。

顺便一提，有乐在30多岁的时候曾经接受基督教的洗礼，据说他的教名是"约翰"。真是时髦的名字啊！

平常只允许参观者隔着南面的窗户往里看，禁止入内。我们取得了特别许可才能进去。

壁上的收纳空间，大概就是6平方米。哎呀，这不是正好跟如庵的面积一样嘛！

由此可以证明，这个大小是适合人类居住的最小空间。待庵实在太小了，如庵住起来倒是没问题。

移动的建筑空间

我还想更深入地探讨一下如庵与胶囊仓的关系。

中银胶囊塔里的胶囊仓是在滋贺县的工厂里做好之后，用卡车运到东京的。它的大小设定也考虑到了运输的因素。

而且，设计者黑川纪章还设想了胶囊建筑的升级形式，即到了周末的时候，可以把胶囊仓卸下来搬到休假胜地去，当作“别墅”使用。

胶囊仓就是以便于移动为前提而设计的建筑形式。虽说中银的胶囊仓自打装配好了之后就没有挪过地方，但是原来放置在出口处用来展示的那副胶囊仓可是经历过长途旅行的：在森美术馆举行“代谢派未来都市展”的时候，它被搬至举行展览会的六本木；现在又挪到了埼玉市的埼玉县立近代美术馆里面。虽然晚了点，但它的移动性还是得到了展示。

与此相对，正如前面提到的那样，如庵历经京都、东京、大矶、犬山等地，一直保存到现在。从它的移动性上来看，茶室和胶囊仓很相似。

代谢派是由日本发起的建筑运动，受到了世界的瞩目。该派的建筑与江户时代的茶室有着共同的基因吧！

从这样的角度重新审视如庵，我注意到了开在翼墙上的“下地窗”[1]。它与中银胶囊仓上附带的窗户一样，都是圆形。看来茶室就是胶囊建筑的鼻祖啊。

1　板条格窗。故意不抹墙灰，露出墙面抹灰板条的窗户。

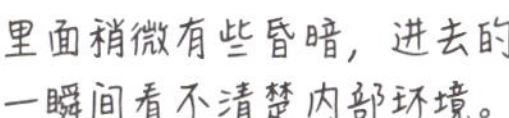
里面稍微有些昏暗，进去的一瞬间看不清楚内部环境。

矶先生的感受跟我相反。

不过在里面待上 5 分钟，眼睛逐渐适应了以后，就会发现很多值得玩味的地方。

2 张半 +1 台目（0.75 张）的舒适空间。

水屋

水屋

书院

这块倾斜的壁板被称为"不合常理的围屏"。这样的设计不仅方便主人引导客人，也给空间带来了变化感。

墙壁上贴了一圈过期的日历，一看之下令人惊讶。它所传达出来的"不要迎合高级材料"的态度，真是太帅了！

窗户的外面安了一排竹片，统称为"有乐窗"。

它们投射在拉门上的影子很有味道。

天窗也是……

建筑部件在纵横方向都错开了一个微妙的距离，

看起来像是蒙德里安的画作。

茶室中透露出了主人的游戏心态，以及恰如其分的平衡感。即便是没有受过茶道训练的人也能乐在其中。可以说，这里就是织田有乐生活态度的缩影。

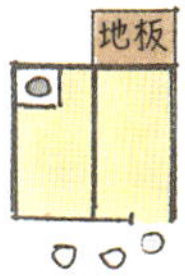

地板

其实为了撰写这篇游记，我还专门去了千利休的"待庵"取材。把这两间茶室对比起来看，就能更了解彼此的特点。有机会我再讲讲待庵吧。

待庵收录在西日本部分

27

白川乡合掌聚落

岐阜县白川村/江户时代中期

合掌造的民宅群

合掌造就是以茅草为屋顶的大型木造民宅，其独特的三角形屋顶看起来像是两手掌相合，因此被称为“合掌”式。白川乡（岐阜县白川村）的荻町内有45.6平方千米的范围被划为重要的传统建筑群保护区，里面除了59处合掌造的民宅之外，还有寺院等建筑。合掌聚落与五箇山（富山县南砺市）一同被指定为世界遗产。

指定　世界遗产

建筑时期　1700年前后至20世纪50年代。其中和田家被指定为重要文化遗产，已经存世300年

设计者　不详

营 不同的设施开放时间不同。

¥ 不同的设施收费标准不同。

📷 站在北边的瞭望台上可以一览聚落风景。

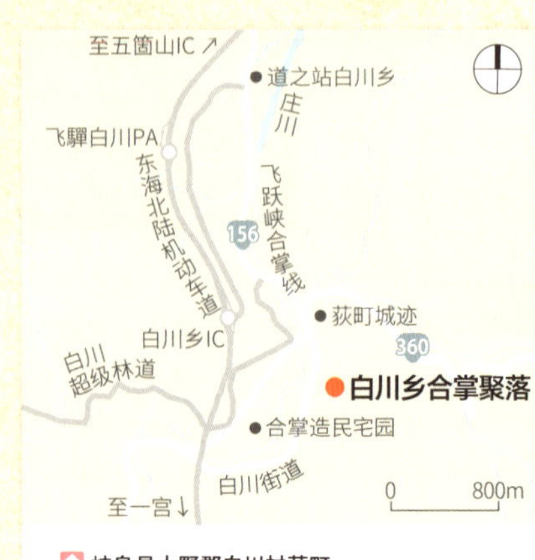

岐阜县大野郡白川村荻町

JR高山站出发乘巴士约50分钟到达。JR金泽站出发乘巴士约75分钟到达。

中部

魔斯拉的故乡

岐阜县白川乡的合掌聚落与富山县的五箇山一同被联合国教科文组织认定为世界遗产。我曾经多次来到高山市，但从未去白川乡看看。这回因为采访的关系，才第一次踏足那里。

从 JR 高山站出发乘坐巴士，在路上行驶了大概 50 分钟才到了白川村的荻町。跨过架设在庄川之上的人行桥，就看见了星罗棋布的茅草合掌屋顶——荻町的合掌聚落到了。

聚落中的房屋之间距离适宜，宽窄得当，因此很适合边走边欣赏。站在城址的瞭望台上放眼远望，就会发现几乎所有合掌造民宅的山墙面都是南北朝向。民宅的朝向是决定聚落景观是否赏心悦目的秘密之一。

有几家民宅可以对外开放，我们进去看看吧。合掌造房屋的内部结构大体上是一致的。

进入玄关之后就是铺有地板的起居室，中间有个地炉。往里去有几间铺着榻榻米的房间。

沿着起居室旁边坡度很陡的楼梯上去，经过天花板低矮的中二层，就到了被称为“天棚”的阁楼。这里的空间很大，也没有柱子阻隔，一般被分割成好几层使用。

在屋顶内侧可以看到暴露在外的屋顶建材。这些材料之间只用草绳和金缕梅的枝条捆绑连接在一起，没有使用一根钉子或其他五金配件。

令人吃惊的是，那些用来组成合掌屋顶的倾斜原木的下端居然是尖头的，通过一个点与下面的横梁相连。想必正是这样的结构才使得庞大的屋顶能够承受地震和强风的冲击吧。

除了结构之外，合掌建筑的内部空间环境也很值得玩味。它的山墙面有开口，能让阁楼内部有自然的光照。而且阁楼的地板呈篦子状，一楼被地炉烘暖的空气会因为“烟囱效应”上升，通过阁楼的地板再从山墙上的开口排出去。可以说这是一种将光、热和空气循环与空间设计完美结合在一起的生态建筑。

为养蚕而设计的家

合掌造的屋脊同伊势神宫之类的神社建筑结构相同，上面都有鲣鱼形压脊木[1]。而且在白川乡这个地方，一个大家族的所有人都住在同一个屋檐下，因此据说压脊木也象征着全家团结一致。

1　在神社等建筑的脊木上，使之与屋脊互相垂直排列的装饰性短材。

给人的感觉就像从上古时代开始，当地人的祖祖辈辈就生活在这个世外桃源中一样。

不过，现在仍维持着大家族制的仅剩下个别聚落了。虽然阁楼的空间很大，但那可不是给人住的。

那么，那里是做什么用的呢？答案就是——养蚕。阁楼里的温度和通风条件非常适合蚕宝宝生长，人们就在那里培育蚕虫。与其说合掌造是人类的家，不如说是蚕之家才对。

现在那里已经没有养蚕的人家了，不过在对外开放的几家合掌建筑里展示着过去养蚕的工具，通过这些，人们能够联想起昔日的生活场景。

在江户时代，生丝是主要的出口商品。因此养蚕业随之发展起来，成为日本的支柱产业之一。合掌建筑就是从那个时候发展起来的。因此，把它当作古建筑那可就错了，它其实可以算是近代的建筑。

东京→名古屋：新干线100分钟，名古屋→高山：特急电车145分钟，高山→白川乡：巴士50分钟。加上等车的时间，总共花了五个半小时。真远啊。但是值得一去——特别是在环境还没有遭到破坏的时候……

在所谓的“传统建筑物群保护区”之中，有不少地方都是古建筑与现代建筑混在一起，令人非常失望。而这个位于山里的聚落简直就像世外桃源一样！

瞭望台

庄川

0　200　400m

▲是主要的合掌民宅

如果想一览白川乡的全貌，需要登上天守阁的瞭望台。

多么神奇的景观！这里是“风之谷”？

＊可惜没有娜乌西卡在空中飞翔

合掌造的民宅群就像巨大的蘑菇一样。除此之外的建筑物全部统一修建为大地色，与背景融为一体。电线也埋在土里，路上也没有见到大煞风景的便利店或者弹球游戏厅。

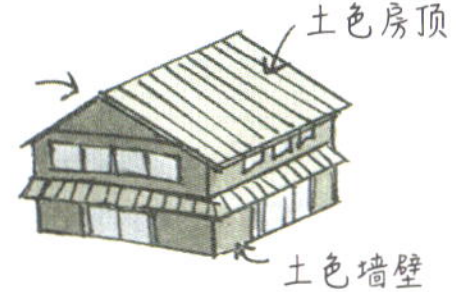

随处可见消防栓。它们都被收纳在一个带有三角形屋檐的小房子里，看起来非常可爱。

说到这里，我要提起一部电影了。那就是东宝的怪兽电影——《魔斯拉》（1961年）。

把东京塔变成合掌造

一说到怪兽，基本上都是像哥斯拉那样的把恐龙巨大化的形象。而魔斯拉则是一种昆虫，是蛾子形状的怪兽。据说其原型是天蚕蛾，也有人说从幼虫来看，应该就是蚕蛾。小野俊太郎在《魔斯拉的精神史》（2007年）一书中论证，养蚕业与日本的文化和经济发展有着密不可分的关系，因此魔斯拉必然是蚕变成的。

在此基础上，魔斯拉诞生于合掌造的说法就成立了。电影中有一个镜头显示魔斯拉是在南方海洋中的一个小岛上从卵里孵化出来的，那么就可以假定它的故乡就在白川乡。这样就可以解释为什么它的幼虫会远渡重洋，在山中的一个水库里现身了。

除了荻町以外，白川乡中还有几处合掌聚落。但是，它们已经在1961年，随着御母衣水库的建成，沉入了湖底。这一年正是《魔斯拉》上映的年份。在这段时间内，也有很多合掌造的民宅被迫搬迁或者废弃。为了复仇，魔斯拉攻击了水库大坝。

破坏完水库之后，魔斯拉又开始向东京市中心移动。它弄折了东京塔，将其做成合掌造的样子，然后在里面吐丝作茧。此时魔斯拉心中所想的，应该就是失去的童年家园吧。

在太平洋战争之后，随着人造纤维的发展，日本的养蚕业逐渐衰落，合掌造建筑也在慢慢减少。合掌造建筑的历史与日本产业结构的变化和命运融为一体，在《魔斯拉》这部电影中留下了痕迹。

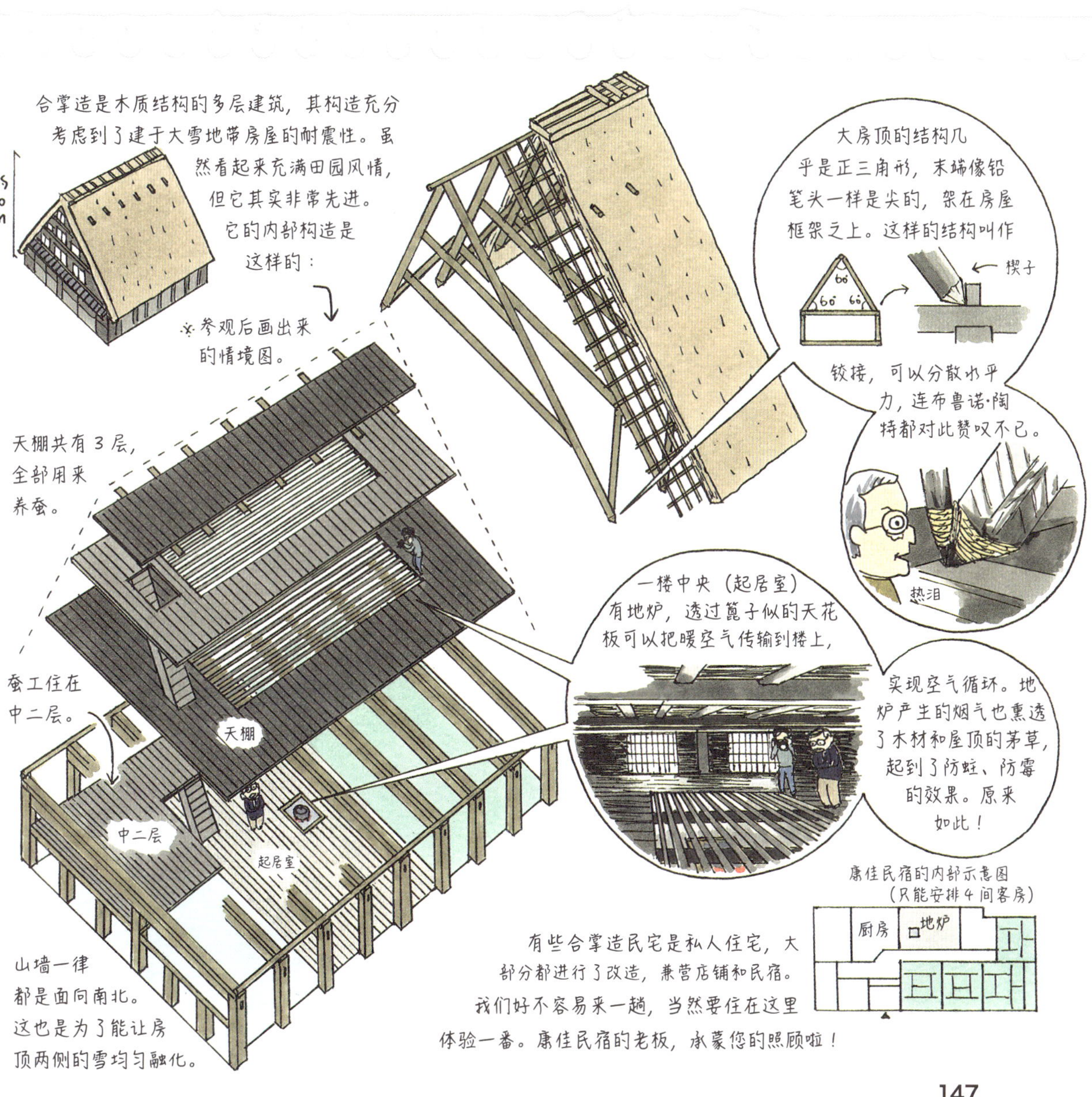
合掌造是木质结构的多层建筑，其构造充分考虑到了建于大雪地带房屋的耐震性。虽然看起来充满田园风情，但它其实非常先进。它的内部构造是这样的：
约10m
※参观后画出来的情境图。
天棚共有3层，全部用来养蚕。
蚕工住在中二层。
天棚
中二层
起居室
山墙一律都是面向南北。这也是为了能让房顶两侧的雪均匀融化。
大房顶的结构几乎是正三角形，末端像铅笔头一样是尖的，架在房屋框架之上。这样的结构叫作
60° 60° 60°
楔子
铰接，可以分散水平力，连布鲁诺·陶特都对此赞叹不已。
热泪
一楼中央（起居室）有地炉，透过篦子似的天花板可以把暖空气传输到楼上，
实现空气循环。地炉产生的烟气也熏透了木材和屋顶的茅草，起到了防蛀、防霉的效果。原来如此！
康佳民宿的内部示意图
（只能安排4间客房）
厨房
地炉
有些合掌造民宅是私人住宅，大部分都进行了改造，兼营店铺和民宿。我们好不容易来一趟，当然要住在这里体验一番。康佳民宿的老板，承蒙您的照顾啦！

28

冈太神社·大泷神社

福井县越前市/江户时代末期

权现山山顶的上宫[1]里面一共有两座供奉纸祖神（造纸之神）的神社正殿——冈太神社和大泷神社。这两座神社的祭场则位于山脚的下宫，现存的下宫社殿建于1843年（天保十四年）。这座将拜殿与正殿结合在一起的复合神殿，其建筑特征便是结构复杂的屋顶——如同起伏的山峰一般。神殿外面的雕刻也非常精美。

指定	重要文化遗产
建筑时期	1843年
设计者	大久保勘左卫门

营 开放至天黑。

¥ 免费参拜。

拍摄正面以南方为佳。

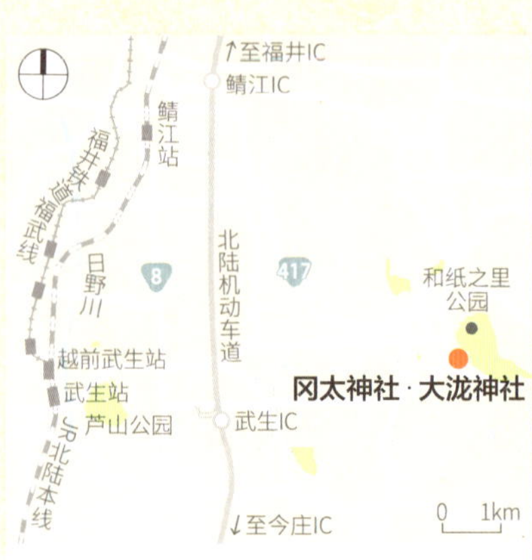

福井县越前市大泷町23-10

JR武生站出发乘坐福铁巴士沿南越线行驶，到和纸之里站下车。徒步10分钟即到。或者从武生IC出发，驾车10分钟即到。

中部

1 一个神社里有若干个社时，位于最上方或最里面的神社。

永平寺“栋梁”的吉格尔式造型

虽然并不是非常出名，但这座建筑实在是太赞了。我从来没有见过哪一座木造建筑能有跃动感如此强烈的屋顶。

屋顶之中一个接一个地延展出其他形式的屋顶，这种如同生物一样的衍变能力，令我联想到H.R. 吉格尔设计的“异形”。

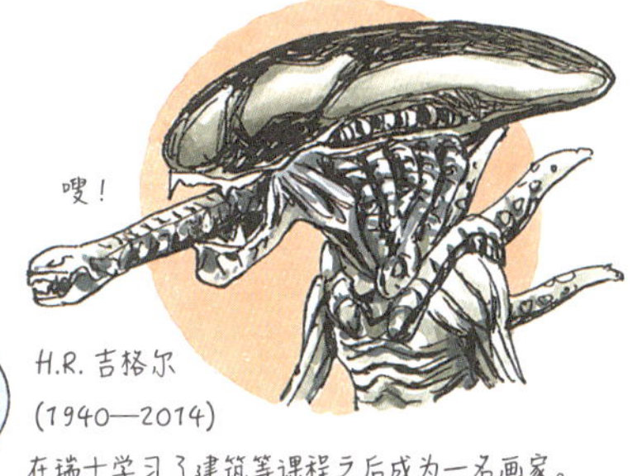

H.R. 吉格尔
(1940—2014)
在瑞士学习了建筑等课程之后成为一名画家。

正殿与拜殿的屋顶之上还各架有3个小屋顶，呈阶梯状排列。

屋顶的造型各有千秋——流造式（正殿）、歇山式（拜殿与小屋顶1）和卷棚式（小屋顶2和3）。设计出这个独特屋顶的就是著名的“栋梁”——大久保勘左卫门。永平寺的敕使门就出自他之手。这样的设计思路自然是非常出色的，但是居然能把各种复杂的曲面恰到好处地连接到一起，他的施工技术更是精妙啊。

《宫泽的幻想图（吉格尔风）》

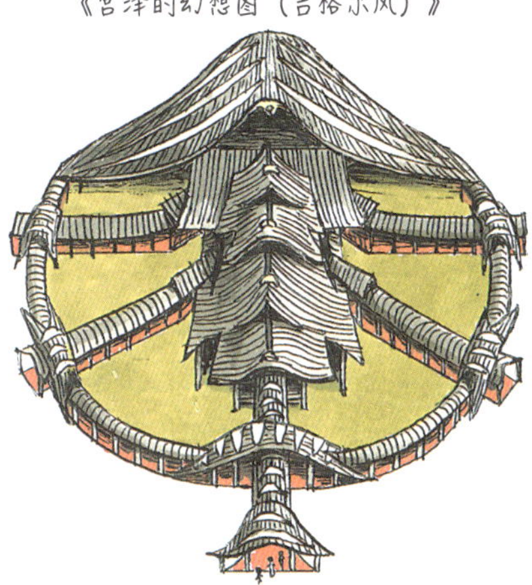

说不定勘左卫门就是想把前后左右的屋顶全部连接在一起呢！

29

建议浏览观赏

旧开智学校

长野县松本市/明治九年

旧开智学校的正面外观

开智学校由松本的“栋梁”立石清重设计并负责施工，于明治九年（1876年）建成。它在到1963年为止的近90年的时间里都作为校舍使用，如今已经搬迁至新址，成为一家资料馆。在正门入口上方有两个小天使捧着写有“开智学校”校名的牌子。据说这两个天使的形象是模仿当时发行的《东京日日新闻》的刊头设计的。

指定　重要文化遗产

建筑时期　1876年（明治九年）

设计者　立石清重

营　9:00—17:00对外开放（闭馆前30分钟禁止入内）。3月至11月间每个月第三个周一（遇节假日则顺延一天）休馆。12月至次年2月每周一（遇节假日则顺延一天）休馆。12月29日至次年1月3日休馆。

¥　门票价格为300日元/人。

拍摄正面以南方为佳。

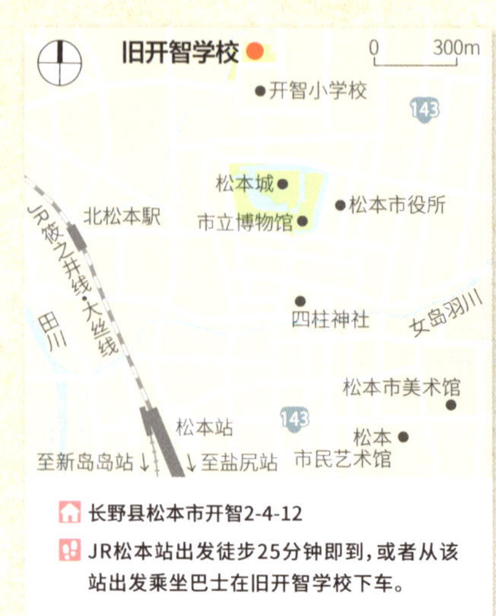

长野县松本市开智2-4-12

JR松本站出发徒步25分钟即到，或者从该站出发乘坐巴士在旧开智学校下车。

中部

吸收一切西洋风

我小的时候很喜欢画画，但是对“室外写生”这门课程怎么都提不起兴趣。小孩子想画的东西，可不是那些到处都有的普通风景啊。要是我居住的街道上有这么一栋建筑，那肯定是要疯狂地去描绘它啊！

“栋梁”立石清重（1829—1894）的游戏心态在正门玄关处得到了最充分的表达。那两个捧着校门牌的木雕天使实在是太怪异了！

校舍现在成了资料馆。我在展示资料之中发现了这样一个有趣的东西。

那就是立石清重自己做的西洋元素剪贴本（主要都是女装）。没想到看起来一本正经的“栋梁”居然是个宅男？

估计立石清重自己都没料到这样的东西居然会被拿出来展览……

回过头来想想，仅凭个人的想象把脱离了历史性的西洋元素运用到建筑之中的做法，其实还挺后现代主义的……像立石清重这样设计出拟洋风建筑的“栋梁”们，原来早已超越了之后才兴起的现代主义，实现了后现代主义啊！

30

六华苑

三重县桑名市/大正二年

从东侧欣赏洋楼的外观

六华苑是桑名当地的实业家二代诸户清六的宅邸，于大正二年（1913年）建造完成。在占地18000平方米的宅地上建有池泉回游式的庭园，洋楼与和馆并存。洋楼含有4层塔楼，其设计者是约西亚·康德尔。这也是康德尔留存于世的唯一一栋位于地方的建筑。和馆则由伊藤末次郎设计，也非常气派。

指定　重要文化遗产

建筑时期　1913年（大正二年）

设计者　洋楼由约西亚·康德尔设计

营 9:00—17:00对外开放（闭馆前1小时禁止入内）。每周一（如遇节日则顺延一天）以及12月29日至次年1月3日休馆。

¥ 门票价格为310日元/成人。

拍摄入口以东方为佳，拍摄阳台以南方为佳。

三重县桑名市大字桑名663-5

JR·近铁桑名站出发乘坐摆渡车在六华苑下车。或者在田町站下车，步行8分钟即到。

中部

刺激巨匠的年轻委托人

约西亚·康德尔

1852—1920
老建筑家

康德尔的建筑设计总是给人这样的印象——设计的平衡感很好，但是太过于“优等生”了，缺乏情趣。但是，他设计的六华苑洋楼却非常值得玩味。这栋建筑落成之时，康德尔61岁，而他的委托人——诸户清六却只有25岁。这样的组合究竟碰撞出了怎样的火花呢？

年轻的
委托人

人们的目光首先被位于东北侧的圆筒形塔楼吸引。

仔细观察就会发现，塔楼三四层的平均高度要比一二层低。这样能够突出距离感，显得楼高。这种建筑手法与迪士尼乐园很像吧？

*塔楼的三层和四层平常不对外开放。

那个时代就有曲面玻璃了啊！

从设计图上看，原本是要盖成3层的。但在诸户清六的强烈要求下改成了4层。

诸户清六想要透过窗户就能看到揖斐川。最终他不仅实现了这个目的，而且站在南侧的庭院里也能看到塔楼。真不错啊，清六！

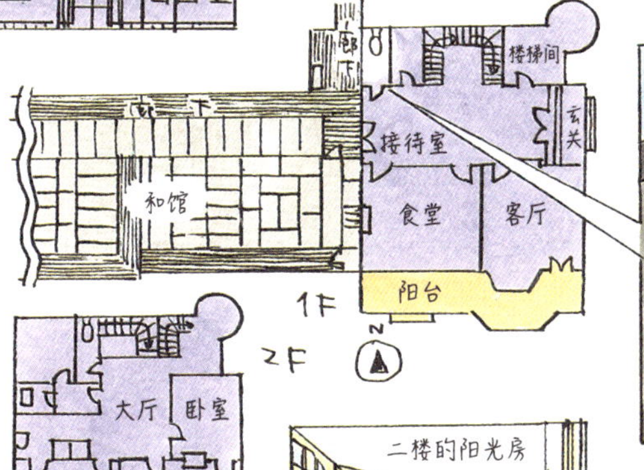

一楼厕所

楼梯间

便器也是西式的

南侧的阳台（一楼）和阳光房（二楼）的剖面图是毛虫形，（⊓）这样可以给内外观带来一些变化。

最有趣的就是一楼的厕所了。因为阳光无法直射到它所处的位置，设计者就在西侧的楼梯间（位于和馆一侧）设计了一扇天窗，这样光线就能透过天窗射到屋内。干得漂亮！

哦，很亲民
的设计呀

西日本30选

重新发现日本

60处日本最美古建筑之旅

哦哦，
真上镜！

哇，像是飘浮在空中。
倒是没怎么看出来凤凰的样子。
原以为是板墙。

京都
滋贺

哦哦

真生动！
柱子好细！

激动
这，这是……

哦哦，这才叫建筑！

平等院凤凰堂

京都府宇治市/平安时代中期

平等院是位于京都府宇治市的净土宗寺院。供奉着阿弥陀如来像的凤凰堂面向池塘，其横截面看起来就像一只展翅的凤凰。这座建筑也是日本“左右对称”型建筑的典型代表。这里原来是藤原氏的别墅，带有庭园的宏伟建筑至今仍向人们传达出当年藤原一族享受到的荣华。凤凰堂的外墙等部分于2014年修复完成，红褐色的涂装更显艳丽夺目。

指定	世界遗产（古都京都的文化遗产）、国宝
建筑时期	1053年
设计者	不详

营 开放时间为8:30—17:30（闭馆前15分钟禁止进入）。凤凰堂内部参观时间为9:10—16:10，全年无休。

¥ 门票价格为600日元/成人（入园+凤翔馆）。凤凰堂内部参观门票为300日元。

若要拍摄池塘一侧的景观，以东向为最佳。室内禁止拍摄。

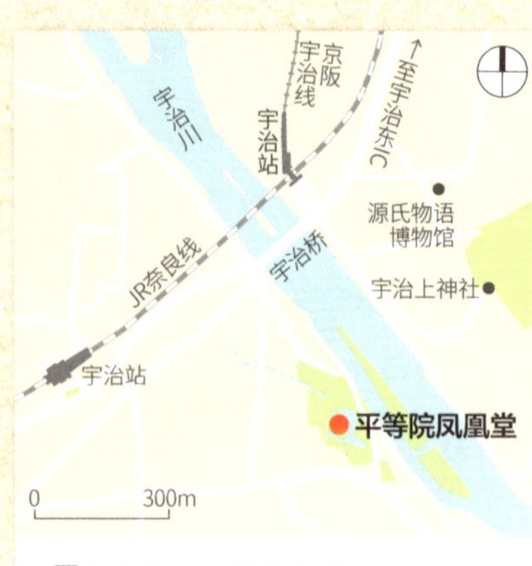

京都府宇治市宇治莲华116

从JR宇治站、京阪·宇治站出发徒步约10分钟即到。

末世的水畔

从京都出发，乘坐火车不到 30 分钟就抵达了宇治。作为《源氏物语・宇治十帖》的故事舞台，这里原本就是平安时代贵族们的休养胜地。此行的目的地平等院，也是一座原名为“宇治院”的别墅，后来被藤原道长的长子藤原赖通改建成了净土宗的寺院。

沿着石板铺就的参道走到大门口，门里面就是寺院的内部。进门向右转有一条迂回曲折的道路，顺着路向前走就会看到一片水池，著名的凤凰堂就在这水池畔。

隔着水池眺望，凤凰堂的全貌尽收眼底。它由四部分组成——正中间的中堂、左右各一的翼廊，以及背后延伸出的尾廊。

须弥坛设在中堂之内，上面端坐着阿弥陀如来的塑像。要想进去参拜，需要穿过右（北）侧翼廊下面的通道。由桩基支撑起来的翼廊，其隅楼内高度仅有 1 米左右，成年人都无法直立。而且没有楼梯连通上下层。也就是说，虽然有内部空间，但完全无法使用。

区分建筑与雕刻的一种方法就是看其内部有没有供人进入的空间。但这并不适用于某些古代建筑。对它们而言，是否有为人类设置的空间，并不是首先需要考虑的事情。

从外表上看，翼廊上面的隅楼有 3 层之多，但从实用角度来说，没有一层能用。

追求美学对称性

在提到法隆寺（西 11）的时候我也谈到，所谓的五重塔，看起来有 5 层，其实内部只有1层。凤凰堂也是如此，外观上的楼层数与可用的楼层数大相径庭。由此可见，古代的楼层概念与现代全然不同。

既然毫无实用性，那为什么还要盖这样的翼廊呢？当然是为了从外面看着漂亮呀。换句话说，这就是一处以外观为首要考虑要素的设计。

绕到水池东面，眼前就出现了一个日本人都非常熟悉的场景——10日元硬币上面的图案就是这里。左右对称并向两侧延展的翼廊将鉴赏者的视野拓宽了不少。这让我回忆起初次观看宽银幕电影（画面宽度是高度的两倍以上）时的视觉冲击感。

与其说翼廊是被桩基高高撑起的，不如说它好像就飘浮在空中。为了不干扰视线，尾廊向中堂的正后方延伸，完全被其遮住。现在的翼廊下面设有基坛，但据说刚建起时，水池可是一直蔓延到翼廊下面的。可想而知，那种浮游感应该更为强烈。

建筑物倒映在面前的水池之中，又形成了上下的对称。世界上也有不少建筑是以倒影之美著称的，如泰姬陵（印度，1653年）等，现存日本的此类建筑代表自然是平等院凤凰堂。

顺带一提，现代建筑之中也有把本体做成上下对称的例子。建筑家高松伸就做过这样的尝试，他的作品“织阵3期”（1986年）的侧面和“大阪麒麟广场”（1987年）的一部分就采用了对称造型。高松本人就以京都为根据地进行创作，他的脑海里想必经常浮现平等院凤凰堂的景象吧。

对比强烈的景观

在某部佛教典籍上曾经提到，在释迦牟尼去世2000年之后（也有说1500年的），佛法的效力会渐渐消失，

② 正面就是熟悉的10日元硬币上的图案。

③ 啊，好像浮世绘一样。

世界将进入末法时代。像诺查丹马斯的大预言一样，在平安时代，流传着1052年就是末法来临时刻的说法。

于是人们开始否定现世，认为它污秽不堪，祈求能够前往另一个清净乐土。这也就是所谓的“厌离秽土，欣求净土”的思想。

平等院是在1053年建成的，也就是进入末法时代后没多久。这座建筑存在的意义就在于，让人们在直面世界末日的时候，在现实中就能找到彼岸的极乐净土。

能让人们拥有净土观感的首推中堂内部的雕刻和装饰，其实庭园的设计也功不可没。

净土式庭园内普设水池和阿弥陀堂，二者以沙洲（以水岸代指国家）相连。与横平竖直、规整严密的阿弥陀堂相比，水池则呈现出不规则的形状。平等院的水池也不例外。从俯视的角度来看，它是一个不对称的勾玉形。通过这种对比，能够让人产生一种身在“此世”，遥望“彼世”的感觉。

像这种将对比强烈的景观结合在一起的手法，在现代主义出现以后的建筑和城市规划中也经常见到。例如，由伯纳德·屈米设计的巴黎拉·维莱特公园（1989年）就是把鲜艳的红色框架结构放置在一片开阔的绿地之中。

回到日本，由丹下健三和他的团队设计的大阪万博庆典广场（1970年），也是用不规则造型的太阳之塔，为整齐有序的框架结构带来了一抹亮色。

可以说，净土式庭院在这些20世纪的设计中复活了。这是不是也意味着，现在已经进入了末法时代？

供奉着阿弥陀如来坐像（定朝[1]作品）的中堂在刚建好时，其内部空间呈现出的是五彩斑斓的效果。

最开始的时候，佛像背后安的是直棂窗，阳光也能从西侧照进来。

透过格子窗，站在水池对岸也能看到佛像（白天看不大清）。

可能追求的是在夕阳西下时，余晖中浮现佛像的效果？

从外面也能看到堂内景象。虽然分为两层却不设楼梯。终极的“摆设建筑”。

由翼廊的桩基构成的立体格子令人印象深刻。其实，连接各个柱子的“贯”都是镰仓时代以后另加上去的。在那之前，据说翼廊曾经倒塌数次。为了追求飘浮的效果，做到这个分儿上也真是够了！

仔细看就会发现，翼廊的二层根本没连着中堂。不仅如此，甚至都没有上二层的楼梯！

真希望在10日元硬币上也能反映出这种飘浮感。造币局的工作人员，不考虑一下把这样的图案做成幸运币吗？

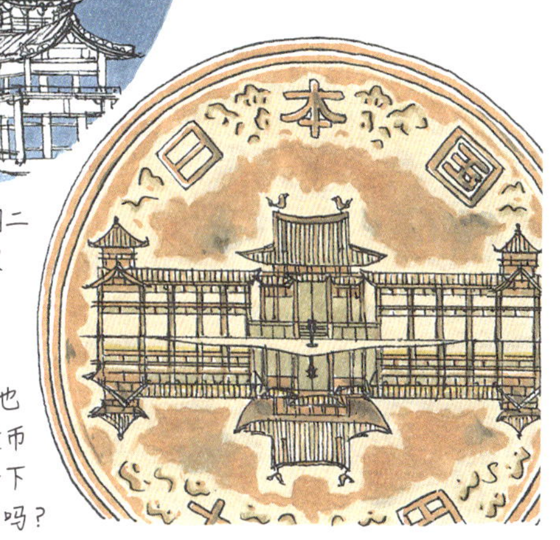

1　定朝（?—1057），平安时期佛像师，工艺精湛。

建议浏览观赏

三十三间堂

京都市东山区/始建于平安时代后期(现存为镰仓时代前期所建)

从东南方向看到的佛堂

正式名称为莲华王院本堂。建筑整体狭长，沿南北方向延伸。因为内部被立柱隔出33个空间，又叫作三十三间堂。它是平安时代后期，平清盛奉后白河法皇之命修建的，曾在1249年受到市内大火的波及而被烧毁，又于镰仓时期重建。1000座观音像里有124座是平安时期的作品，其余的都是在重建以后，花费16年光阴先后完成的。

指定 国宝

建筑时期 始建于1164年，1249年被烧毁，1266年重建

设计者 不详

营 参观时间为8:00—17:00(11月16日至次年3月的营业时间为9:00—16:00。闭馆前30分钟禁止进入)。全年无休。

¥ 门票价格为600日元/成人。

拍摄全景的话建议在东南方或西南方取景。室内禁止拍摄。

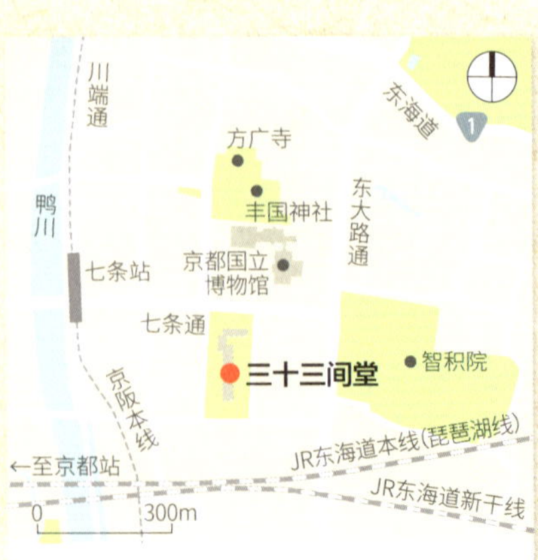

京都市东山区三十三间堂回町657

从JR京都站出发乘巴士10分钟，在博物馆三十三间堂前下车。或者从京阪·七条站出发步行7分钟即到。

令人震撼的长度和数量

三十三间堂始建于1164年，据说是平清盛盖好进献给后白河法皇的礼物。1249年因火灾被烧毁，1266年又在后嵯峨上皇的主持下重建。

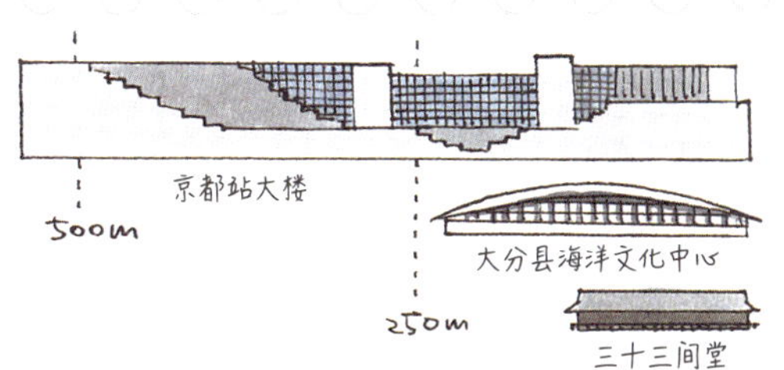

比三十三间堂（118.2米）还长的现代建筑也有不少，但论给人的视觉冲击力，还数它最强。

现在的三十三间堂与当初平清盛所建的那一座有多少相似之处已经不得而知了，但是把1000座佛像摆在同一间狭长佛堂里展示的想法也真是别出心裁。

西　东

千体佛被摆放在朝东的阶梯式坛架上。这是为了让它们沐浴朝阳，还是想让夕阳的余晖从它们身后映射出来？

千体佛的全名是“十一面千手千眼观世音菩萨”。不只手臂多，连面孔也有好多张。简直就像几何分形一样！

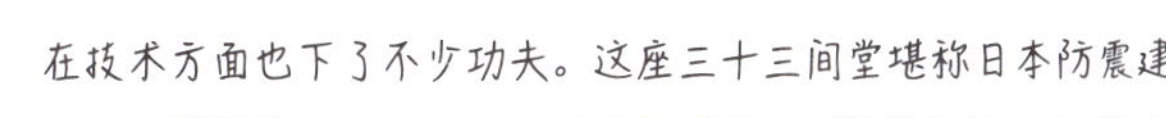

在技术方面也下了不少功夫。这座三十三间堂堪称日本防震建

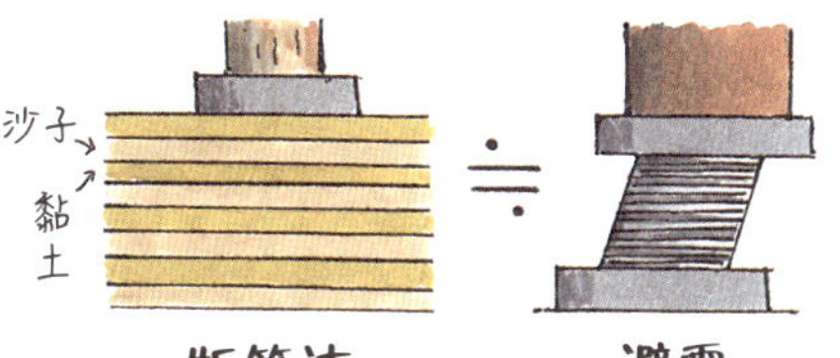

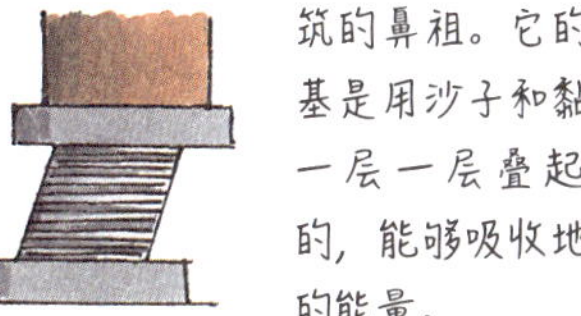

筑的鼻祖。它的地基是用沙子和黏土一层一层叠起来的，能够吸收地震的能量。

平清盛真是太恐怖了。他要是出生在现代，肯定是位了不起的建筑家。

建议浏览观赏

石山寺多宝塔

滋贺县大津市/镰仓时代前期

收紧的腰部轮廓非常优美

石山寺多宝塔建于1194年，时为镰仓时代初期，它是日本最古老的多宝塔。
所谓多宝塔，就是裳阶（外檐）的横截面为正方形，而中央部位的横截面为圆形的佛塔。
石山寺的多宝塔出檐飘远，形状优美，是日本三大多宝塔之一。
据说石山寺还是紫式部开始写作《源氏物语》的地方，因此有不少《源氏物语》的爱好者慕名而来。

指定　国宝

建筑时期　1194年

设计者　不详

营 开放时间为8:00—16:30（16:00后禁止上山）。

¥ 门票价格为500日元/成人。

站在南侧阶梯上仰拍角度最佳。

滋贺县大津市石山寺1-1-1

京阪·石山寺站出发步行10分钟即到。或者从JR石山站出发乘坐巴士，约10分钟后在石山寺山门前下车。

“龟腹”并非掩人耳目

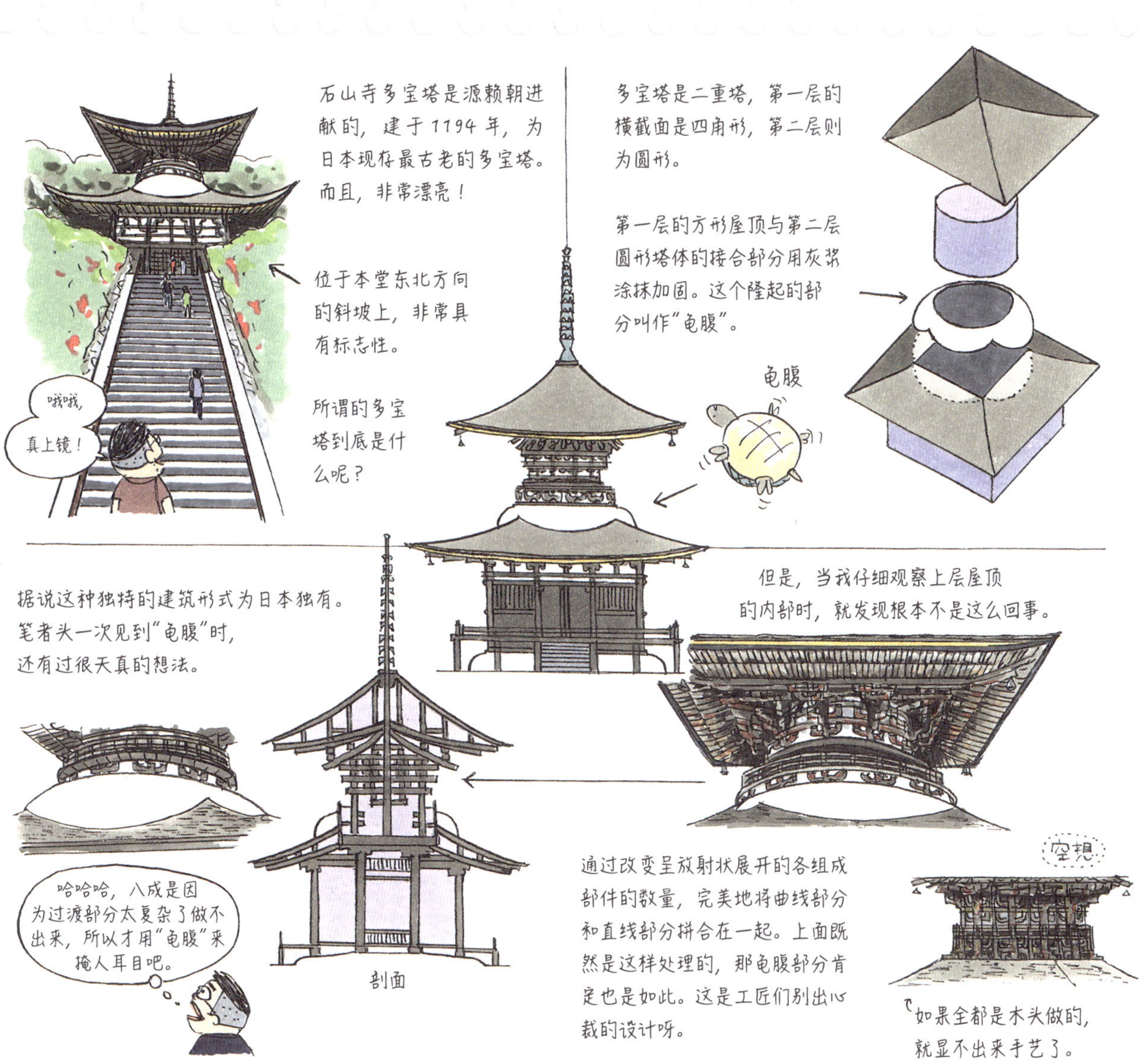
石山寺多宝塔是源赖朝进献的，建于1194年，为日本现存最古老的多宝塔。而且，非常漂亮！
位于本堂东北方向的斜坡上，非常具有标志性。
哦哦，
真上镜！
所谓的多宝塔到底是什么呢？
多宝塔是二重塔，第一层的横截面是四角形，第二层则为圆形。
第一层的方形屋顶与第二层圆形塔体的接合部分用灰浆涂抹加固。这个隆起的部分叫作“龟腹”。
龟腹
据说这种独特的建筑形式为日本独有。笔者头一次见到“龟腹”时，还有过很天真的想法。
但是，当我仔细观察上层屋顶的内部时，就发现根本不是这么回事。
哈哈哈，八成是因为过渡部分太复杂了做不出来，所以才用“龟腹”来掩人耳目吧。
剖面
通过改变呈放射状展开的各组成部件的数量，完美地将曲线部分和直线部分拼合在一起。上面既然是这样处理的，那龟腹部分肯定也是如此。这是工匠们别出心裁的设计呀。
空想
如果全都是木头做的，就显不出来手艺了。

银阁寺

京都市左京区/室町时代后期

从东侧隔水遥望观音殿(银阁)

正式名称为慈照寺。它原本是室町八代将军足利义政的山庄东山殿，义政去世后，山庄就被改建成了寺院，并仿照义政的法号“慈照院”将这里命名为慈照寺。

进入江户时代之后，为了与金阁寺呼应，人们就把它叫作银阁寺。

位于观音殿东北方的东求堂也被评为国宝，是书院造建筑的初期典型代表。

指定	世界遗产(古都京都的文化遗产)、国宝
建筑时期	1489年
设计者	不详

营 开放时间为8:30—17:00(冬季为9:00—16:30)。全年无休。

¥ 门票价格为500日元/成人。

若要拍摄观音殿(银阁)倒映在池塘中的景象，以东向为最佳。

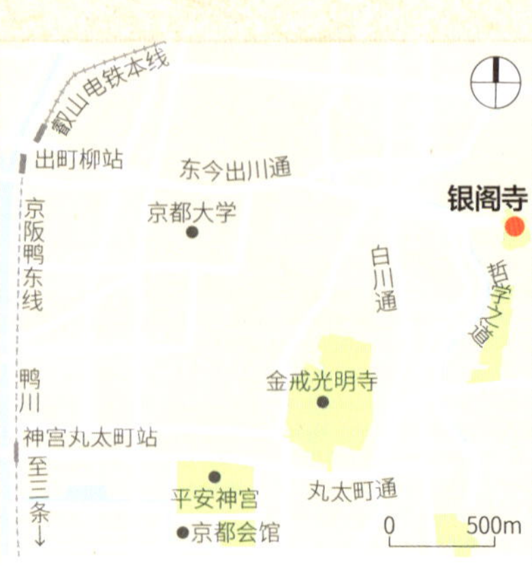

京都市左京区银阁寺町2

JR京都站出发乘坐巴士在银阁寺道或者银阁寺前下车，步行5分钟即到。

漆黑中的光辉

从琵琶湖引出的水道沿着京都大文字山的山麓缓缓流淌，水道旁边有一条小路，名为“哲学之道”，因哲学家西田几多郎过去经常在这条小路上徘徊思索而得名。路的北头，就是此行的目的地——银阁寺。

银阁寺是俗称，这座建筑的正式名称为慈照寺。它的修建者，是室町幕府的第八代将军——足利义政。

他的父亲、六代将军足利义教遭人暗杀，继承将军之位的兄长又英年早逝，所以当时年仅 8 岁的足利义政便被推上了将军宝座。可能是年岁尚幼便踏入政坛，他早早地萌生了退隐之意。到了 20 岁，他与正室也没有生下儿子，因此打算让位给弟弟足利义视。可是刚表完态不久，一个男性继承人就出世了——这下可全乱了套。围绕着继承权的风波不断，愈演愈烈，最终酿成了“应仁之乱”（1467—1477）。

等到足利义政真正交出政权的时候，他都快 40 岁了。他还为自己的隐居生活打造了一处住宅，那就是银阁寺建筑群及其庭园。不过大名鼎鼎的银阁（观音殿）还没盖好，他就去世了。它被改成临济宗的寺院乃是后话。

足利义政不喜政治，一心沉迷于猿乐和连歌[1]等文化活动，可以说他在这方面的贡献不小。而且他还盖了经典的银阁寺，当记一功。但是，也是因为他才惹出了应仁之乱，导致京都市内多处建筑被毁。若论功罪，我觉得他功不抵过。

闲话不提，我们进到银阁寺的庭院

1 猿乐又称“申乐”，是日本古代、中世表演艺术之一。连歌是一种独特的诗歌体裁。

看一看吧。顺着参道穿过中门，银阁就出现在视野右侧，而正面所对的是向月台。那是一处用白色沙子堆积成的高台，外形很像布丁。再往里去，还有一处白沙造型的景观——平铺在地面上的沙子被拢成条纹形状，称为银沙滩。这片园林都是在江户时期打造出来的。

接着往前走，就会路过现存最古老的书院造建筑东求堂。道路由此折入深山，走到最高处时就能看到银阁寺庭园全景。站在这里还能眺望京都的街道，实乃一处绝佳的景点。

宛如黑洞的建筑

从山上下来，走到水池边，便能欣赏到银阁与倒影交相辉映的美好姿态。它的一层采用的是书院造建筑风格，二层则是佛堂风，有典型的花头窗（又叫火灯窗）。顺带一提，与银阁建造同期，文艺复兴样式的建筑正在意大利风靡一时，出现了像美第奇宫（佛罗伦萨，1459 年）那样每层风格都不同的建筑。可以说，东西方同时出现并流行了一阵建筑样式的混搭。

银阁寺是有建筑原型的，那就是由梦窗疏石整修过的西芳寺（1339 年），同时它也借鉴了金阁寺(鹿苑寺,1397 年)的样式。据说金阁寺也是以西芳寺为原型设计的，从这个意义上来说，金阁与银阁堪称兄弟。

不过，比起贴满了金箔的金阁，银阁上可没有一点银子。有种说法认为，原本的确是打算贴银箔的，但由于资金不足只好作罢。真的是这样吗？我倒是倾向于相信“足利义政一开始就没打算把它弄成银色的”。

观音殿被叫作银阁是后来的事情。它的四周都是白色的沙子、葱茏的树叶和池塘的水面这样闪闪发亮的东西，与此相对，它本身又是一座用黑漆涂装的

秋天来了，正是去京都的好时候。所以这篇和下一篇都是关于室町时代京都建筑的内容。（其实去采访的时候，还是残暑难消的9月……）

好热

首先去的是金阁寺。自打小学修学旅行之后这还是第二次来。由足利义满修建的金阁寺在1950年因为火灾被烧毁，5年后重建。

第一层没有贴金箔，看起来像是漂浮在水面上一样……

屋顶也不是金色的

原来不是这样的呀……

确实非常精美，无与伦比。不过说实在的，因为金箔的影响，导致建筑细节方面的阴影消失了，看起来像是个模型。

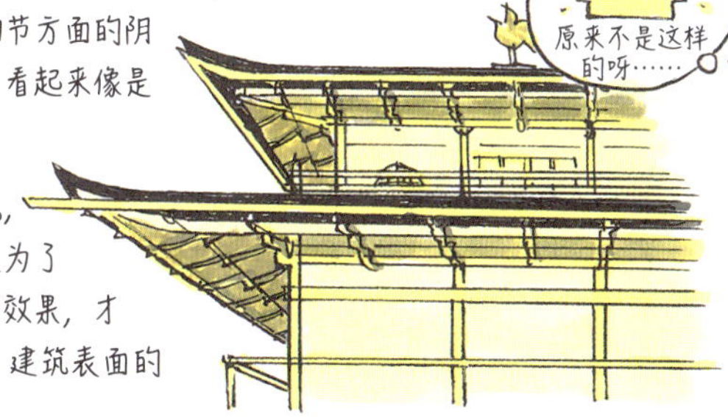

但反过来说，也可能就是为了强调贴金的效果，才特意减少了建筑表面的凹凸起伏。

不管怎么说，有一点是肯定的——所有在建筑上下的功夫都没有金箔给力。接下来要去的就是足利义满的孙子足利义政所建的银阁寺。

著名的银阁寺垣

哦哦，这才叫建筑！

虽说只有两层，比金阁寺规模小，但是细节部分很清晰。

观音殿，宛如黑洞，把周围所有的光都吸走了，只留下黑沉沉的建筑。

这难道不正是足利义政追求的效果吗？光与暗，阳与阴，正与负，绝地与西斯（电影《星球大战》中的角色）……世界就是由两种相反的东西组成的。既然已经有了代表光明的金阁，那么我就造一座象征黑暗的建筑出来。

被称为银阁的原因

那么，为什么人们又要叫它“银阁”呢？这个问题确实值得研究。

好像是在江户时代初期，银阁的通称才普及开来。在那个时候，究竟发生了哪些关于“银”的事情呢？

16 世纪时，同样被认定为世界文化遗产的石见银山正处在全面开发时期。当时的金属精炼技术也很发达，到了 17 世纪，日本的银产量已经占据世界总产量的三分之一。

与此同时，金矿的开采也在如火如荼地进行。16 世纪初，武田家族在山梨县的黑川金山开矿；到了 17 世纪，佐渡金山也开始了采掘作业。

在矿山开发热潮的影响下，江户时代初期，金和银开始作为货币在市场上流通。说到金人们就会联想到银，所以这座与金阁遥相呼应的纯黑建筑就被称作“银阁”……

以上就是在“本没打算贴银箔”的前提下所做的猜想。就算足利义政确实想往上贴银箔，但是人们既然能把一座并非银色的建筑称为银阁，其背景原因肯定与采矿业发展的历史分不开。

据说金阁寺和银阁寺都是以西芳寺的琉璃殿（现已不存）为原型修建的。
那么，它们的异同在哪里呢？

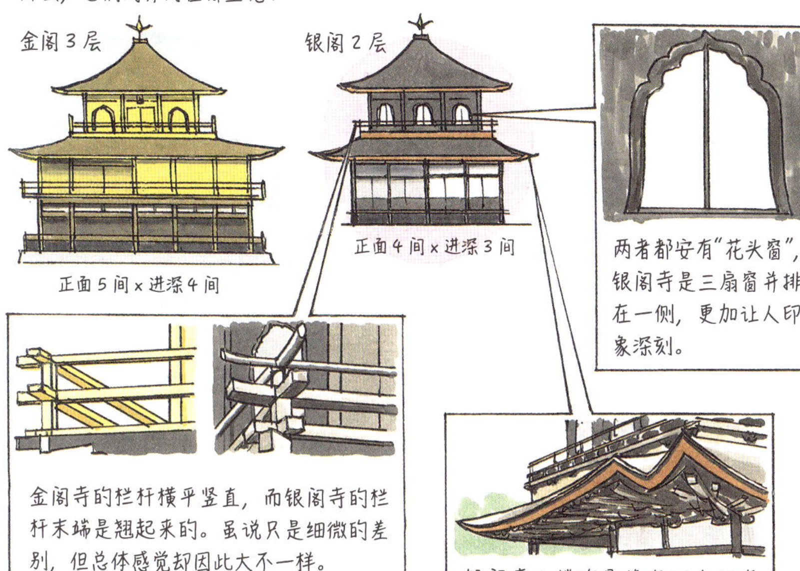

两者都安有"花头窗"，银阁寺是三扇窗并排在一侧，更加让人印象深刻。

金阁寺的栏杆横平竖直，而银阁寺的栏杆末端是翘起来的。虽说只是细微的差别，但总体感觉却因此大不一样。

银阁寺 1 楼的屋檐在汇合处有豁口。

两者都以水中倒影为看点，除此之外，银阁寺还有加分……

可以隔着白色沙子堆砌成的"银沙滩"鉴赏风景，

又可以站在东边斜坡上的瞭望台远眺侧影。没想到它还挺耐看的。

正是有"阳"作为对手，才显出"阴"的魅力。

银阁寺之所以充满魅力，正因为有金阁寺作为鲜明的对比。如果只有它，还能收获如此之高的评价吗？

明明已经有令人艳羡的阳光哥哥做男朋友了，偏偏又被莽撞别扭的弟弟吸引。可能这就是人的天性使然吧……

真是一开始就冲着"阴"去的吗？

通过近年来的调查发现，刚竣工时外壁除了黑漆，还有油彩装饰。咦？彩色？

（复原图）→

原来一直以"风雅幽寂"著称的银阁寺居然是个爱出风头的家伙？

05

龙安寺石庭

京都市右京区/室町时代后期(有争议)

龙安寺石庭手绘全景图

这座庭院是枯山水的代表作。所谓枯山水，是指不用真实的水，而是用石头和沙子来表现山水风景的庭院营造手法。龙安寺的石庭位于方丈室（寺院住持的居室）的南边，占地75坪，三面围墙，里面铺满了白色沙子，还有15块大小不等的石头。这个极端抽象化的空间引发了人们各种各样的猜测。关于建成时期和制作者也存在争议。

指定　世界遗产(古都京都的文化遗产)、史迹、特别名胜

建筑时期　1500年前后(有争议)

设计者　不详

营　参观时间为8:00—17:00(冬季为8:30—16:30)。

¥　门票价格为500日元/成人。

石庭位于方丈室的正南方向。

京都市右京区龙安寺御陵下町

京福·龙安寺站出发步行7分钟即到。或者从JR京都站出发乘坐巴士在立命馆大学前下车，步行7分钟也可到达。或者从京阪·三条站出发乘坐巴士至龙安寺前下车即到。

原风景之海

龙安寺位于京都的西边，与金阁寺隔着衣笠山遥遥相对。穿过山门，眼前就出现了一个名为“镜容池”的大池塘。沿着池塘右侧往前走，再右转就能看到一段石头砌成的台阶，它直通龙安寺的“库里”[1]。来参观石庭的人就从这里脱鞋进去。库里的旁边就是方丈室（寺庙住持居住的房间，也是禅寺中最重要的建筑物）。

龙安寺是室町幕府的“大管家”细川胜元于1450年修建的临济宗寺院。从“应仁之乱”开始，它曾数次遭遇火灾，据说现在的方丈室是移建过来的，原属于1606年所建的塔头（禅寺内的小院）。著名的石庭就在方丈室的南边。

虽说是庭院，但并不是那种可以在里面走来走去的院子。只能看，不能进。

方丈室宽阔的檐廊上已经坐了很多观光客，大家都痴迷地盯着石庭看个不停。其中有不少是外国人。英国女王伊丽莎白二世于1975年出访日本时，曾来此地参观，对它赞不绝口，于是龙安寺石庭的盛名远播海外。我混在这群观光客之中，也来好好鉴赏一番吧。

高度抽象化的庭院

院子宽25米，深10米。虽说周围一大片地都是龙安寺的地盘，但说到石庭，也就是这块被土墙围起来的矩形。这里的土墙被称为“油土坪”，因为在泥土中混入了可以提高强度的菜籽油而得名。它也因此呈现出一种特殊的黄色。

庭院的地面上铺满了白色沙子。在

1　住持或家属住的地方。

禅宗寺院中，石庭一般都位于方丈室的南边，据说这样设计是为了能通过沙子把太阳光折射到室内。

人们用笤帚将沙地梳理成波浪的造型，并在上面摆了15块石头，彼此间隔不一，错落有致。这座庭院，就是由这些沙子和石头组成的。

自古以来，日本人都依托池塘或者流水来设计庭院，进入室町时代之后，枯山水庭院开始流行，不用水就能表现出大海与河川的风貌和气势。龙安寺石庭更是将这种抽象化的庭院做到了极致——只用石头和沙子，连个盆景都没有。

虽说如此，也正是因为这种极简的设计，人们才从这座庭院中看到了无限的宇宙，感受到了深远的哲学气息。

众说纷纭话石头

这座庭院里有很多未解之谜，连是不是室町时代末期所建的都不能确定，更不用说设计者到底是谁了。

沙地上的石头也大有文章可做——乍一看似乎是随便放的，但细细琢磨之后，又觉得别有用心。关于石头的摆放格局，也有很多种解读。

其中比较有名的说法是这象征了“老虎过河”[1]的场景，故事来源于中国古代的传说；也有的说是要组成一个“心”字；也有人认为这些石头是根据“黄金分割比例”来摆放的；还有人煞有介事地讲，这是故意让人不能在同一个角度看到所有的石头……

在众多说法中，明石散人的“星座说”还是挺有意思的。他在一本小说风格的揭秘书（《龙安寺石庭之谜》，1996年）中是这样解读的——龙安寺的这些石头大体上可以分成5个部分，它

1　出自《癸辛杂识》（续集下）。“虎生三子，必有一彪。”老虎带着三只幼虎过河，一定要让最凶猛的幼虎和另外两只小虎分开，因此老虎会分几趟运送不同的幼虎。

这次的主题是"庭院"。
更准确地说，这次我们要研究的是"庭院建筑"。

搞得像是在打机锋一样，其实就是想研究一下禅宗建筑中的枯山水园林美学。那么，肯定要去参观枯山水中的名作——龙安寺石庭。

何谓枯山水

不用水，而是通过石头和沙子的排列组合来表现山水风景。用笤帚扫出起伏的沙线，以此来模拟水的流动。

噢，出来就是

踏进龙安寺的方丈室，就能看到石庭。在东西长 25 米，南北宽 10 米的庭院里铺满了白沙，有 15 块石头散落其内。这就是天下闻名的枯山水庭院。

因为太过简单了，参观者们都在寻求一些解释。

那里！
那里！
这块石头不容易被发现

来修学旅行的学生似乎很认可"不管从哪个方向观察都不能同时看到所有的石头"这类的说法。

* 实际上不可能从这个角度（庭院一侧）观察。

不过，我觉得这种寻宝似的安排并不是这座庭院的设计初衷。

也有人认为"从东往西看，石头堆的数量分别是 7、5 和 3"（中国以奇数为吉利）。不过，来参观的人恐怕很难意识到这一点。再说了，7 个和 5 个的归类方式有些牵强吧？

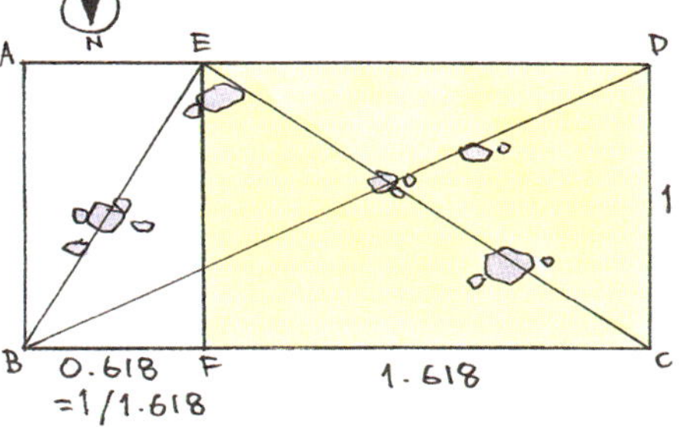

"石头的位置完美符合黄金分割比例"的说法也够呛。能发现这一点的人真是了不起。不过，没有从正上方来鉴赏庭院的道理，而且，这个辅助线 EF 的设置也太随意了点……

们形成了一个“W”形。这个形状类似于仙后座，如果把庭院当作星空来看，北极星所在的位置底下就埋藏着财宝。

只要展开了想象的翅膀，像这种天马行空的解释要多少有多少。比如，可以把石头当作乐谱上的音符，若按照此谱演奏，天上就会降下巨大的圆盘状物体……

恐怕正是因为龙安寺石庭的极度抽象化，才能让人们乐于去揣测其中的秘密吧。

现代派美学的源流

不过我这回只想从“以沙为海，用石作岛”这个意象上做一番讨论。能从这个把要素简化到不能再简的庭院中体会到大海的气势，既不可思议，又耐人寻味。

龙安寺庭院中的“海”，应该是片岛屿星罗棋布的多岛海。而多岛海的典型代表，就是欧洲的爱琴海和日本的濑户内海。

巧合的是，西方和东方现代派建筑的两位扛鼎之人在事业的起步时期，都与这样的海洋有着不解之缘。

勒·柯布西耶在24岁的时候曾去希腊旅行，在那里获得的灵感对他今后的建筑创作产生了深远的影响。在那个时候，他凝望巴特农神庙的眼神，肯定也飘向了爱琴海。

丹下健三的童年时期是在爱媛县的今治度过的，高中又转去广岛就读。在那里，他肯定天天都能见到濑户内海。

他们眼中的大海，多半与龙安寺方丈室檐廊外的那片风景相同吧。

现代派建筑排斥多余的装饰，但仅凭墙壁和窗户的搭配，也能让人感受到建筑之美。这种以简为美的风格，与龙安寺石庭的设计要素是相通的。它们的灵感来源都是大海。

可以说，从龙安寺的石庭中能看到现代派建筑的原风景。

这一趟，我在京都市内走访了10座枯山水庭院，看得多了，就对龙安寺石庭的独特之处有了更多的认识。

① 龙安寺石庭在"抽象性"这一点上尤为突出。其他庭院的设计虽说也挺牛的，但多少都能看出想表达的意思。

建于1460年前后，用石头表现游泳的乌龟

建于1509年，表现的是瀑布汇流成河

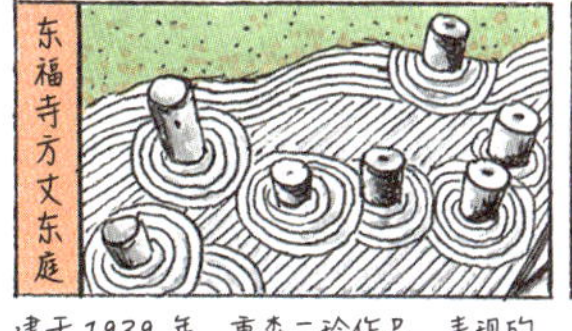

建于1939年，重森三玲作品，表现的是北斗七星

建于1500年前后，主题是……

② 庭院四周的墙壁质感非常突出，感觉像是陶瓷器。这是因为在泥土中加了菜籽油。它的存在感已经超越了单纯的背景。仔细看的话还能发现，西侧的墙壁越往南越低。可能是为了强调纵深感？

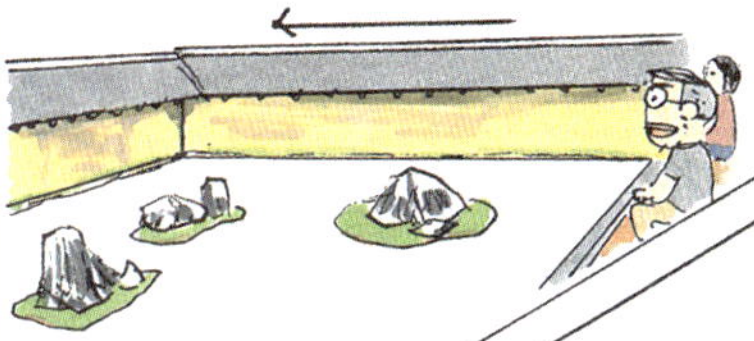

③ 其实这次来龙安寺，最令我吃惊的是它的占地面积居然有15万坪（原本以为是个小庙）！石庭的面积仅占总面积的1/2000。离山门不远就有一片非常漂亮的莲花池，莫奈要是能见到这个，肯定特别兴奋。

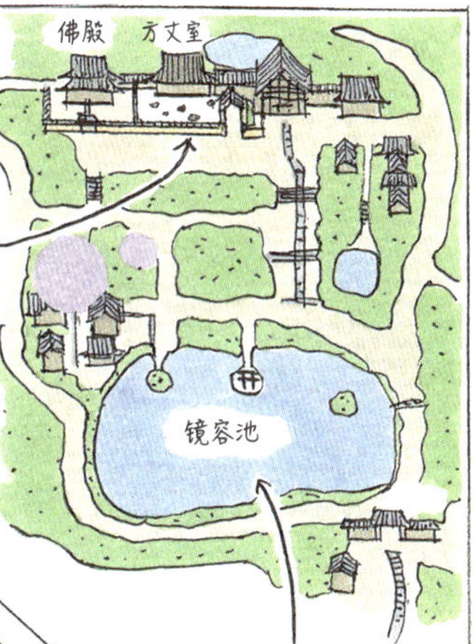

佛殿 方丈室

镜容池

比起宽阔的回游式庭园，日本人反倒推崇偏居一隅的小小枯山水。真是非主流的美学意识。

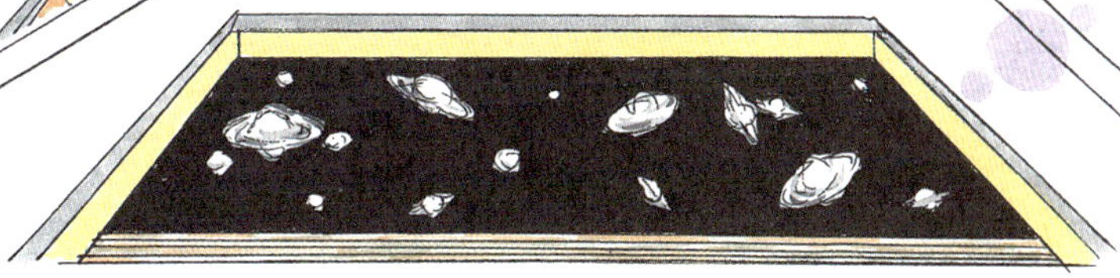

用最少限度的造型把一个小地方变成了无限空间——这正挠中了日本人的痒处，因此被视为杰作。

从小空间里窥见无限宇宙，龙安寺石庭是最迎合日本人审美的建筑。

待庵

京都府大山崎町/桃山时代

待庵位于妙喜庵书院的南侧，是唯一一处确定由千利休所建的茶室。关于茶室的缘起，有多种说法：一为丰臣秀吉在山崎的战场上命令千利休搭建的茶室，后来移至此地；一为从千利休家中直接迁过来的；还有说是奉丰臣秀吉之命，专门在此地修筑的。茶室内部不开放，可以在附近的大山崎町历史资料馆中看到按照原尺寸所制的模型。

指定　国宝

建筑时期　1573—1593年前后

设计者　千利休

营 在双邮资明信片上写明参观时间和参观人数，提前一个月提出申请。邮寄地址见右图。休馆时间为每周一和周三，以及12月20日至次年1月15日。

¥ 参观费用为1000日元。

禁止拍摄。

京都府乙训郡大山崎町龙光56

JR山崎站下车即到。阪急·大山崎站出发步行5分钟即到。

一眼便觉灵气盈然

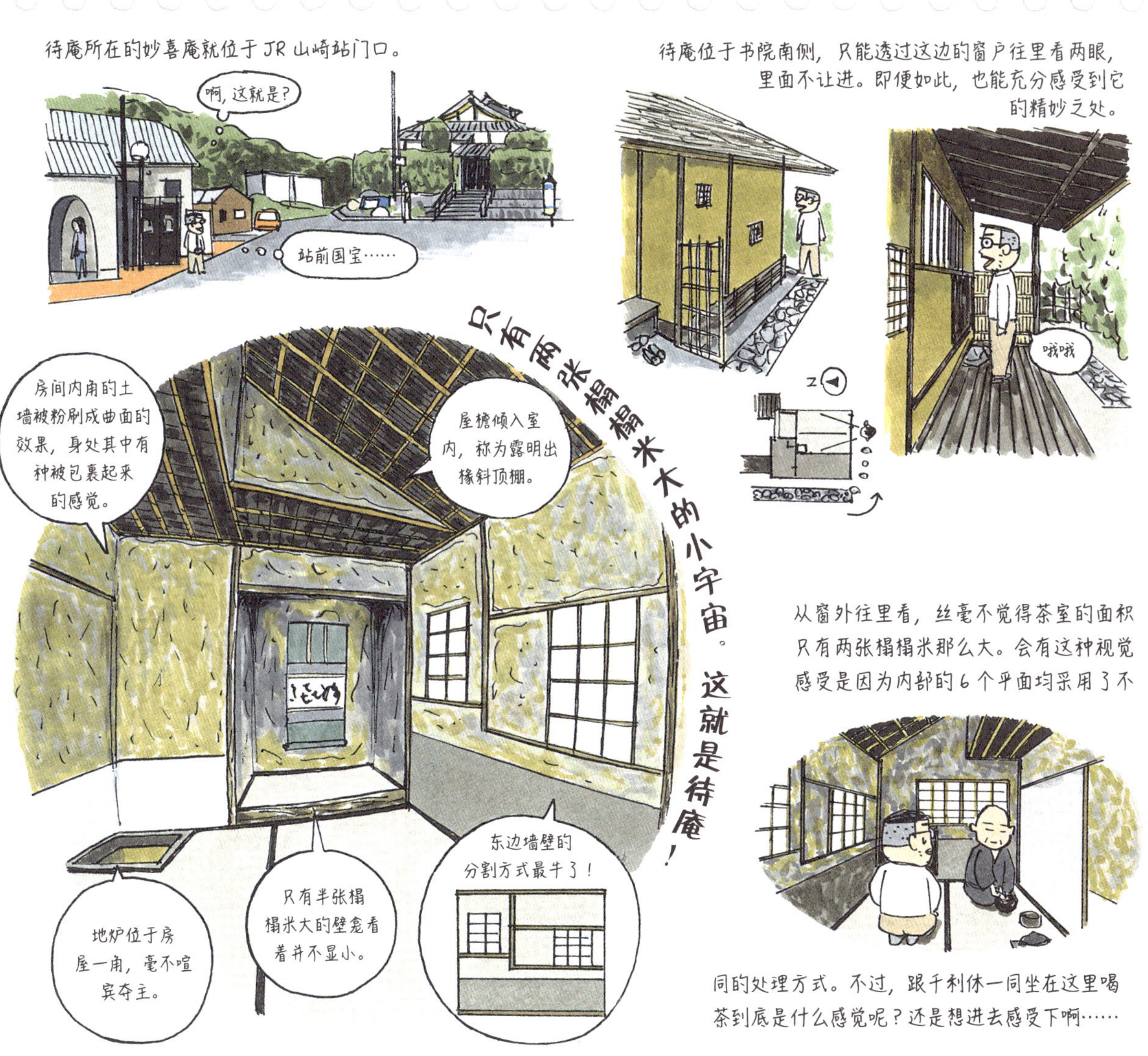
待庵所在的妙喜庵就位于JR山崎站门口。
啊，这就是？
站前国宝……
待庵位于书院南侧，只能透过这边的窗户往里看两眼，里面不让进。即便如此，也能充分感受到它的精妙之处。
哦哦
只有两张榻榻米大的小宇宙。这就是待庵！
房间内角的土墙被粉刷成曲面的效果，身处其中有种被包裹起来的感觉。
屋檐倾入室内，称为露明出椽斜顶棚。
地炉位于房屋一角，毫不喧宾夺主。
只有半张榻榻米大的壁龛看着并不显小。
东边墙壁的分割方式最牛了！
从窗外往里看，丝毫不觉得茶室的面积只有两张榻榻米那么大。会有这种视觉感受是因为内部的6个平面均采用了不同的处理方式。不过，跟千利休一同坐在这里喝茶到底是什么感觉呢？还是想进去感受下啊……

建议
仔细观赏

桂离宫

京都市西京区/江户时代前期

桂离宫手绘全景图

桂离宫是代表江户初期建筑风格的皇家别院。八条宫初代智仁亲王和二代智忠亲王花费近50年的时间才把它建好。"离宫"的称呼是明治时期以后才开始用的，在江户时代，人们将其称为"山庄""别业""茶屋"等。
通过德国建筑家布鲁诺·陶特的宣传，桂离宫之美名扬世界。

指定	无
建筑时期	1615—1662年
设计者	不详

营 仅能参观外部。需要邮寄或者在宫内厅的网站主页上提交参观申请。详情请咨询宫内厅京都事务所参观科。

每周六、节假日和年末年初休馆。每个月第三个周六、3月至5月及10月至11月内的所有周六也开放参观。

¥ 免费。

拍摄带有池塘的外景最好在东南方取景。不可使用三脚架。

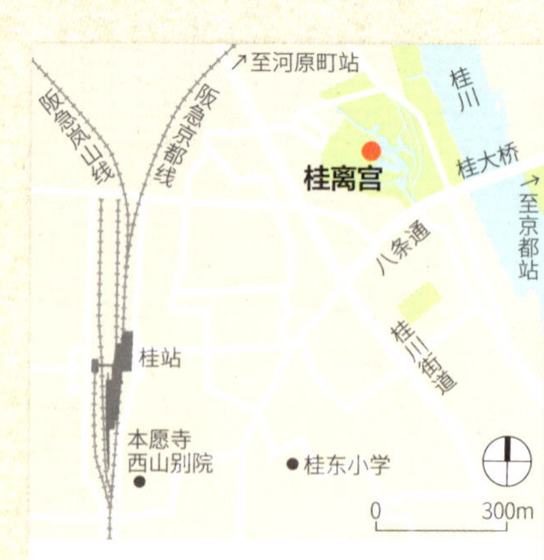

京都市西京区桂御园

阪急·桂站出发步行20分钟即到。或者从JR京都站乘坐巴士在桂离宫前下车，步行8分钟也可到达。

雁行排列的革新

想去桂离宫探访的心愿终于实现了。这次还获得了特别许可，同意我们进入御殿参观。一般的参观路线是绕着庭院转一圈，最后到达御殿门口；而我们则是在里面穿行，从南边的草坪出来。

御殿就这样径直闯入了眼帘。这座建筑曾令布鲁诺·陶特发出“美得让人热泪盈眶”的感慨，又被瓦尔特·格罗皮乌斯誉为“处处精彩，动人心魄”。等我亲眼见到了实物，才知道它确实无与伦比。建筑的极致，就在这里。

它的格局之小巧，让我感到有些意外。它拥有在现代派建筑中常见的桩基，房间以纤细的立柱为支撑，地板距离地面颇有一定高度。再加上直接暴露在室外的木材和墙纸等表现出来的素材感，令人难以相信它居然已经存在了 300 多年。当然，中间也经历过几次大的整修。

此间的内墙变成彼间的外墙，建筑物就这样彼此相连，向后延伸。这种格局与现代派建筑通透性的特点相通。可能这就是桂离宫得到 20 世纪众多建筑家认可的理由。

也有现代建筑采用了与之类似的雁行排列。我首先想到的就是由尤根·博和威廉·沃勒特设计的路易斯安那现代艺术博物馆（1958 年）和阿尔多·范·艾克设计的儿童之家（1960 年）。日本建筑家前川国男设计的东京都美术馆（1976 年）也参考了雁行平面。近年来，SANAA 建筑事务所设计的卢浮宫新馆（2012 年）也运用了同样的手法。可以说桂离宫的雁行排列一直传承到了 21 世纪。

接下来，我们就到御殿内部看看吧。

在扩建中达到完美

穿过中门，从御末所（胜手口[1]）进入御殿。里面也没有什么特别之处，却给人一种无隙可乘的感觉。我们沿着如同钥匙齿槽一样曲折的动线向里走，到了尽头，就能看到一扇日式拉门。门是开着的，外面就是庭院。户外的美景就这样直接呈现在眼前。室内外浑然一体，和谐而又自然。

由大小不一的架子组成的室内摆设——“桂棚”吸引了我的目光。格罗皮乌斯认为这个匠气太重，我倒是觉得它与周围的环境很搭。

除了这个组合架，从入口到内部，屋里的装饰品逐渐增多，数寄屋风格愈加明显。而且地面也有微妙的高低差……这是为什么呢？

事实上，这座御殿曾经历数次扩建。最初的部分由八条宫智仁亲王所建，也就是入口处的古书院；15年后，他的儿子智忠亲王又在后面加了一间中书院；又过了20年，增建了乐器室和新御殿。

每个细节都非常完美的桂离宫，居然不是一次成型的！真是令人惊讶啊。

换句话说，桂离宫的御殿并不是一座单一的建筑，它是拥有不同要素的多个建筑的集合。即便如此，它们所组成的却是一个完整的个体。

这让我想到了一位建筑家——槙文彦。

他的建筑设计以比例精妙而闻名，作品效果堪比桂离宫。在其著作《深奥莫测的城市》中，他围绕着“深入性”“空间的褶皱”等关键词论述日本的空间概念，用他的理论来解释桂离宫御殿的特质再恰当不过了。

1 供下人出入的厨房后门。

没有哪一座古建筑能像桂离宫这样被众多的建筑家和建筑史家讨论研究。其中，井上章一所著的《编造出来的桂离宫神话》尤其有趣。这本书开头就写着："我真不明白桂离宫到底好在哪里？"

得到了宫内厅的许可固然令人喜出望外，但因为读过井上的那本书，我的心里还是有点不安——我真的会被桂离宫打动吗？

桂离宫真的那么了不起吗？走，去看看。

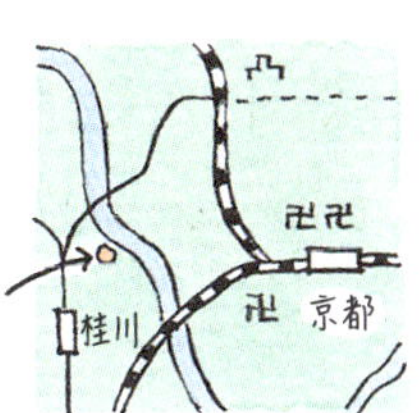

桂离宫在京都站西侧约5千米的地方，位于桂川西岸。

桂离宫由分散在回游式庭园内部的御殿和4间茶室组成。庭院中的水池原是直接引桂川之水而成的（现在得用水泵抽）。

一般参观者所走的路线为左图中的虚线部分。而我们一开始去的就是堪称重中之重的御殿前。

我之前的担心完全是杞人忧天。看到御殿的第一眼，热泪就涌上了眼眶（毫不夸张）。心情跟布鲁诺·陶特的是一样的。

1933年5月4日，到日本的第二天就过来了单调无聊？完全没这回事。到处都是令人惊叹而又自然和谐的设计。

从西南方看到的御殿全景。线（柱子和栈桥）和面（拉门和板窗）的组合极具节奏感，充满生机又静美如画。

得知这样和谐的搭配居然是父子两代人花费50年的时间才完成时，我惊讶不已。

只有1期建筑（古书院）时大概是这种样子？

1期 古书院
3期
2期 中书院
乐器室
新御殿

仔细看开头的这张图片，三栋房子有序地排成一斜行，但中间又插进来"乐器之间"这个小屋。它为内外格局带来了视觉上的变化。

微妙的高低差也是故意而为？

提出了怀抱很久的疑问。

啊，那个……

工作人员说："那个什么也不是呀。"咦？原来那是为了应对桂川涨水而做的设计，特意提升了地板的高度。在古时候，桂川水位很高，经常泛滥成灾。所以要把居室架高，以免进水……这跟菊竹清训的想法不谋而合！

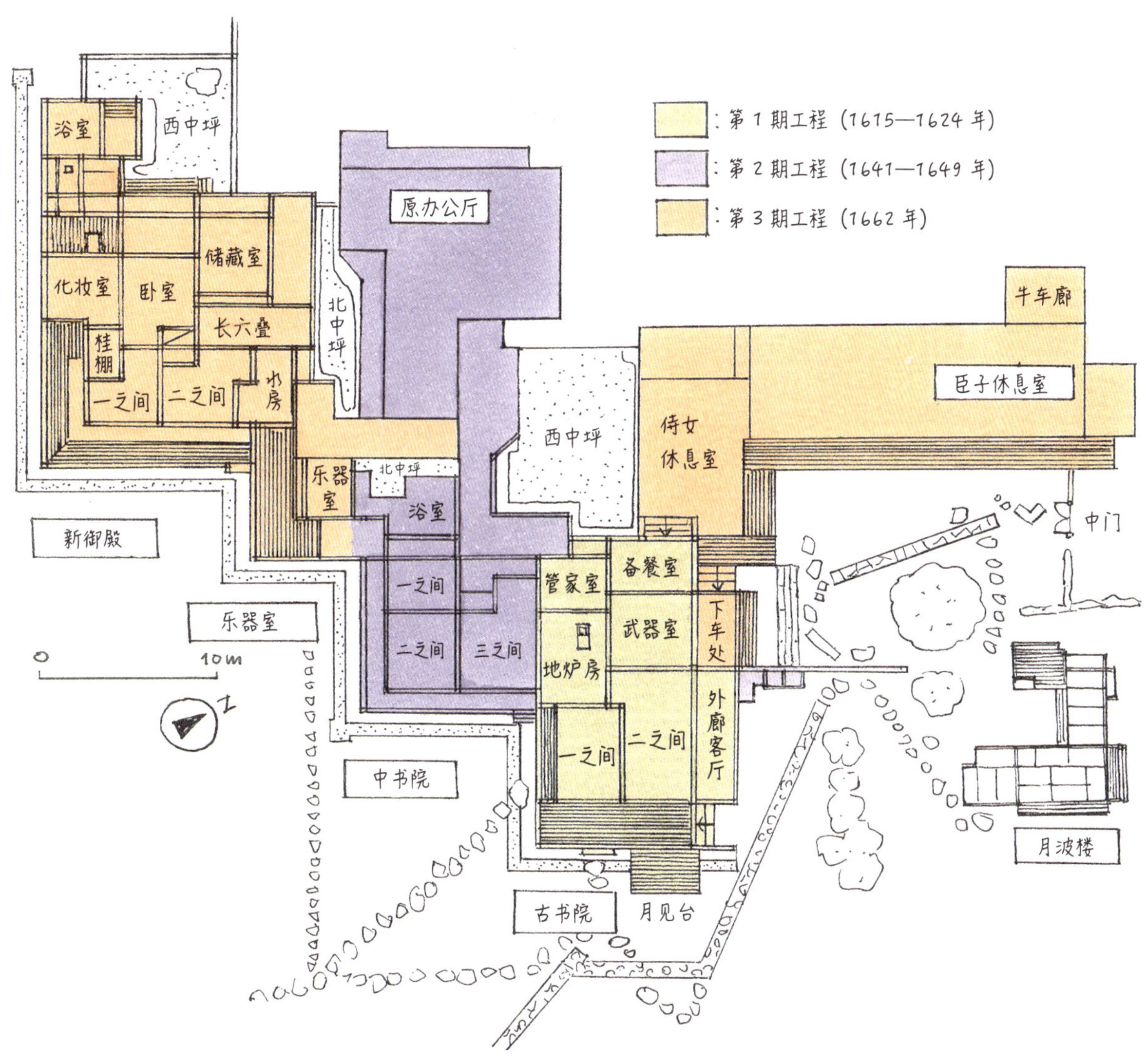

第 1 期工程（1615—1624 年）
第 2 期工程（1641—1649 年）
第 3 期工程（1662 年）
浴室
西中坪
原办公厅
储藏室
化妆室
卧室
长六叠
北中坪
桂棚
一之间
二之间
水房
乐器室
北中坪
浴室
西中坪
侍女休息室
臣子休息室
牛车廊
中门
新御殿
乐器室
一之间
管家室
备餐室
二之间
三之间
地炉房
武器室
下车处
外廊客厅
一之间
二之间
中书院
古书院
月见台
月波楼
0
10m

名为“桂”的城市

在此我想讨论的槙文彦的作品是“代官山 Hillside Terrace”。它集商业设施、展示设施、集合住宅等不同用途的数座建筑于一体，是东京旧山手通沿线的一处知名城市景观。

这个建筑群始建于 1969 年，分为 6 期工程，于 1992 年完工，耗时近 25 年。一开始并没有完整的建筑计划，而是边设计边盖。

可能正因如此，虽说设计者是同一个人，但不同时期的建筑风格也有些不同，外装材料也不一样。早期用的是水泥面板，后来改用瓷砖，后期常用玻璃和铝合金。

槙文彦认为，城市里的建筑各式各样，看起来杂乱无章。但倘若把它们都修成一个样的，反而又落入了单调无趣的窠臼。城市建筑的理想状态应该是既保留个性，又能逐渐融为一体。将这种想法化为实践的就是“代官山 Hillside Terrace”，这也是将槙文彦与桂离宫联结在一起的纽带。

石元泰博的摄影集《桂离宫——空间与形态》（1983 年）出版时，槙文彦为其写过书评。文章中出现了这样的表达——“一座名为‘桂’的城市”。

虽然桂离宫是远离京都市中心的一所别院，但它也是一座“都市型建筑”。从这个意义上说，桂离宫反而更具现代色彩。

我们得到了宫内厅的特别许可，
进到了建筑内部！

◀御末所
（胜手口）

檐廊更添雁行排列的魅力

首先吸引我的就是檐廊。明明只有一二米高，感觉却像在凌空而行。因为雁行排列而造成的美景接连出现在眼前。

▲乐器之间的檐廊

新御殿檐廊▶

站在新御殿檐廊
上眺望乐器室▼

低调的金属装饰

室内随处可见的精美的金饰真是让人眼红！

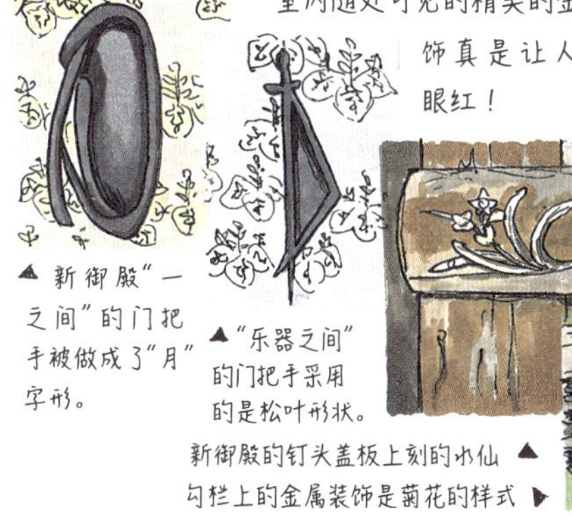

▲新御殿“一之间”的门把手被做成了“月”字形。

▲“乐器之间”的门把手采用的是松叶形状。

新御殿的钉头盖板上刻的水仙▲

勾栏上的金属装饰是菊花的样式▶

实际上，在这次采访中最令我动容的不是设计之精巧，而是它在保养方面的优良特性。

“除了台风天，
板窗平日里都是开着的。”啊！！拉门就能遮风挡雨吗？
对方告诉我，别说拉门了，
就连脚边的灰泥墙壁都极少被雨水打湿。
这座精巧的建筑，就是由宽达1米的房檐保护的。果然造好屋檐很重要啊……

经过一个小时的参观，我对桂离宫的美有了一些理解。但将其称为“现代派的代表”还是有点……

或许是因为它并未排除装饰，只是减少要素，而让人对一些用心的小地方印象特别深刻吧。

活用既有建筑、良好的防灾对策、延长寿命的细节——值得现代建筑学习的地方太多了。

08

建议仔细观赏

清水寺

京都市东山区/江户时代前期

站在东南方的奥之院欣赏本堂的舞台

本堂为重建于1633年的大堂，正面长36米多，侧面宽约30米，室内高18米。从本堂南边伸出来的舞台面积约为190平方米，其高度相当于4层楼的大厦。据说清水寺的舞台从平安时代开始就是为神明表演雅乐和能剧等艺术的地方，直到如今仍在为一些重要的法会提供活动场所。

指定 世界遗产(古都京都的文化遗产)、国宝

建筑时期 1633年(寺庙建于780年)

设计者 不详

营 开门时间一般是6:00，关门时间有季节性变动。全年无休。

¥ 普通参观费用为300日元/成人，夜间特别参观费用为400日元/成人。

舞台的最佳拍摄角度为南向。站在东边的石阶或南边的参道上可以清楚地看到舞台下面的结构。

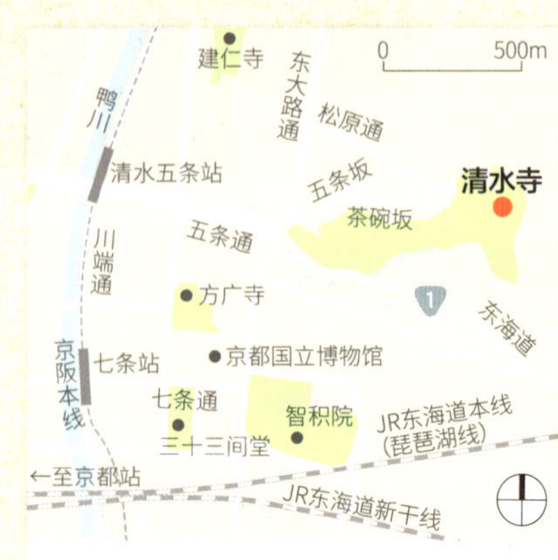

京都市东山区清水1-294

从JR京都站出发乘坐巴士在五条坂下车，步行10分钟即到。或者从京阪·清水五条站出发步行25分钟左右也可到达。

玩“遮脸躲猫猫”的兴奋

清水寺是日本古建筑中的“巨厦”（由巨型材料搭建的建筑物），也是这次的目的地。包含中学时代的修学旅行在内，我已经去过多次了。不过换以建筑学的视角，可能会有全新的体验。

沿着挤满土特产商店的参道往上走，就能看到一扇朱红色的大门，这叫仁王门。门后面就是清水寺的地盘了。

进去后遇到的第一座建筑是三重塔。塔高 31 米，据说是日本境内规模最大的三重塔。

接下来出现的就是经堂和开山堂。开山堂又叫“田村堂”，得名于征夷大将军坂上田村麻吕。清水寺正是依照他的宗教信仰所建的，据传始建时间为 780 年。

再往里走，这回遇到的是一个规模较小的门。穿过这道门，本堂近在眼前。通向本堂的道路建在石墙之上，旁边就是悬崖。走过回廊，到了本堂的侧面后再向右转，那里便是舞台了。

一说起清水寺，人们首先想到的就是舞台，但这个部分可不是一开始就有的。据考证，最初的舞台建于平安时代的后半期。

包括本堂在内的清水寺内建筑物都曾经数度被烧毁，现在大家所见的都是 17 世纪由德川三代将军德川家光出资重建的。

消失的建筑

从山崖下测得的舞台高度为 13 米。站在边上哆哆嗦嗦地往下看，音羽瀑布变成了一小条。“清水寺”的名字就是从这里来的。抬高视线举目远望，能一直看到京都市中心，仔细瞧还能分辨出东寺五重塔和维修中的东本愿寺。

在桧木板铺就的190平方米的舞台上，挤满了手持相机的观光客。其中有不少是外国人。

看大家的架势，全是冲着欣赏周围美景来的，几乎没有人关注身后的本堂。我还从没见过哪个国宝有这样的冷遇……

这让我联想到隈研吾的设计——位于静冈县热海市的建筑“水玻璃”（1995年）。原本它是作为某个企业的疗养设施而建的，后来被改成了度假酒店。它身处海边的悬崖之上，有视觉死角，不能将美景尽收眼底。

为了弥补外观上的不足，隈研吾多使用玻璃等透明材料，又在屋顶上放置了碧波荡漾的水盘，以此“抹掉”建筑物的轮廓。这些奇思妙想不仅令这座建筑成为一个纯粹观海赏景的地方，也彻底掩盖了建筑物本身的存在。

与之类似，前来参观舞台的人也对清水寺本堂视而不见。清水寺和“水玻璃”一样，都“消失”了。它们的名字里面也都有“水”字，可能是在暗示这种透明的特质。

领略戏剧性的重现

不过，赏完舞台的清水寺与隈研吾的“水玻璃”有着根本性的区别。

走过清水寺舞台之后，参拜路线又折回本殿的东边，通向奥之院。这边也设有舞台，站在奥之院的舞台上回望清水寺，能看到本堂悬造式建筑的全貌。刚才消失的建筑，突然就戏剧般地重现了。

巨大的桧树皮葺屋顶架在木材搭建的斜面之上，入母屋造结构的翼廊位于两边，从正中央伸出来的就是舞台。这座宏伟的寺庙建在格子状的构造体上面，构造体则是由78根柱子和连接

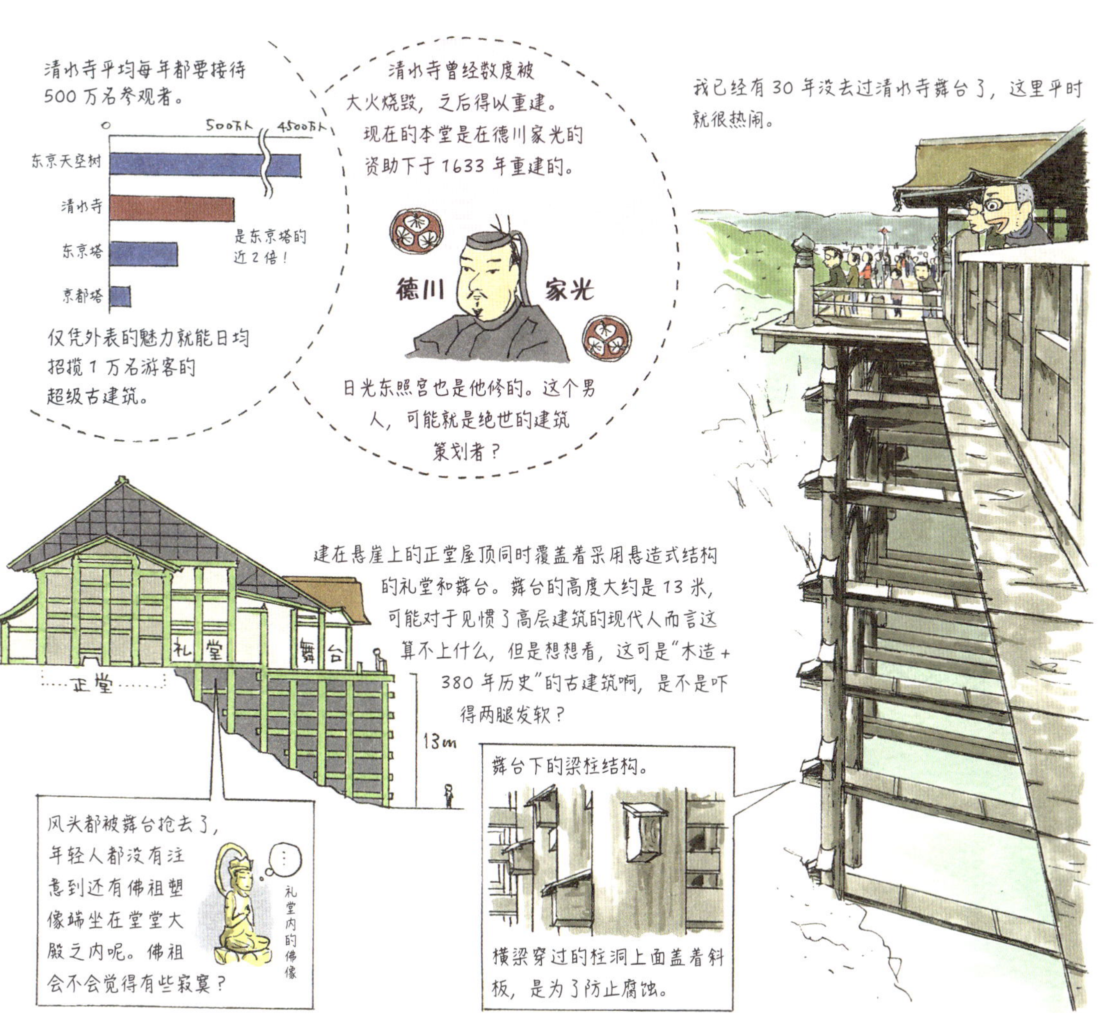

清水寺平均每年都要接待500万名参观者。
0
500万人
4500万人
东京天空树
清水寺
东京塔
京都塔
是东京塔的近2倍！
仅凭外表的魅力就能日均招揽1万名游客的超级古建筑。
清水寺曾经数度被大火烧毁，之后得以重建。现在的本堂是在德川家光的资助下于1633年重建的。
德川
家光
日光东照宫也是他修的。这个男人，可能就是绝世的建筑策划者？
我已经有30年没去过清水寺舞台了，这里平时就很热闹。
礼
堂
舞
台
正堂
13m
建在悬崖上的正堂屋顶同时覆盖着采用悬造式结构的礼堂和舞台。舞台的高度大约是13米，可能对于见惯了高层建筑的现代人而言这算不上什么，但是想想看，这可是"木造+380年历史"的古建筑啊，是不是吓得两腿发软？
风头都被舞台抢去了，年轻人都没有注意到还有佛祖塑像端坐在堂堂大殿之内呢。佛祖会不会觉得有些寂寞？
……
礼堂内的佛像
舞台下的梁柱结构。
横梁穿过的柱洞上面盖着斜板，是为了防止腐蚀。

彼此的梁木组成的。想要拍摄清水寺全景的话，一般都选在这个位置。

沿着参观路线走，接下来就到了距离本堂有一段路程的子安塔。从这里可以远远望见本堂的正面，也更能感受其依山而建的存在感。

接下来的路又朝着本堂的方向折去，走过音羽瀑布后，就到了本堂脚下。抬头仰望，本堂显示出了“超高层大厦”的气势。

这一路上，参观者可以从多个角度尽情欣赏本堂建筑之妙。

总而言之，到访清水寺的人感受到的并不仅是巨大的木造建筑所带来的震撼，还有一连串“建筑的消失与再现”。人们就像沉迷于“遮脸躲猫猫”游戏的小宝宝一样，一路上兴奋不已。

顺带一提，奥之院的建设与本堂舞台的营造几乎是同时开始的。恐怕有不少人都不单想从清水寺看风景，也想从远处欣赏清水寺自身吧。由此可知，早在那个时候，建筑就已经成为唤起人类欲望的一种物体艺术了。

古人原来也喜欢搞建筑啊……

我一边这样胡乱想着，一边顺着参道下山了。

雁行排列的平面和故意绕远的动线将悬造式建筑的魅力毫无保留地展现了出来。这才是极具观赏性的建筑！

建筑者的服务精神真是令人感动。人们可以从各个方向观察核心的木造结构。沿着路线走一圈真是大饱眼福。

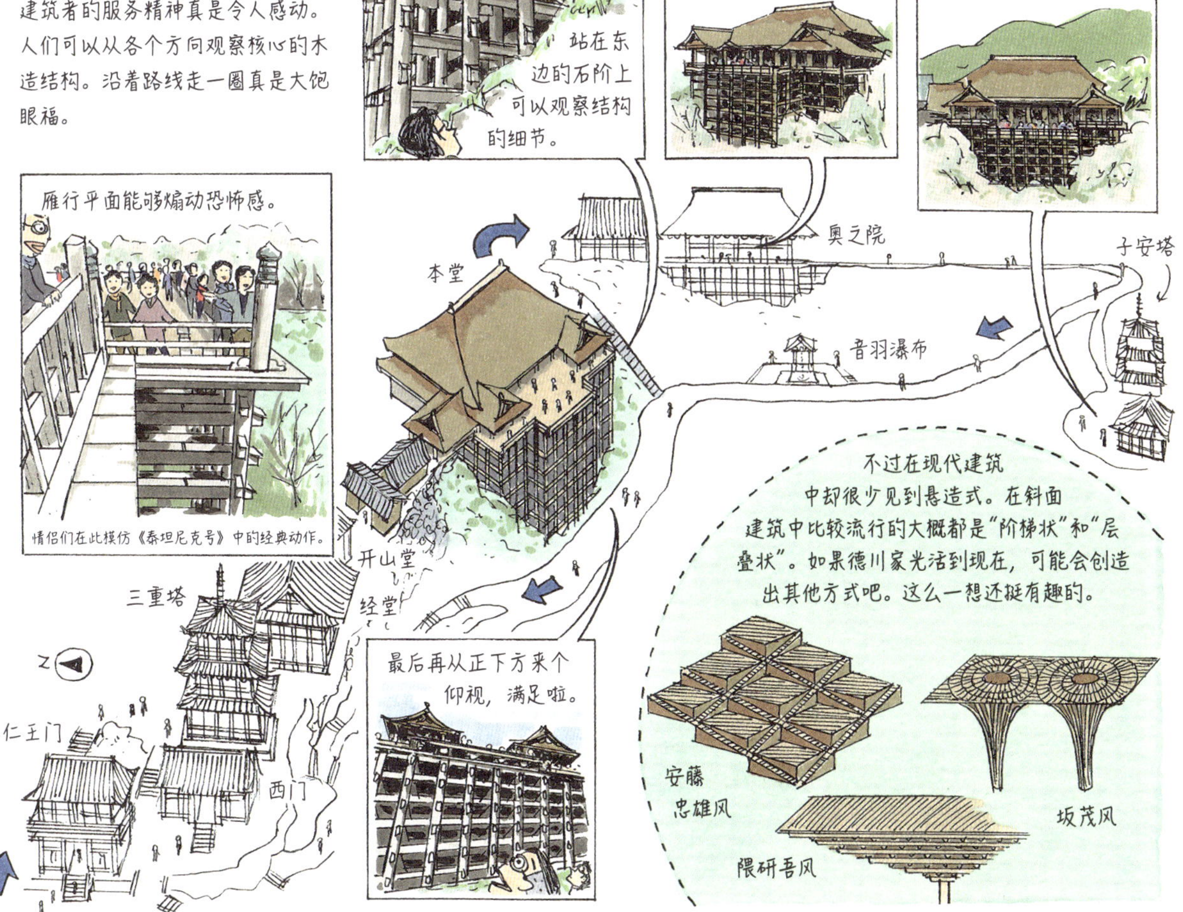

09

建议浏览观赏

伏见稻荷大社千本鸟居

京都市伏见区/江户时代

千本鸟居的导入部分，鸟居从这里一直延续到稻荷山上

伏见稻荷大社是全国3万多所稻荷神社的总本宫。
据说稻荷大神从奈良时代（711年）起就坐镇此地。
到了江户时代，开始流行供奉鸟居以表还愿的做法。
目前，连同稻荷山上的鸟居，伏见稻荷大社一共立起了大约1万座鸟居。

指定	本殿等处属于重要文化遗产
建筑时期	千本鸟居始建于江户时代
设计者	不详

营 全天开放。

¥ 参拜免费。

稻荷山上西边的斜坡取景最佳。要想拍出鸟居里光和影的交错画面，选择晴天最好。

京都市伏见区深草丛之内町68

从京阪·伏见稻荷站出发步行5分钟即到，或者从JR稻荷站出发步行3分钟也可到达。

自动生成的算法建筑之美

伏见稻荷大社里也有本殿这样始于室町时代的古建筑……

只能看到侧面，真遗憾。　内拜殿建于昭和时代。

不过，参观的重点还是"千本鸟居"。间隔很小又连绵不断的鸟居营造出了"红色的半室外建筑"般的独特体验。

鸟居在中途分为两条路。

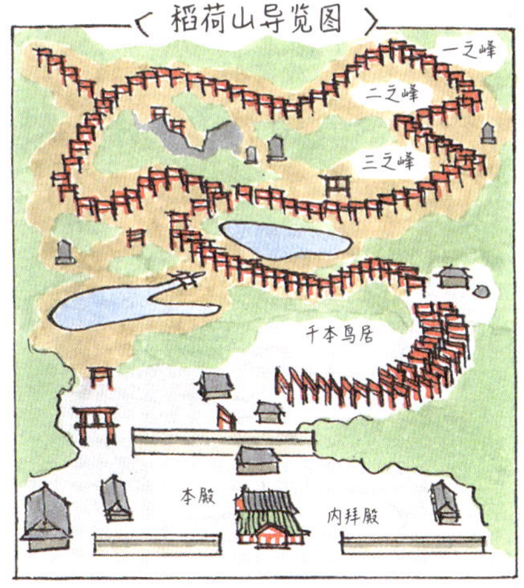

后面又汇合在一起，继续往山上去。走完全程需要两个小时。这条"连续鸟居参拜之路"始建于江户时代，到现在已经立起了1万多座鸟居。

下山的时候，就能看到鸟居背面所刻的供奉者姓名。也算是一种广告牌？

虽说没有总策划人，但仅凭"设定条件"就创造出了一个充满魅力的空间，真是令人惊叹不已。

条件1：鸟居的颜色为红色。
条件2：每两座鸟居之间的距离几乎等同。
条件3：新设或更换鸟居要以供奉（香火钱）的多少来决定。

顺带一提，木质的鸟居之所以普遍为红色，是因为这种颜料中所含的丹（水银）具有防腐效果。各种机缘巧合才成就了这样的设计。

伏见稻荷大社的千本鸟居可谓设定条件后自动生成的算法设计之先驱。

10

京都国立博物馆

京都市东山区/明治二十八年

从西侧欣赏全景

拥有红色砖结构的旧本馆令人印象深刻。这座建筑是由宫内省内匠寮的技师片山东熊设计的，明治二十八年（1895年）竣工，明治三十年（1897年）5月正式开馆。除了玄关大厅、中央大厅，还有大小不一的10间陈列室和中庭，全部是左右对称的设计。它一直作为“特别展示馆”使用，自2014年秋天平成知新馆开放后，便改称“明治古都馆”。

指定 重要文化遗产

建筑时期 1895年（明治二十八年）

设计者 片山东熊（宫内省内匠寮）

營 开放时间为9:30—17:00（闭馆前30分钟禁止入内）。

每周一（如遇节假日则顺延至第二天）和年末年初休馆。

¥ 门票价格依照展览内容而定。

西侧为拍摄正面时的最佳取景位置。

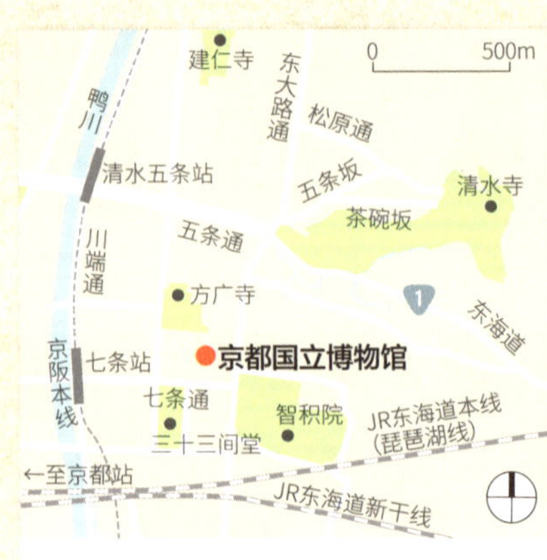

京都市东山区茶屋町527

京阪·七条站出发步行7分钟即到。或者从JR京都站出发乘坐巴士在三十三间堂前下车即到。

面对面的设计之神和施工之神

我们在三十三间堂前下车，朝着京都国立博物馆的方向走去。原先的入口是位于西侧的正门，现在改从南门进了。南门是谷口吉生设计的，在 2001 年建成，现在两边都是纪念品商店和咖啡馆。同样由他设计的“平成知新馆”于 2014 年 9 月开馆，代替旧馆成为日常展览的所在地。

从南门进来之后，就看到右手边有一栋宏伟壮丽的建筑物。这就是此行的目的地——特别展示馆。它建于明治二十八年，原为帝国京都博物馆的本馆。虽说是砖砌的平房，但气势宏伟壮丽，是典型的法式巴洛克风格。正中间有个巨大的穹顶，两翼各有一个小的。站在正门的喷泉前看全景，整个建筑以罗丹的雕塑作品为中心，呈现出左右对称的格局。这样明显的轴对称结构不由得让人联想起西洋的宫殿。

接下来进去看看吧。我们从中央西侧的玄关大厅开始，沿逆时针方向浏览各个展厅。这栋建筑的平面构成非常简单，呈“品”字形。

中央大厅是博物馆内部的一大看点。这个巨大的空间原是为了招待天皇而准备的，阳光从由 18 根柱子支撑起来的迭级天井中央投射下来。基座、柱头和屋檐上的装饰，都把西洋建筑的装饰技法发挥到了极致，让人看得入迷，甚至忘记了时间的流逝。

炫耀富于变化的建筑节奏

这处建筑的设计者是片山东熊。他师从约西亚·康德尔，是工部大学校第一期的学生，毕业后进入宫内省工作，设计出了很多知名建筑。他的代表作是东宫御所（现在的迎宾馆赤坂离宫，1909年竣工）。

片山东熊也因此获得了“宫廷建筑家”的称号。其实他设计最多的还是博物馆。当时的宫内省相当于如今的宫内厅，不过业务范围更为广泛，博物馆也归其管辖。

在明治时期，日本各地兴建了不少博物馆，大多数都是片山东熊设计的。除了位于京都的国立博物馆，还有奈良国立博物馆（1894年）、东京国立博物馆表庆馆（1908年）和神宫征古馆（1911年）等。

这些博物馆基本上都是以带有巨大屋顶的玄关为中心、向两翼伸展的左右对称型结构，不过在装饰手法上各不相同。就拿玄关上头的三角墙（破风）为例，京都博物馆是普通的三角形；奈良国立博物馆是半圆形的变体——梳子形；神宫征古馆是在圆顶屋顶上加了一个半圆形的屋顶窗（在战火中被烧毁，现在用的是另一个屋顶）；而东京国立博物馆根本就没有装三角墙，而是让后面的屋顶直接暴露在视野内。这些多姿多彩的设计就像在炫耀自己的手艺一样。

每种样式都很精巧漂亮，设计的完成度很高。片山东熊的确才华横溢。

设计之神和施工之神

话说回来，京都国立博物馆的三角墙上还别有洞天——上面雕刻着一男一女。这种以人体为主题的建筑装饰手法在希腊和罗马的古典建筑中很常见。其实日本建筑中也多使用雕刻作为装饰，日光东照宫就是其中的代表。这片三角墙上所刻的男女还都长着一张东方人的脸庞，可以说，东西方两

什么才是建筑的"品格"？要想知道答案，去趟京都国立博物馆就明白了。

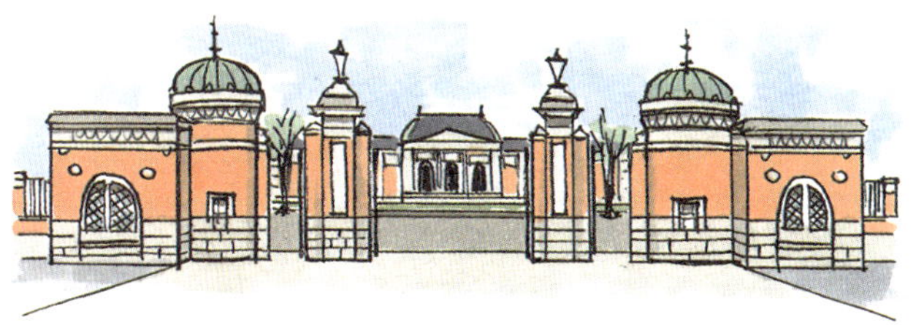

现在的主要出入口是新建的南门，不过我推荐先从西门（原正门）看起，这里的景色最佳。这座大门的设计也出自片山东熊之手，与本馆一样是红砖结构的（同为重要文化遗产）。从这个门进去，感觉自己都变成了国宾。

进了门，就看到了"思想者"雕塑（罗丹作品），它的身后就是立体的博物馆展开图。这可是"水平的装饰家"片山东熊的看家手艺。

←宫泽洋自作主张加的称号

明明是西式建筑，却隐隐感到有股日本风。是不是与平等院凤凰堂有些相似？

日本最早的四位建筑家
约西亚·康德尔 1852—1920
佐立七次郎 1856—1922
曾祢达藏 1853—1937
片山东熊 1854—1917
辰野金吾 1854—1919

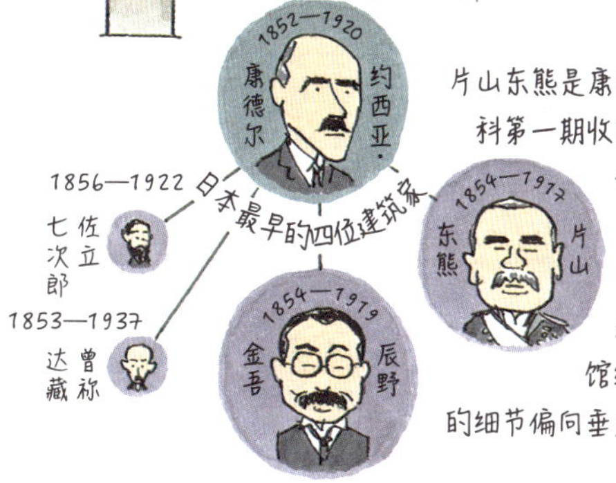

片山东熊是康德尔在工部大学校造家学科第一期收的4名学生之一。也就是说，他与辰野金吾是同学。辰野金吾设计的东京火车站也是一座狭长的建筑，但是与京都国立博物馆给人的印象完全不同。它的细节偏向垂直设计，风格很硬朗。

日本国 十円

把10日元硬币上的图案换成这座博物馆，恐怕也不会有人发现吧。

←还挺合适的

东京火车站 1914年

种文化在这里产生了融合。

从博物馆的参观手册上可以得知，这面对面的两个人是佛教文化中的美术工艺之神——技艺天和毗首羯磨。

右边的技艺天掌管学问和艺术，人们通常把她同希腊神话中的缪斯类比。缪斯（Muses）也是博物馆（museum）这个单词的语源，没有谁比她更适合待在博物馆的玄关处了。

左边的毗首羯磨则相当于印度神话中的毗首羯摩天，他不仅为神仙们制造武器，还从事天上宫殿的建筑工作，是工艺和建筑之神。把他作为这所博物馆

三角墙上的雕刻

的象征也很贴切。

从一个建筑爱好者的角度出发，我还想再做一点深度解读。让我们再仔细看看这两者的雕像——技艺天手持纸和笔，毗首羯磨拿的则是锤子。这难道不是象征着建筑设计与建筑施工这两大类别吗？技艺天是位建筑师，而毗首羯磨是施工者。

直到江户时期，日本建筑界仍是设计与施工不分家，木匠头领同时操持着这两种工作。到了明治时期，两者才渐渐分离，欧美建筑文化开始普及。

片山东熊这批活跃于明治时期的建筑家不仅要为日本带来全新的建筑设计理念，还必须创造新的建筑体制。这座博物馆玄关处的装饰雕刻无意中已经暗示了他们的使命。

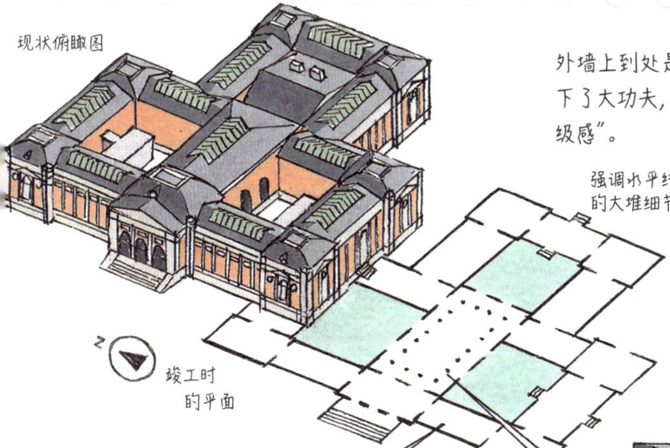

现状俯瞰图
N
竣工时
的平面

外墙上到处是精细的装饰，但凹凸起伏的程度都很小，非常低调。明明下了大功夫，却还是一副"我可什么都没做"的表情，处处流露出一种"高级感"。

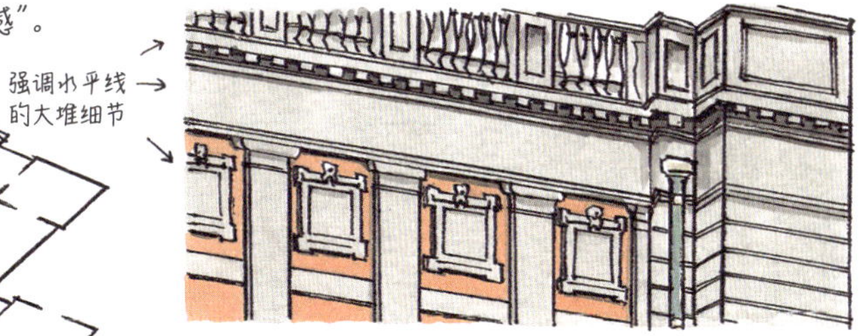

强调水平线
的大堆细节

中央大厅与外观的气质迥然相反……

展厅里面倒没有过度装饰。听说最初打算让自然光透过屋顶照进来，真是为设计师的大胆构想鼓掌。

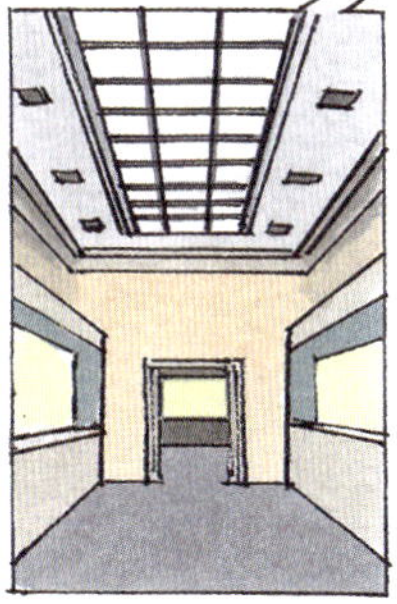

室内空间布满了装饰，让人目不暇接。但是只有两种颜色——一种是墙壁的白色，另一种是基坛的绿色。但这样反而令装饰更加显眼。

天啊这是
CG吗？！

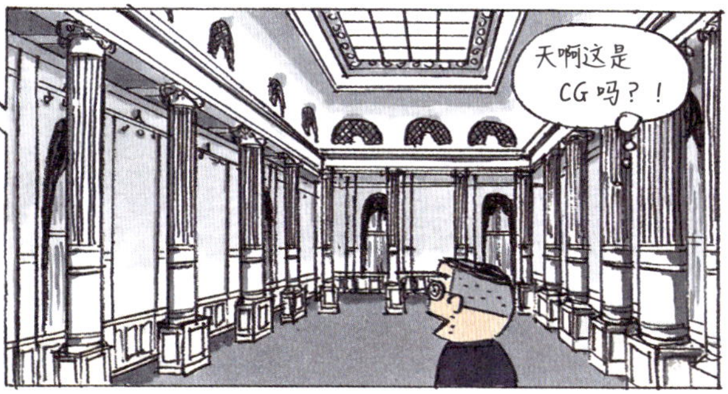

平成VS明治的高级气质对决

我都忍不住要说这就是最高级的建筑了！但是2014年开业的"平成知新馆"（设计：谷口吉生）看起来也很上档次啊。职业建筑师的巅峰对决，值得一看！

也是水平系与禁欲系的大对决！

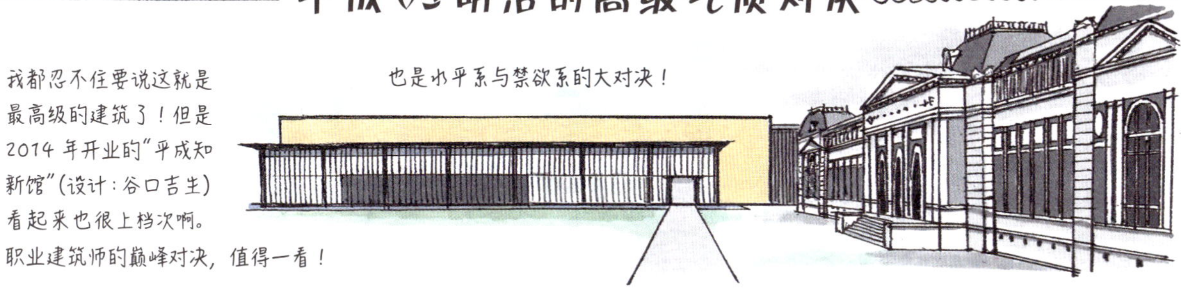

专栏

小堀远州

1579—1647

才华横溢的建筑官僚

直到明治时代，日本才出现了专门从事建筑设计的职业建筑师。而在此之前，不管是多么优秀的建筑，其设计者不是木匠头领，就是从事其他行业的人。

小堀远州就是其中之一，以参与设计桂离宫而知名。他原是丰臣秀吉的仕官，主君去世后，又转为德川家康服务，在江户幕府中谋得作事奉行一职，相当于现在国土交通省的官僚。他的光辉业绩包括参与修建骏府城和名古屋城、整修大阪·狭山池的堤坝等。他也曾涉猎庭院造景，二条城和江户城的二之丸庭园就是他的手笔。

除此之外，他还跟随古田织部学习茶道，担任将军家的茶道指导，曾举办数场茶会。他也设计过茶室——大德寺龙光院的密庵、大德寺孤篷庵的忘筌、南禅寺金地院的八窗席等作品都很有名。他将始创于千利休的草庵茶室发扬光大，并在武家中普及开来。

总而言之，作为一名建筑设计者，无论是茶室这种极小建筑还是天守阁这样的巨大建筑，他都不在话下，在官僚、景观设计师、活动策划家等多种身份中都做得风生水起。正因如此，大家都想把他的名字放在桂离宫设计者这一栏上——即便到现在也没有真正搞明白到底是谁造的。

啊，跟记忆中的完全不一样

咦？原来它们是这个样子！

奈良
大阪
兵库

1.2.3.4
5.6……
12.13!

还真有……

好暗

居然熬过了100年的风霜啊！

不是吧

哦

哇
感觉不可能存在于现实中

11

法隆寺

奈良县斑鸠町/飞鸟时代

法隆寺拥有世界上最古老的木造建筑群，与姬路城同时成为日本首批（1993年）列入世界文化遗产名录的建筑。寺院的建筑时间可以追溯到公元607年的飞鸟时代，相传寺庙和本尊（药师如来）都是圣德太子修造的。据《日本书纪》记载，该寺曾在670年毁于火灾。至于重建时间，推测为7世纪后半叶的说法比较可信。虽然是世界上最古老的木造建筑，但其高超的建筑工艺也丝毫不逊于现代作品。

指定 世界遗产(法隆寺地域内的建筑)、国宝

建筑时期 始建于7世纪初，现存的伽蓝很可能是7世纪后半叶重建的

设计者 不详

营 开放时间为8:30—17:00(冬季开放至16:30)。

¥ 门票价格为1500日元/成人。

金堂和五重塔的最佳取景位置是中门朝南的角度。

奈良县生驹郡斑鸠町法隆寺山内1-1

从JR法隆寺站出发步行20分钟即到，或者从近铁·奈良站出发乘坐巴士在法隆寺前下车。

塔与柱的象征主义

我去过法隆寺，那次参观应该是包含在高中修学旅行的奈良之旅中，但是没留下什么印象。这回再度踏入这个世界遗产之中，就像头回来一样新鲜。

众所周知，法隆寺拥有世界上最古老的木造建筑群。寺内区域可大致分为西院伽蓝和东院伽蓝两个部分。

我们先从西院伽蓝看起。中门和大讲堂的回廊所构筑的区域之内，并立着五重塔和金堂。这两座建筑形成了左右不对称造型，但又维系着一种微妙的平衡感。

右边的金堂对着中门的方向，里面安放着释迦三尊像、药师如来坐像和阿弥陀如来坐像等佛像。堂内的墙壁上还绘有壁画。左边的五重塔内东南西北四个方向分别摆放着表现维摩居士与文殊菩萨问答、分割释尊遗骨、弥勒菩萨说法和释尊圆寂等场景的雕塑，这些都只能站在塔外欣赏。

回廊的外侧有大宝藏院，里面展示着玉虫厨子等著名的法隆寺宝物。这些也很值得一看，不过由于时间关系，我们只能加快速度再去东院伽蓝跑一趟。那里有拥有八角形平面的梦殿，里面供奉着被视为圣德太子等身像的救世观音像。

我们注意到，穿过东大门之后，从西院到东院的这条路好像有些偏，不是正东正西方向的。拿过地图确认，果然如此。这两处伽蓝中间的区域以及两旁的寺庙排列，并不垂直于主干道。

资料显示，这里曾是若草伽蓝的地盘，在法隆寺刚建立时就有，被大火烧毁后又在原址上重建，但是建筑物的位置安排发生了变化，因此造成道路两边区域和建筑物的排列不对称，出现了两种格局。20 世纪末，以彼得·艾森曼为代表的解构主义（Deconstructivism）建筑家一直在研究依托于格局错置重合而形成的空间设计，而这种构成方式早在日本的飞鸟时代就出现了，还挺耐人寻味的。

塔的进化与现代相通

法隆寺内有多处建筑都被认定为国宝或者重要文化遗产，我们先来研究下五重塔吧。

塔高约 32.5 米，从外面看它有 5 层塔檐，就容易以为它是 5 层楼的建筑。但其实从二楼起就没地板了，可是实打实的“平房”。从外观和内里不一致这个特征上来看，它算是一种后现代主义建筑吧。

这座高层建筑由 4 根柱子作支撑，正中间还有一根“心柱”，从地底直通塔顶的相轮。这根心柱与其他的柱子并不相连，从结构上来看是完全独立的，让人觉得很不可思议。

除了法隆寺，全国各地的寺院中都有五重塔。它们的结构都很结实，据说没有一座因为地震而倒塌（有因为暴风雨袭击而塌掉的）。有研究认为这就是心柱在起作用，不过还没有被证实。东京天空树于 2012 年 5 月开始营业，它的内部因为使用了与心柱类似的减震结构而备受人们关注。

法隆寺五重塔与其他寺院的五重塔相比，最大的区别就在于轮廓。塔身越往上越细，从外面看得很清楚。与此相对，兴福寺和东寺等后建的五重塔，塔身上下都是一般粗。也就是说，随着时代前进的脚步，塔身由上细下粗变成了同样粗细。

这种变化也能从东京塔和东京天空树的对比中看出来。虽说东京天空树的从小学的修学旅行之后，我已经有30多年没来过法隆寺了。印象中五重塔好像很沉稳地坐落在寺院中央……

啊，跟记忆中的完全不一样

与低矮的金堂共同构成了“不对称组合”。

说到不对称，其实这并不意味着缺乏平衡感，反而还能弥补彼此的不足。比起“单打独斗”，两者在一起更能激发出独特的魅力。例如下面这些：

真不愧是圣德太子修的寺庙，一般不都是

或者 这类，

而他的设计则特意破坏了对称。难道是想传达

的思想？

与五重塔相比，金堂看着略显朴素。

但是它张弛有度的气度并不输给五重塔，外形轮廓也很漂亮。房檐约4米长，为了减轻承重上的压力，在后期修复中加上了有龙纹装饰的支柱。

1　星球大战中的机器人角色。

2　日本搞笑艺人组合。

造型也有受到建筑用地制约的因素，但这种巧合也着实有趣——飞鸟时代的木造五重塔与现代的铁塔，居然不约而同地朝着同一个方向进化。

位于中门的中央柱之谜

法隆寺内的另一个谜团就在于中门。柱与柱之间产生了4个间隔，为偶数，而这种情况在后世的寺门中是绝无仅有的。

门本来就是为了方便人们出入而建造的，在门的正中央立几根柱子真是太奇怪了——摆明就是不让人进去嘛。哲学家梅原猛在他的著作《隐藏的十字架》（1972年）中提到，这么做是为了封印圣德太子的怨灵，毕竟他的全族惨遭杀害，死于非命。这种说法在当时引起了轰动。

如果把它与五重塔的心柱放在一起考虑，这种建筑方法也就没有那么难理解了。古代建筑“中间放根柱子”不是很正常嘛。

现代人习惯从功能主义的角度来看待建筑。因此，供人通过的大门如果不以方便出入为目的修造，就会让人觉得很怪异。现代人认为，建筑应该配合人类；而古人则认为，人类应该依从建筑。

这次重回法隆寺，我对柱与塔的象征主义有了更多的思考。

因为东京天空树的建设，贯穿五重塔的心柱再次引起了人们的关注。

实际上法隆寺五重塔里的心柱与各层并不相连，是一根独立的掘立式柱子。

顺便一提，日光东照宫五重塔里的心柱是吊在塔顶上的。为什么呢？

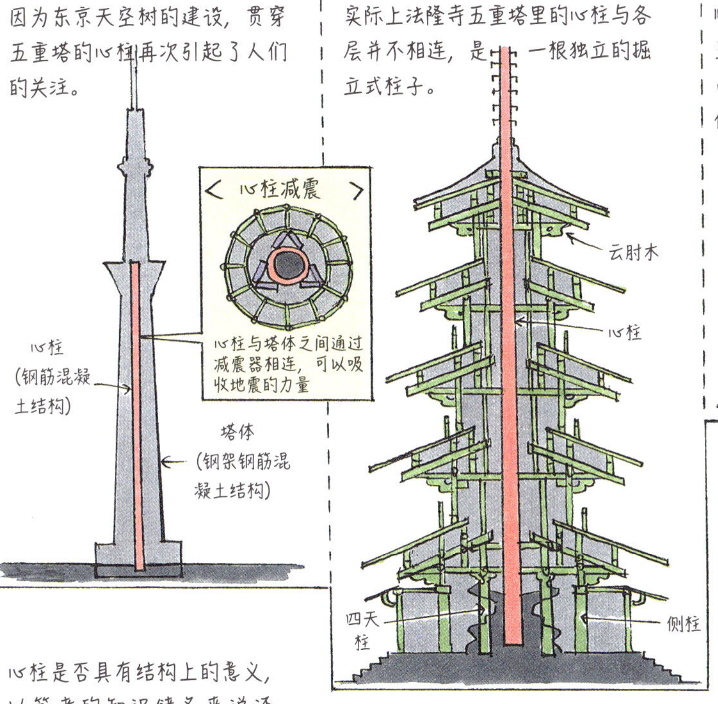

为什么需要使用心柱

中国的旧式木塔里原本是没有心柱的。

建造五重塔所使用的木料都是树龄超过1000年的扁柏。飞鸟时代的宫廷木匠肯定同样希望塔龄能比树龄长。因此，为了使建筑物的生命更加稳定持久，他们在比例和细节上下了不少功夫。

心柱是否具有结构上的意义，以笔者的知识储备来说还无法下定论。比起这个，我更关心的是木造的建筑物

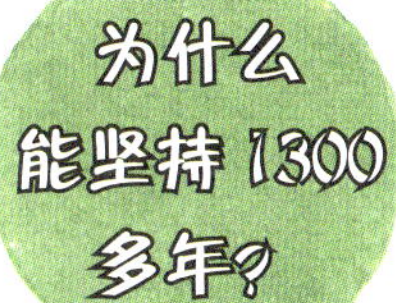

为什么能坚持1300多年？

没人维护的话肯定撑不了这么久。

我查过很多资料，西冈常一先生（1908—1993）的话给我留下了深刻印象。他就是负责五重塔解体修复的人。

五重塔能屹立1300多年不倒的原因之一，恐怕是它的设计给了后世像西冈先生这样的建筑者们很大的刺激吧。这么一说，没准东京天空树还能坚持到3300年呢……

12

建议浏览观赏

谈山神社十三重塔

奈良县樱井市/始建于飞鸟时代(现存为室町时代重建)

从东南方仰视十三重塔

第一代十三重塔是在藤原镰足死后，他的长子定慧和次子不比等在678年建造的。现存的塔是1532年的重建作品，高约17米，是世界上唯一一座木造十三重塔。用来祭祀藤原镰足的本殿(始建于701年，重建于1850年)也是重要文化遗产。本殿采用色彩浓烈的花纹和花鸟雕刻作为装饰，据说日光东照宫曾以此为参考。

指定 重要文化遗产

建筑时期 第一代塔建于678年，现存的塔重建于1532年

设计者 不详

营 开放时间为8:30—17:00(闭馆前30分钟停止售票)。全年无休。

¥ 门票价格为500日元/成人。

面对斜面下方的南向为最佳取景角度。

奈良县樱井市多武峰319

近铁·JR樱井站出发乘坐巴士在谈山神社下车，步行3分钟即到。

奈良·大阪·兵库

13是通向永恒的起点

1 “十三重塔？骗人的吧？”我被历史课本上那张小小的照片所吸引，决定去奈良县樱井市一睹其真容。

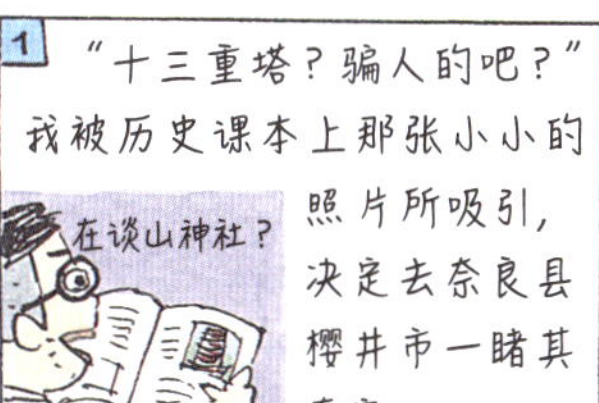

2 谈山神社本是藤原（中臣）镰足的长子定慧为了纪念亡父而修的寺庙，后来在明治维新后“废佛毁释”运动的影响下变身神社。

3 据说十三重塔是从唐朝留学回来的定慧仿照中国的清凉山宝池院修建的。

4 一开始建成的塔（678年竣工）在1506年被烧毁，后于1532年重建。

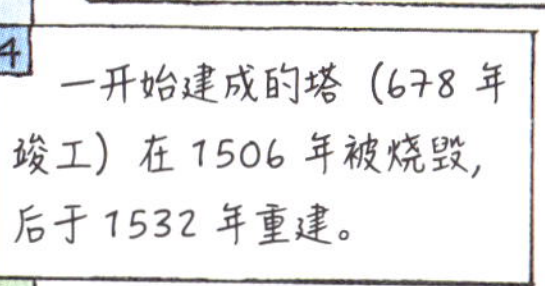

5 高约17米，比想象中的要小。

1.2.3.4 5.6…… 12.13!

6 不过这座塔并非以高度取胜，重叠的屋檐更值得一看。

7 不过，为什么修成13层呢？

8 在西方，13是“凶数”，人们都尽量避免使用它。但是在中国，它却是个很吉利的数字。

9 顺便说一句，被称为“○重塔”的基本上都是奇数。

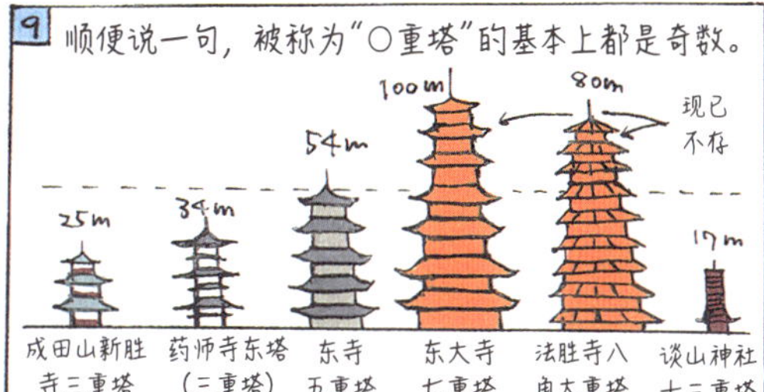

10 既然如此，就可能有十一重塔或者十五重塔，但是我没有查到相关资料。

11 13除了象征吉利，可能还有这层意思：

13 ≈ ∞（无限大）

12 站在十三重塔底向上望去，感觉顶上还有无数层塔，一直延伸到天边。

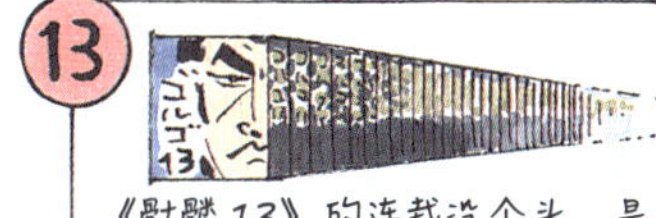

13 《骷髅13》的连载没个头，是不是取名13的缘故……

13

唐招提寺

奈良市/奈良时代后期

从东南方欣赏金堂

唐招提寺的前身为唐朝时东渡日本的鉴真和尚于759年开创的道场“唐律招提”。
据说金堂是鉴真的弟子如宝在8世纪后半叶主持修建的。
描写在金堂的屋顶上安装鸱尾的段落是井上靖的小说《天平之甍》中的高潮部分。
人们在平成年间对金堂进行了大修，于2009年完工。原装的鸱尾已经收入宝库珍藏。

指定 世界遗产（古都奈良的文化遗产）、国宝

建筑时期 8世纪后半叶

设计者 不详

营 开放时间为8:30—17:00（闭馆前30分钟禁止入内）。全年无休。

¥ 门票价格为600日元/成人。

南方为拍摄金堂正面（有立柱的那一侧）的最佳方位。

奈良市五条町13-46

距离近铁·西之京站700米。从近铁·JR奈良站出发乘坐巴士在唐招提寺下车即到。

柱廊的原理

继法隆寺之后，我又拜访了奈良的一座古寺——位于平城京遗迹南边的唐招提寺。

穿过南大门进入寺院，我总觉得这里的景象似曾相识。通道两旁绿植掩映，一直延伸到金堂门口。我的目光首先停留在柱廊上。以前写作《昭和现代建筑巡礼》的时候，好像在采风途中见过相似的风景……对了，就是佐藤武夫设计的岩国征古馆（1945年竣工）。相隔1200年的两座建筑产生了共鸣。这也是寻访建筑的乐趣所在。

那么，我们就先远远地欣赏一下这座金堂吧。它始建于奈良时代，于2009年完成了平成年间的大维修。简洁优美的四坡屋顶（寄栋造）非常引人注目。这个屋顶是在元禄时代改造过的，据说始建时的屋顶比现在的还要低一些，坡度更为缓和。但是，我很难想象到底建成什么样才能比现在的更好看——它的轮廓已经非常完美了。

屋脊两端的装饰物名为鸱尾。随着时代变换，其形象已经变成了虎鲸。因为与水有关，它被视作避火的吉祥物。东大寺大佛殿等建筑的鸱尾都是金色的，而这个则保留了烧制时的原色。虽说在平成大维修中刚换了新的上去，但它如今已然与砖瓦灰泥融为一体了。

在靠近金堂之前，先去右边转一圈吧。那里有一座小小的鼓楼，外侧有间长长的礼堂。金堂的里面还有个讲堂，那是专门从平城京搬迁过来的。由形制不一的数座建筑共同形成的外部空间美感，是唐招提寺建筑的看点之一。

文艺评论家亀井胜一郎曾就此发表看法（《大和古寺风物志》，1943年）。

他说，唐招提寺的金堂过于庄严，讲堂又缺乏寺庙该有的含蓄；鼓楼太奢华，而礼堂又太匀称，少了些古典韵味。但当这 4 座建筑组合在一起时，又弥补了彼此的不足，完全让人注意不到有什么缺点了，宛如一首“伽蓝交响乐”。

这个理念与建筑家槙文彦在 20 世纪 90 年代提倡的“群造型”设计手法很相近。

创造了介于内外的“中间领域”

终于走到金堂的跟前。它最大的特征莫过于正面立起来的 8 根圆柱了。

乍看上去，它们彼此间距相等，但实际上从中央往两端去的间距越来越小，分别为 16 尺、15 尺、13 尺和 11 尺。但是这种变化很难被人察觉出来。如果拿音乐类比，这不是电脑制作出来的僵硬节奏，而是手弹出来的具有质感的乐章。

金堂内部有 3 座佛像，中间的是卢舍那佛坐像，左右分别是千手观音立像和药师如来像。

早期寺院中所设的金堂是专门为佛祖打造的建筑物，凡人不得入内。拜佛得在外面拜。进入近世之后，建筑物内部逐渐辟出了礼拜的空间，人和佛终于可以分享同一座建筑了。

唐招提寺的金堂可谓过渡时期的建筑。堂外有一排柱廊，既不算室外也不算室内，是一个半室外的空间，而这里就是佛和人的中间领域。这可算得上是建筑界的大发明了。

柱廊形式在日本的佛教寺院中很少见。要说起它的来源，那就是中国了。本来唐招提寺的建设者就是唐朝高僧鉴真和他的弟子嘛。

在别的地方见过

鉴真受遣唐僧荣叡和普照等人的邀

唐招提寺由东渡日本的中国唐朝僧人鉴真所建，里面有很多珍贵的建筑，最值得一看的就是金堂。这是鉴真去世后，他的弟子如宝修建的。刚穿过南大门，我的目光就被线条简洁而又不失宏伟气象的大屋顶吸引。它的形制与在奈良所见的其他寺院有很大不同。

姑且将其命名为古建筑界的谷口吉生？

虽然很朴素，但是和谐得让见者为之倾心。

有些人说南边所立的8根柱子使其联想到了希腊建筑中的柱廊。

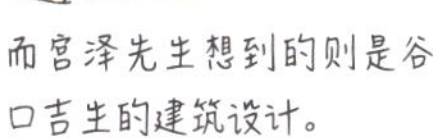

而宫泽先生想到的则是谷口吉生的建筑设计。

法隆寺宝物馆（1999年）

矶先生则认为更像佐藤武夫的岩国征古馆（1945年）。

站在跟前可能很难注意到8根柱子的间隔是不均等的，越往两边越窄。怪不得从正面观赏时，感觉像是通过鱼眼镜头来看似的，整个画面都变宽了……在这里，我没有发现什么新奇的造型，唯一“好玩”的就是在四角房檐下蹲着的“隅鬼”。

这不仅是一种雕刻装饰，也是支撑隅木的建筑素材。要想看清它们，最好带上望远镜哦。

不要错过屋檐下卖命工作的小鬼！

请，决定东渡日本。他在航行过程中数次遭到暴风雨的阻拦而不得不中途折返，但历经艰险最终登陆成功，在日本弘扬了佛教的律法。这段佳话就是井上靖的小说《天平之甍》(1957年)的故事原型。

为了帮助大家理解，我就以20世纪的日本建筑界为背景举例说明吧。

刚从大学毕业的前川国男和坂仓准三拜访了位于巴黎的勒·柯布西耶工作室。他们向建筑大师提出请求："为了在日本普及真正的现代建筑，请派一个人来指导我们吧！"于是勒·柯布西耶便把弟子召集起来，问道："谁愿意去？"

怎么可能会有人想去一个遥远的东洋小国呢？谁也没有举手，时间在静静地流逝。终于有个人打破了沉默——那就是勒·柯布西耶本人。"既然如此，那我亲自跑一趟好了。"于是，就有了上野的国立西洋美术馆(1959年)……

以上是我随手编的故事，不过勒·柯布西耶确实是一位喜欢使用柱廊的建筑家。在萨伏伊别墅和国立西洋美术馆都能见到柱廊，它的形式自然源于希腊的巴特农神庙。文章一开头提到的由佐藤武夫设计的岩国征古馆也是一座仿欧式建筑，而唐招提寺则模仿了大唐的建筑形式。

那些使用柱廊的著名案例，恐怕在设计之初，建筑师的脑海中就在回想曾经见到的古典建筑吧。这可能就是一种文化传播的原理，古今中外概莫能外。

金堂里面有三尊大佛像。中间的卢舍那佛坐像后面还有数千尊化佛（迷你佛像）。

右边是药师如来像，左边是千手观音像。这些木质佛像采用脱胎漆器工艺制作，造型细腻，但非常脆弱。它们居然历经千年也未曾腐坏，真是了不起。在没有空调的时代，这种情况足以证明整座佛堂内的温度和湿度都保持得很稳定。

从2000年到2009年，金堂进行了解体大修。趁这个机会，人们用桁架对大屋顶的结构进行了加固。

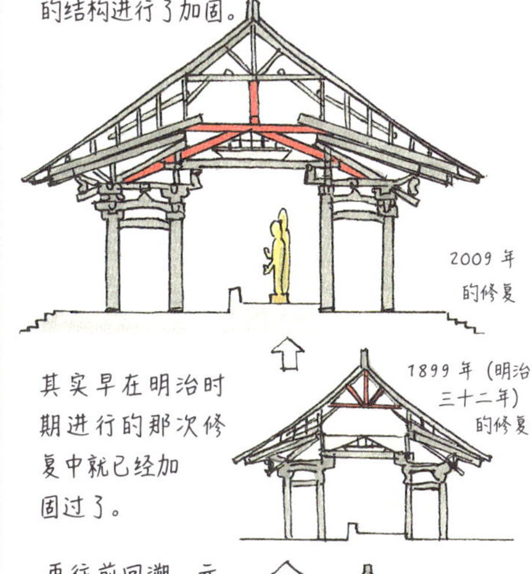

其实早在明治时期进行的那次修复中就已经加固过了。

再往前回溯，元禄时期也进行过改建。那次把屋顶整个抬高了2米左右。

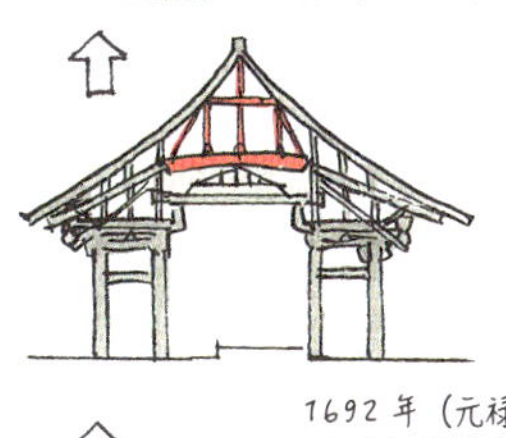

由前人的修复工作想到的真实性

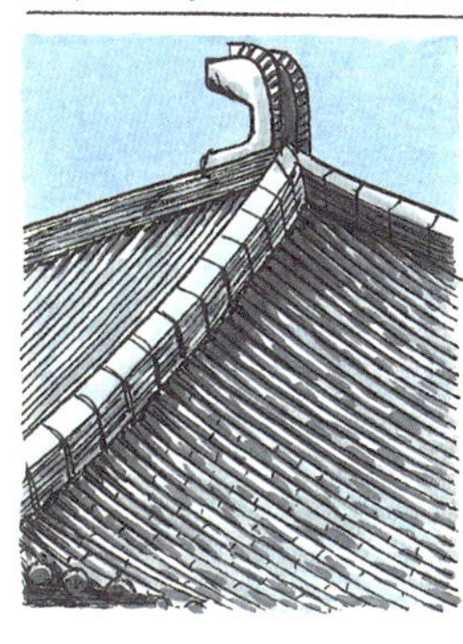

我们觉得很美妙的屋顶坡度其实并不是原装的……但恐怕没有人会要求把这个凝结了几代修复人心血的屋顶"恢复原状"。近年来，通过各种保存再生项目的开发，人们越来越重视"真实性"的问题。看到这座建筑，我不由自主地想："改变本身，也是历史的必然。"

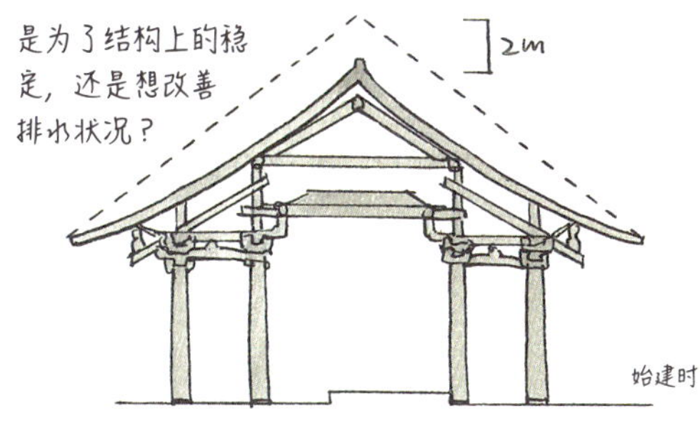

14

东大寺大佛殿

奈良市/始建于奈良时代（现存为江户时代中期重建）

大佛殿手绘全景图

在圣武天皇“大佛造显”的诏令下，752年在此进行了大佛开眼的供养仪式。
第一代大佛殿是在此一年之前，也就是751年建成的。1180年，因遭到平重衡军队的袭击，大佛殿毁于战火。
后来由担任大劝进一职的重源上人负责重建工作，但大佛殿不幸在1567年的骚乱中又被烧毁。
从此之后，大佛就经历了120多年的风吹雨打。1709年，第三代佛殿（现存）终于落成。

指定 世界遗产（古都奈良的文化遗产）、国宝

建筑时期 第一代大佛殿建成于751年，第二代建成于1195年，第三代（现存）建成于1709年

设计者 不详

营 4月至9月的开放时间为7:30—17:30（有季节性变更）。全年无休。

¥ 门票价格为500日元/成人。

南方为拍摄正面的最佳位置。

奈良市杂司町406-1

从JR奈良站出发乘坐巴士在大佛殿春日大社前下车，步行5分钟即到。或者从近铁奈良站出发步行20分钟也可到达。

大建筑里的小空间

南大门、法华堂、二月堂……东大寺里的知名建筑可是一个接一个。这次我们要拜访的是大佛殿。

我们从奈良公园一侧进入东大寺的地盘，好不容易摆脱了那些长着乌溜溜大眼睛的鹿的纠缠，终于到了南大门附近。站在门外往里看，能瞄到大佛殿屋顶上的鸱尾。

穿过南大门，沿着参道往前走，就到了中门。现在中门不开放，只能绕到左侧经由回廊去往大佛殿。

“啊！”等我看到占据了整个视野的巨大建筑物时，不由自主地发出了感叹。

大佛殿正面宽 57.5 米，深 50.5 米，高 49.1 米。在大馆树海体育馆（1997 年）建成之前，东大寺大佛殿可是长期盘桓在世界上最大木造建筑的宝座之上。

它始建于奈良时代，平安末期被烧毁，后在镰仓初期由重源主持了再建的工作，但不幸又遭遇火灾……现在我们看到的大佛殿，是江户时期的重建品。

历经数次重建，建筑物也逐渐发生了一些改变。就建筑样式而言，第一代大佛殿遵从的应该是当时流行的“和样”，重源负责再建的时候，又变成了“大佛样”。到了江户时期，人们又在正面安了一个唐破风……这样一来，它的样式特征就变得不甚清晰了。

天平时期的“代谢派”

变化最大的就是大佛殿的规模。如今它的正面有 8 根立柱，而在江户时期的那次重建之前，立柱的数量是 12 根，宽度也达88米，约为现在的1.5倍。现存的这座大佛殿就够气派的了，那天平（奈良时代的年号）年间人们见到第二代时得有多惊讶啊。

下令修建这座“巨厦”（由巨型材料搭建的建筑物）的人是圣武天皇。他在位的时候，世间正为地震和疫病所扰，民不聊生。为了镇压妖邪、祈求平安，人们造了一尊大佛，大佛殿就是为它遮风挡雨的“上屋”（罩棚）。

思路暂且回到现在的日本。在东日本大震灾发生后的第二年，东京天空树这一巨大建筑物竣工了。身处遥远未来时空的人们回顾这段历史时，多半会想当然地认为天空树就是为了消灾弭祸才修建的吧。没准还真有这个考虑呢。

再回到圣武天皇这个话题上来。除了东大寺，他还下令在各地修建国分寺和国分尼寺，而且把都城在恭仁京、紫香乐宫、难波京这几个地方之间迁来迁去。最后在哪儿都没定下来，还是回到了平城京。真是再也没有像他这样热爱设计城市的天皇了。

修建巨型建筑，规划多个城市——要是拿20世纪的建筑界类比的话，圣武天皇应该算是“新陈代谢”（在建筑设计和城市规划中重视新陈代谢般的动态过程）那一派的。

无法直立的天井高度

下面我们去大佛殿里面看一看吧。根据公开的图纸资料，围绕着大佛的无柱空间的长宽均为23米，高28米。你可能会觉得“这个空间也蛮大的啊”，但事实果真如此吗？

综观世界建筑史，从古代开始就有各式各样的大空间建筑。希腊雅典的巴特农神庙（2世纪）直径43米，内部高43米；位于土耳其伊斯坦布尔的圣索菲亚大教堂（6世纪）的穹顶直径有30多米，

BIGNESS
巨大

这次我们来聊聊关于“巨大”的话题。

铸造出来的大佛（坐高15米）确实挺大的，但是在瞻仰佛像之前，我早就被大佛殿宏伟的外观震撼到了……

巨大大大大大

哇

感觉不可能存在于现实中

*仅代表宫泽洋的第一印象

为什么那些见惯了200米超高层建筑的现代人会觉得49米高的大佛殿是个庞然大物呢？

理由1 无法看到全貌

理由2 殿前有一片狭长的广场，远处豆粒大小的游客更衬托出大佛殿之宏伟

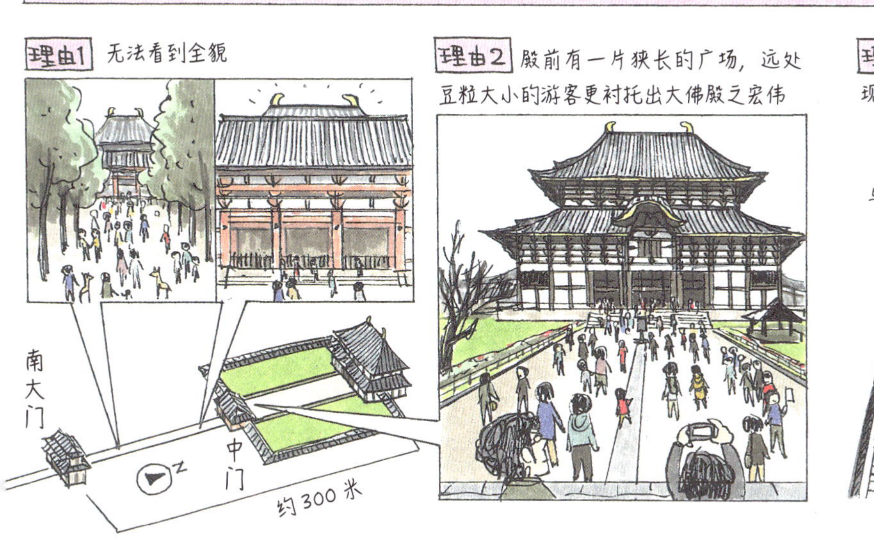

理由3 想象不出内部有多少台阶，超现实主义的外观

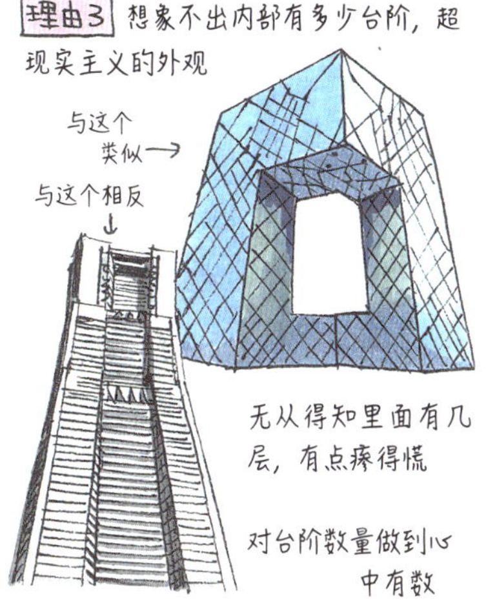

高也有 54 米。

初建时，东大寺大佛殿的内部空间也有近 58 米宽。有人要提出异议了：拿这些用石头或混凝土盖起来的建筑跟木造的大佛殿相比，很不公平。但我也并没有打算单纯地以容积论高下。

东大寺大佛殿与其他大空间建筑不同的是，它的里面镇坐着一尊大佛。

金铜材质的大佛高约 15 米，据说最早的有 16 米高。这还是坐着的高度，要是站起来的话，推测足有 32 米。这可是按照释迦牟尼身高的 10 倍等比例修造的。

我们假设大佛的身高只有 1.7 米，按照这个比例建造一座大佛殿吧。这样一来，它周围的无柱空间长宽应该只有 1.2 米，高 1.5 米。在这么小的空间里站也不是，躺也不是，对大佛来说其实挺憋屈的。跟塑像一比较就能看出，东大寺大佛殿的内部空间极小。也就是说，由于里面放置了一座巨大的佛像，所以这座建筑的规模很大，空间很小。

这让我联想到日本建筑史上的另一处名作——千利休的茶室“待庵”（见 180 页）。在这个仅有两张榻榻米大、只能弯腰进入的极小空间里，却别有一番广阔天地。

大和小这两种空间感同时存在于一座建筑里——这是贯穿于日本建筑之中的一种特质，这头是待庵，那头是大佛殿。通过奈良之旅，我的脑海中浮现了一幅新的日本建筑史流变图。

现存大佛殿建于江户时代（1709年），为第三代，已经有300多年的历史。

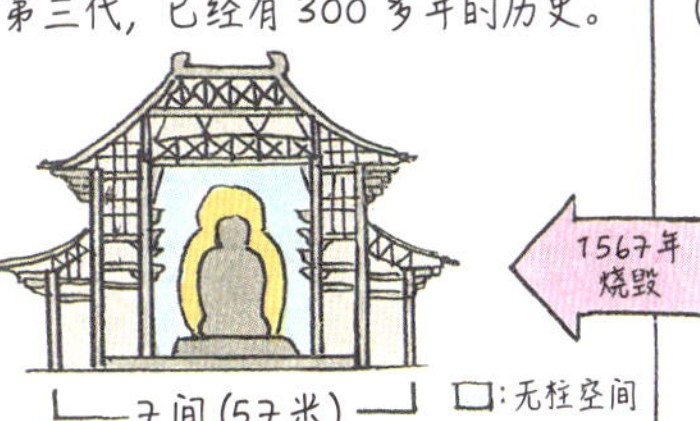

第二代为重源修建，完成于镰仓时代（1195年）。宽度比现在的多了30米。

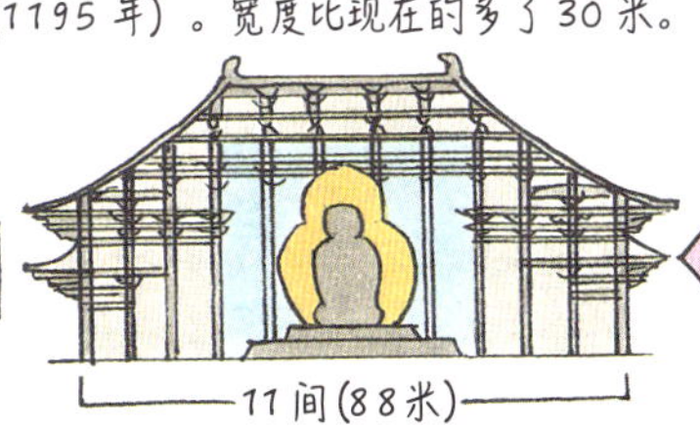

第一代在大佛开眼仪式的前一年建成（751年）。据推测建筑样式为“和样”。

现存这座佛殿的建筑样式与第二代相同，都是“大佛样”。柱子与柱子之间有格子状的横梁（贯）连接，以确保水平方向的结构稳定。屋檐则由插入柱子的肘木支撑。

在江户时代重建时，因为找不到合适的粗木材，人们就在圆木外面包上一圈木条，以此作为立柱（用金属圈加固）。

大佛为黄铜所铸，所以不怕雨水侵蚀。与此相对，大佛殿却曾经两次浴火重生，巨型建筑的精神力量是不是比大佛还要强大？

说起巨型建筑，现在的大佛殿里面展示着这样的模型。让人看到后眼前一亮！

据说始建时，大佛殿两侧各有一座“七重塔”。100米级的木造建筑！

难以置信！

东大寺之于当时就如同东京天空树之于现在。在那个政争不断、疫病横行的乱世之中，看不到未来的人们更容易被巨大的东西吸引吧。

15

建议
仔细观赏

净土寺净土堂

兵库县小野市/镰仓时代前期

净土寺净土堂内部(小野市提供)

净土堂是镰仓时代初期由担任过东大寺大劝进一职的重源修建的，
区别于“和样”，它是“大佛样”建造样式的代表作。
堂内有巨大的阿弥陀三尊立像（国宝），据传由佛造像师快庆所制。
在天气晴朗的时候，自然光的反射宛如佛光亲现。

指定 国宝

建筑时期 1192年

设计者 俊乘房重源

营 开放时间为9:00—12:00以及13:00—17:00(10月至次年3月开放至16:00)。12月31日及1月1日堂内不开放。

¥ 门票价格为500日元/成人。

站在院中央，东向为拍摄净土堂的最佳位置。堂内禁止拍照。

兵库县小野市净谷町2094

从神户电铁粟生线·小野站出发乘坐巴士在净土寺下车即到。从小野站搭乘出租车的话大约要用10分钟。

中世的高科技派

有些古建筑的知名度可能不高，但是很受建筑界专业人士的好评，净土寺净土堂就属于这一类。矶崎新和石山修武等名声在外的建筑家都对这座建筑青睐有加。换句话说，它就是小众建筑。让我们一起去感受它的魅力吧。

它位于兵库县的腹地，从神户出发坐一个小时的神户电铁到小野站，然后搭乘出租车，大约10分钟车程就到了。净土寺就在田园之间，旁边还有星星点点的农家。寺庙里有本堂、钟楼和八幡神社等建筑，净土堂也是其中之一。

它的外观毫不起眼，四角形的屋顶直接架在正方形的建筑上，屋脊的线条既没有凸起也没有弯曲，几乎是条直线。而且还专门用封椽板挡住了椽子的末端，感觉韵味不足。光看外观恐怕不少人都会觉得有些名不副实。

实际上这座建筑的高明之处在里面呢。等见识过内部设计后，你甚至会觉得那朴素的外表是故意为之的。

在后现代派出现之后的现代建筑中，有种主题叫作“家型”，指的就是具有双坡或者四坡这类简单屋顶的建筑形态，有些连房檐等建筑细节都要去掉。净土堂的简洁外观，不正是这种“抽象化家型”的先驱吗？

朱色满堂的空间

下面，我们就进去看看吧。堂中央有4根立柱，它们把室内分割成3间 × 3间的平面。这种结构很普通，但是每根柱子之间的距离足有6米。

净土堂正中间还有一块圆形的基座，

上面安放的是阿弥陀三尊像。据说过去这里会举行绕着佛像边走边念经的仪式。这样的活动与室内设计相得益彰，可以说这是一个走功能主义路线的空间。

但抬高视线再往上看，你就会明白它的特点并不是一个“功能主义”就能概括得了的。粗壮的梁木从柱子上横向伸出，上面的用来串联立柱，下面的则呈放射状散开。因为没有安装天井，所有的结构都一览无余，非常具有视觉冲击力。

柱子之间宽达 6 米，这是钢筋混凝土结构的房子才会使用的跨距，木结构的建筑自然要用结实粗壮的梁木才行。不过有必要用这么粗的吗？它的存在感实在太强了，让我不由得产生了这样的疑问。就连佛造像师快庆所制的 5.3 米高的佛像，似乎都成了它的配角。

在这里，并不是利用结构创造出空间，而是结构本身就成为一种空间表现方式，它才是真正的“主角”。

当太阳西斜的时候，阳光就会穿过密格吊窗照进净土堂。光线又在地板上发生折射，照亮了房顶，于是整个空间都沐浴在朱红色的光辉之中。不仅是结构，连自然环境都成了塑造这个空间的要素之一。

这让我联想到英国建筑家诺曼·福斯特的设计。以香港汇丰银行大厦（1986 年）为代表，这种露出巨大梁柱的建筑风格被称为“高科技派”。而且他的作品中还流露出了合理利用周围环境中的光线和热量的想法。净土寺净土堂的设计，与 20 世纪末的高科技派建筑是相通的。

日本最早的建筑家

本书中很少谈及古建筑的设计者，那是因为确实没有留下具体的记录。不过净土寺净土堂是个例外，它的设计者名叫俊乘房重源。

重源作为一名“留学僧”，曾经远

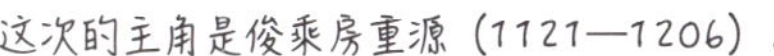

这次的主角是俊乘房重源（1121—1206）。

重源

他既是净土宗的僧人，又是“项目管理师”，同时还是日本最早的“建筑家”。

重源提议重建因平氏火攻南都而被烧毁的东大寺，于是就被任命为“东大寺大劝进”。用今天的话来说，就是当上了建筑总责任人。这个时候，他已经61岁了。

到了大显身手的时候了

小野
京都
神户
大阪
奈良

国家把大部庄（兵库县小野市）分给了重源，作为东大寺的庄园使用。于是他就在这块地上建起了净土堂。相当于为了募集资金、增加税收而盖的“样板房”。

净土堂
本堂
净土寺
N

外观很不起眼，但恐怕是为了衬托内部的华丽而有意制造出的反差效果。只要你一走进去……

哎哟，这是真的踏上了“净土”吗？光线从佛像背后照进来，经过地板的反射又映在屋顶和横梁上。虽然房间整体偏暗，但给人一种“光之泉”的感觉。

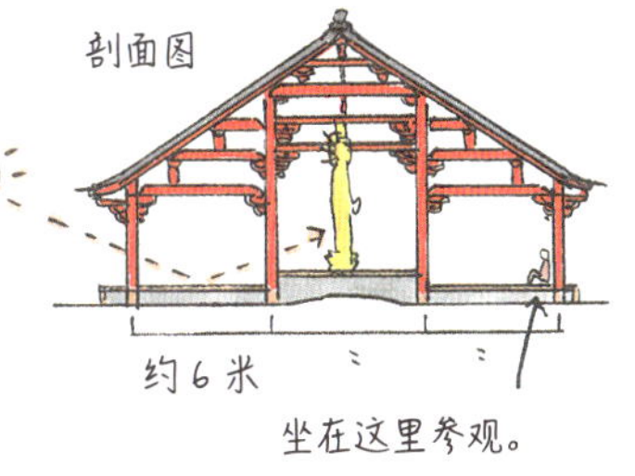

渡中国学习文化。他青壮年时期的经历不详，但从61岁那年，也就是1181年开始担任大劝进一职，负责东大寺的重建工作——这座寺庙在前一年的火攻南都之战中被烧毁。

所谓劝进，就是上到筹集资金和材料，下至招揽工人等大大小小的事情全都由这个人负责，相当于现在的建筑责任人或者项目经理人。自然，重源也参与了设计工作。

由重源负责建起的东大寺大佛殿于1567年再度被烧毁，据说其规模有现存大佛殿的1.5倍大。非常遗憾现在已经无法领略它的雄姿了。不过东大寺里面还有一处重源留下来的作品，那就是南大门。这座大门高达25米，为了支撑如此巨大的结构，光是横撑就用了好几层。这种气派的结构也不比净土寺净土堂差到哪儿去。

这种建筑样式被称为“大佛样”，也曾被叫作“天竺样”，在日本建筑史中占有重要的地位。但是重源去世之后就再也没有类似的作品出现了，它就此成为绝唱。重源仅凭一人之力，就将大佛样发扬光大，真可谓居功至伟。

将功能、结构、环境等各种复杂因素有机组合在抽象化的人工物体中——这就是创造建筑的过程，重源已经意识到且付诸了实践。因此可以说，他是日本最早的建筑家。

绕到建筑的西侧就能看到密格吊窗，夕阳就是从这里照进来的。

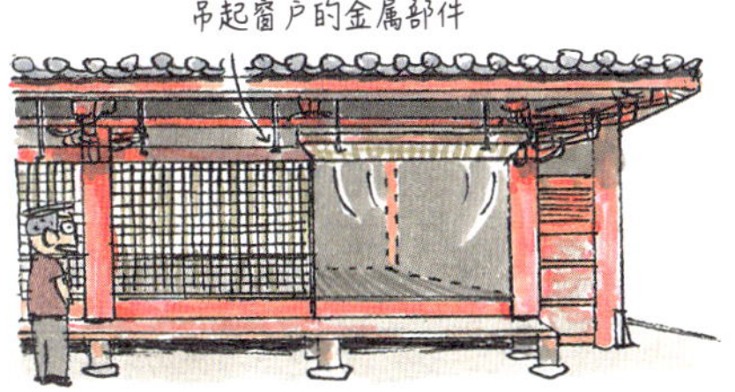

净土堂建在一处西向斜坡的西头，所以在日落时分，阳光可以直射入堂内。

横梁的数量和质感都非常突出。光是为了支撑6米长的结构跨距，有必要用这么多吗？当然它起到了加固的作用，但真实的意图恐怕是为了营造出佛祖升天时的那种氛围吧。横梁下面有意刻画出的白色线条更是强调了这一点（虽然只是画了一道线，但令横梁看起来闪闪发光的）。

说实话，重源的另一个杰作——东大寺南大门却没有充分展现出他的才能。

建筑乃光影之作

柱子和横梁的气势确实逼人，金刚力士像也很有视觉冲击力，但可能因为佛像位于光线不佳的地方，让人觉得不是那么回事儿。立体格子也看不清楚。

莫非重源本来是想让更多的光线射进来？

胡思乱想图 →

先不提这些，光是想象重源设计的第二代大佛殿（1567年烧毁）有多壮观，就让人心痒难耐。各位研究人员，CG复原图就拜托你们了！

真想看看净土堂内被夕阳染红的景象啊！但是它只开放到17点（冬季为16点）。希望这里能专门设一个"夕阳景特别展览"，哪怕一年就办几次也好。

16

姬路城

兵库县姬路市/安土桃山时代

外部修复完成后的姬路城外景（姬路市提供）

唯一列入世界遗产名录的日本城郭。一座五重六阶的大天守阁与三座小天守阁通过渡橹相连，重重屋顶和破风为城堡的华丽感增色不少。关原之战后，池田辉政成为姬路城城主，1601年开始对城堡进行大规模改建，这才有了如今的模样。新一轮的修复工作从2009年开始，大天守阁在2015年3月17日重新开放。

指定 世界遗产、国宝
建筑时期 1608年
设计者 不详

营 开放时间为9:00—16:00（17:00关门，夏季会适当延长1个小时）。12月29日及30日不开放。

¥ 门票价格为1000日元/成人。

若以姬路公园为背景，最好选择在南侧拍摄。

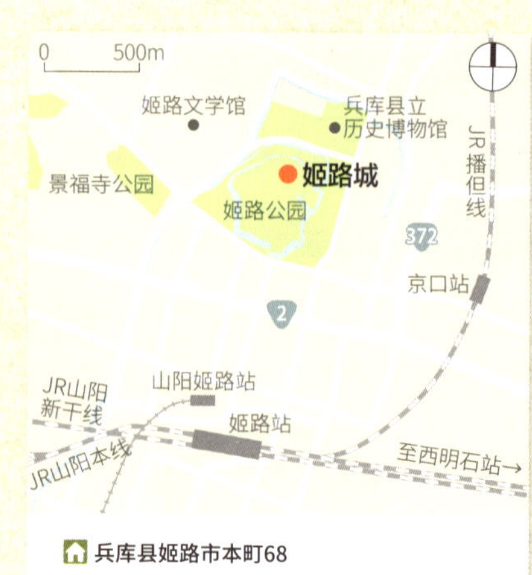

兵库县姬路市本町68

从JR姬路站出发乘坐巴士需要5分钟，步行则需25分钟。

勒·柯布西耶风格的窗洞

属于胜利者的后现代之美——姬路城

城堡的造型壮丽华美，宛如一群翩翩起舞的白鹭，“白鹭城”的别称名不虚传，自然无须笔者赘言。从2009年开始，姬路城要经历一次平成时期的大整修，整个工程持续到2015年春天。据说因为在施工，能看到一些平时看不到的近景，所以我们特地跑去一趟。实体比想象中的还要有意思！

城堡被临时搭建的工棚覆盖，棚子上印着与原物一般大小的立体图。

天守阁上所覆的砖瓦平时只能站在地面上仰视，如今它就近在眼前。以前一直以为“瓦片是纯白色”的，没想到只有接缝用了白色的灰泥。黛瓦与灰泥的黑白对比还挺有冲绳特色的呢。

因为天守阁正在维修，平时只是急匆匆路过的那些风景此时倒有工夫停下来细细欣赏。

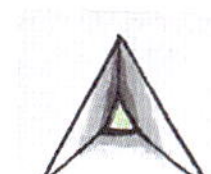

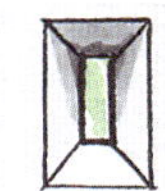

刷了白灰的墙壁上开了形状各式各样的“狭间”（步枪射击口），有三角形的、四边形的、圆形的……做成这样，难不成就是为了好玩？要是再镶上彩色玻璃，那活脱脱就是柯布西耶的作品呀！

17

建议浏览观赏

滨寺公园站

大阪府堺市/明治四十年

从西北侧欣赏外景

1907年（明治四十年）建成的木造站舍。其设计者就是以设计东京站而闻名的辰野金吾。这座站舍恐怕是他设计过的公共建筑物中规模最小的一个了。当时的滨寺可是个疗养胜地，在站舍建成前一年，滨寺海水浴场开业迎宾，获得了“东洋第一”的美名。滨寺公园站在1998年成为国家的登录文化遗产，目前正在进行高架铁路改造。

指定　登录文化遗产

建筑时期　1907年（明治四十年）

设计者　辰野金吾（辰野·片冈事务所）

营 开放时间为从始发车到末班车的运行时段。全年无休。

¥ 进入站厅的门票价格为150日元。

西侧为拍摄正面的最佳位置。

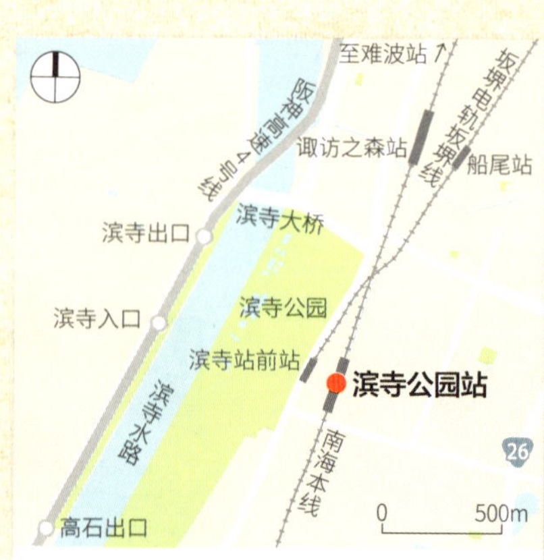

大阪府堺市西区滨寺公园町2-188

从南海·难波站出发沿南海本线可到达该站，耗时27分钟。

超越高架化的填色图案

一说起辰野金吾设计的车站，我的脑海中立马浮现的就是在2014年迎来百岁生日的东京站了。其实在大阪，还有一座比它更古老的站舍，而且还是木造建筑。不是在开玩笑吧？不信的话，就坐上南海本线的车，去滨寺公园看看吧。

正门玄关处的木柱一下子就吸引了往来旅客的目光。弧形的轮廓就像酒瓶子一样！

居然熬过了100年的风霜啊！

让人忍不住发出这样的感慨。

露明木骨架建筑持有的几何外观，看起来就像小孩的填色图案一样。

这些令人印象深刻的建筑设计真了不起。

哔

全自动的进站口里面却是古色古香的站舍，而老站舍的对面又是刚修的大马路。感觉时间在这里被截成了好几段。

据说在修建这座站舍的时候，从车站到海边全是大别墅。这也就不难理解为什么大名鼎鼎的辰野金吾居然会被派来设计这么一座小站了。

随着高架铁路的扩建，有着百年历史的老站舍将被作为新车站的玄关使用（就像这样）。↗
历久弥新，才是优秀设计的价值所在。

专栏

俊乘房重源

1121—1206

在灾后重建中展现才能

负责修建净土寺净土堂和东大寺南大门的人，是一位名叫重源的僧侣。他出生在平安末镰仓初，年轻时的经历多已不可考，据说曾经三度前往中国修习佛法，但也没有确切的证据。总而言之，他的前半生是默默无闻的。

命运在他 61 岁那年发生了变化。平氏率军火攻南都（1180 年），奈良的主要寺院都未能幸免于难，东大寺的大佛殿也被烧毁了。而担任大劝进一职、负责重建寺院的重担，就落到了重源身上。

所谓大劝进，就是兼任募集建设资金、调配材料、招纳工人等工作的负责人。换句话说，相当于现在的建筑责任人。

重源全心全意地投入工作——以香火钱为本金，从零开始筹钱；无法在附近找到适合做柱子的木材，就专门从遥远的周防国运过来……净土寺就是为了筹集东大寺重建用的资金而修起来的。这的确是一项困难的工程，重源不负众望，最终完成使命。

而且他还将大佛样（也称“天竺样”）融入建筑设计，这在当时是非常新颖的做法。因此他也被矶崎新、石山修武等现代著名的建筑师誉为日本建筑史上最具分量的建筑家之一。

日本史上的名建筑，就是出自这位负责灾后重建的建筑责任人之手。

像合成照片似的

打扰了……
哇

跌下去的话
算不算工伤啊

成功了！
就是那个吧？

呀，
好舒服……

像是野口
勇的风格……

哦

必须穿防滑鞋

中国

哇！

18

出云大社

岛根县出云市/始建于7世纪前(现存本殿为江户时代中期所建)

晨雾中的本殿西侧景象

出云大社是非常古老的神社，在《日本书纪》和《古事记》中都有关于其起源的记载。虽然没有像伊势神宫那样清晰的式年造替制度，但有据可查的营造记录也不少。现存的本殿是在江户中期修建的，在2013年举行了60年一次的迁宫仪式(大翻修)。厅之舍和神祜殿的设计则出自菊竹清训先生之手。

指定　国宝

建筑时期　据古籍记载，最早建于659年。现存的本殿是1744年修建的

设计者　不详

营 开放时间为6:00—20:00(11月至次年2月6:30开放)。全年无休。

¥ 参拜免费。宝物殿门票价格为300日元/成人。

只能从八足门的外侧拍摄本殿，南向为佳。

岛根县出云市大社町杵筑东195

一畑电铁·出云大社前站下车步行7分钟即到。

通往天国的阶梯

我们去出云大社本殿采访时，正遇上迁宫仪式。神体已经转移到了原先的拜殿之中，现在那里是临时的本殿。而原本殿则被工棚盖了个严严实实，看不到长什么样子。

不过我们最终还是获得了特别许可，能够进入维修中的本殿一探究竟。原先只能远远欣赏的建筑，这次可以近距离好好研究了。看来挑迁宫的时候来取材，反倒是一种幸运。

目前的这座本殿建于1744年，到现在为止已经有过数次维修。这次维修的主要任务就是更换屋顶的茅草，以及修补千木（屋顶上相互交叉的木料）和地板上破损的地方。

我们登上围绕在建筑四周的脚手架，桧树皮葺就的屋顶就出现在眼前，空气中到处都飘散着桧木的香气。崭新的桧树皮屋顶漂亮得让人舍不得移开视线。屋顶已经铺设得差不多了，有四五名木匠正全神贯注地拿着锛子对细节进行修整。

我们下来后又绕着参拜厅（从正殿伸出来的入口部分）和地板间转了一圈，对这座建筑之大有了新的认识。它一边长10.9米，高约24米，在木造神社建筑中算是最大的了。

复原古代神殿

不过，古时候的出云大社可比现在的还要大。根据《社传》记载，有座16丈（48米）高的，再往前追溯，甚至连32丈（96米）高的都有。真的有这么大吗？建于远古时期的木造建筑能达到这个规模吗？

在8世纪编纂的《古事记》和《日本书纪》中就已经有关于出云大社的记载了，而且是以太古时期建筑物的身份出现的。

从659年开始，就有了整修和迁宫的记录；而可以说明其规模大小的史料则来源于10世纪左右——一本名为《口游》的书中出现了“云太、和二、京三”的说法。这句话的意思是：要论个头大小，出云大社得排第一，大和的东大寺大佛殿次之，京都的大极殿是第三名。我们已知东大寺大佛殿的高度为45米左右，那么《社传》中提到的16丈还是有一定的真实性的。

镰仓时代中期的史料《金轮造营图》中还绘有出云大社本殿的平面图。根据上面的记载，本殿所用的立柱是由3根木料绑在一起组合而成的，粗达1丈（约3米）。既然用得上这么粗的柱子，建筑物本身肯定高得出奇。

与这些资料相比，最能证明本殿高度的乃是它倒塌的次数。从987年的那次修建开始到1248年迁宫为止，出云大社塌了足有6回——平均连40年都坚持不了。目前的高度应该也是这些事故的影响造成的。

基于对这些资料的研究，建筑史学家福山敏男在1936年发表了古代出云大社本殿的复原图，他认为那是一座48米高的高层建筑。在出云大社东边的古代出云历史博物馆中展示着按照此复原图制作的模型，比例为10:1。

因为福山的理论实在太不可思议，建筑史学会至今仍未承认他的研究。不过这倒是给了建筑师们不少启发，令他们脑洞大开。

设计了出云大社厅舍（1963年）的菊竹清训就是其中一个典型。在他的专著《代谢建筑论》中提到了出云大社本殿，他认为该建筑的中柱就是正在生长中的大树。也就是说，出云大社是一间树屋。他还在距离出云不远的鸟取县皆生温泉

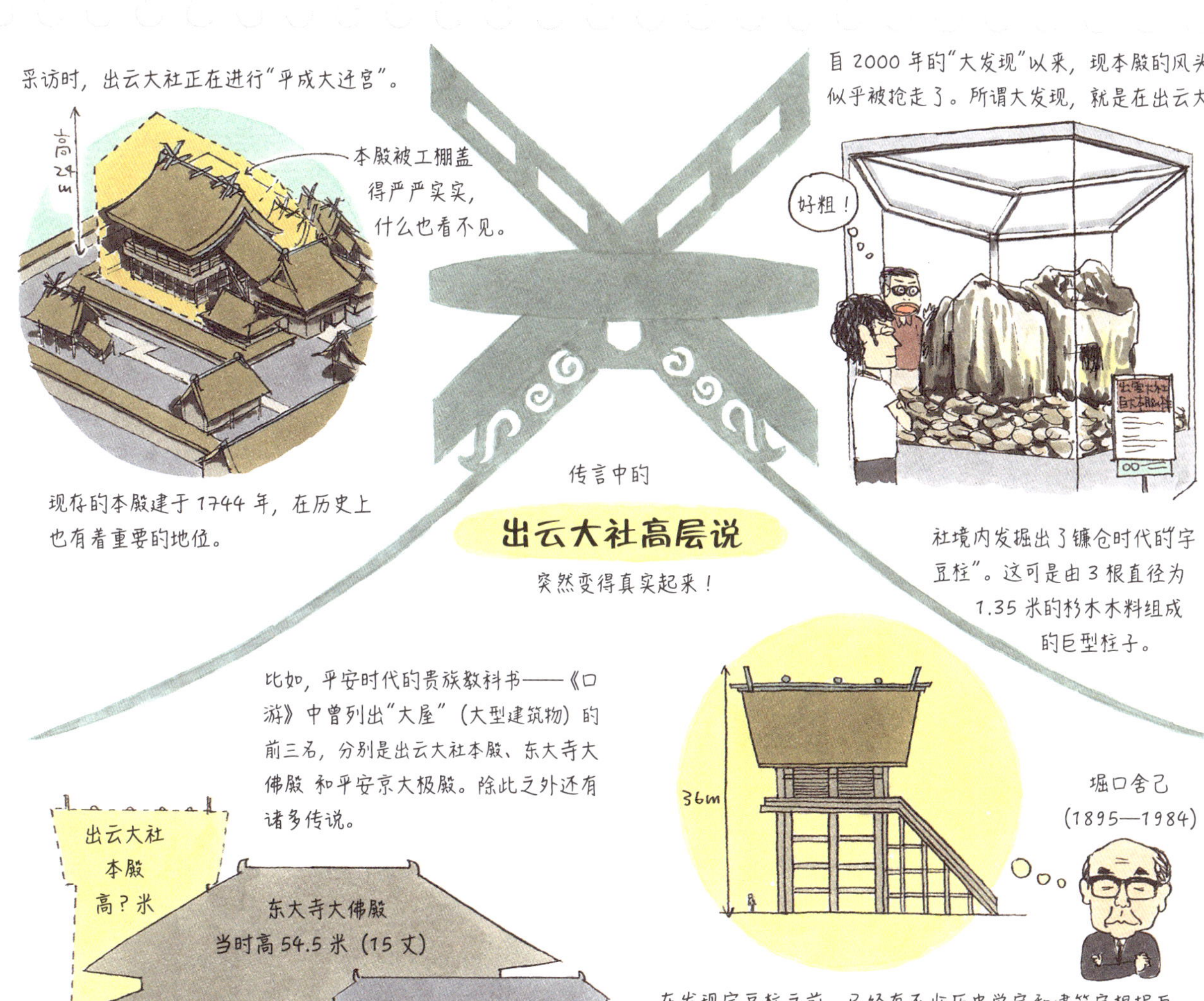

采访时，出云大社正在进行“平成大迁宫”。
高24m
本殿被工棚盖得严严实实，什么也看不见。
现存的本殿建于1744年，在历史上也有着重要的地位。
自2000年的“大发现”以来，现本殿的风头似乎被抢走了。所谓大发现，就是在出云大社境内发掘出了镰仓时代的宇豆柱”。这可是由3根直径为1.35米的杉木木料组成的巨型柱子。
好粗！
传言中的
出云大社高层说
突然变得真实起来！
比如，平安时代的贵族教科书——《口游》中曾列出“大屋”（大型建筑物）的前三名，分别是出云大社本殿、东大寺大佛殿和平安京大极殿。除此之外还有诸多传说。
出云大社
本殿
高？米
东大寺大佛殿
当时高54.5米（15丈）
平安京大极殿
36m
堀口舍己
（1895—1984）
在发现宇豆柱之前，已经有不少历史学家和建筑家根据自己的理解提出了复原方案。例如，在堀口舍己的方案中，本殿高为36米（12丈）。

设计了一座东光园（1965年），客房宛如飘浮在空中一般。出云大社恐怕就是激发他灵感的因素之一。

楼梯的象征意义

围绕着古时候出云大社本殿的争论在2000年达到了白热化。因为人们在出云大社附近挖掘出了柱子的遗迹——直径为1.3米，三根为一组。存在于福山脑海中那座高达48米的巨大神殿，突然在一瞬间变得真实起来。

不过我也有想不通的地方，那就是楼梯。从福山的图纸上看，那是一段垂直高度达30米的“铁炮楼梯”（不带拐弯的楼梯）。《金轮营造图》中提到楼梯长约1町（109米），与30米高倒也挺搭。但是不符合常理。

为了让大家体会一下楼梯的大小，我们用现代建筑来说明。京都站大楼（1997年）门厅的楼梯高为35米，与这个差不多。虽然上面也有建筑物，但站在最底层往上看，目力所及只是楼梯而已。这样的话，楼梯倒是抢了本殿的风头，成为最具象征意义的建筑物了。

话说回来，没准这就是建造者的初衷呢？这段直插云霄的阶梯令人们心摇神驰，屡塌屡建，毫不气馁。这样的假说还真有几分歪理。

热爱出云的文学家小泉八云还拿这回事儿当书名了呢——不对，那个叫《怪谈》[1]吧……

1　日语里，“楼梯”和“怪谈”发音相同。

大社旁边的“岛根县立古代出云历史博物馆”（2007 年开馆）中展示了五种方案以供参考。

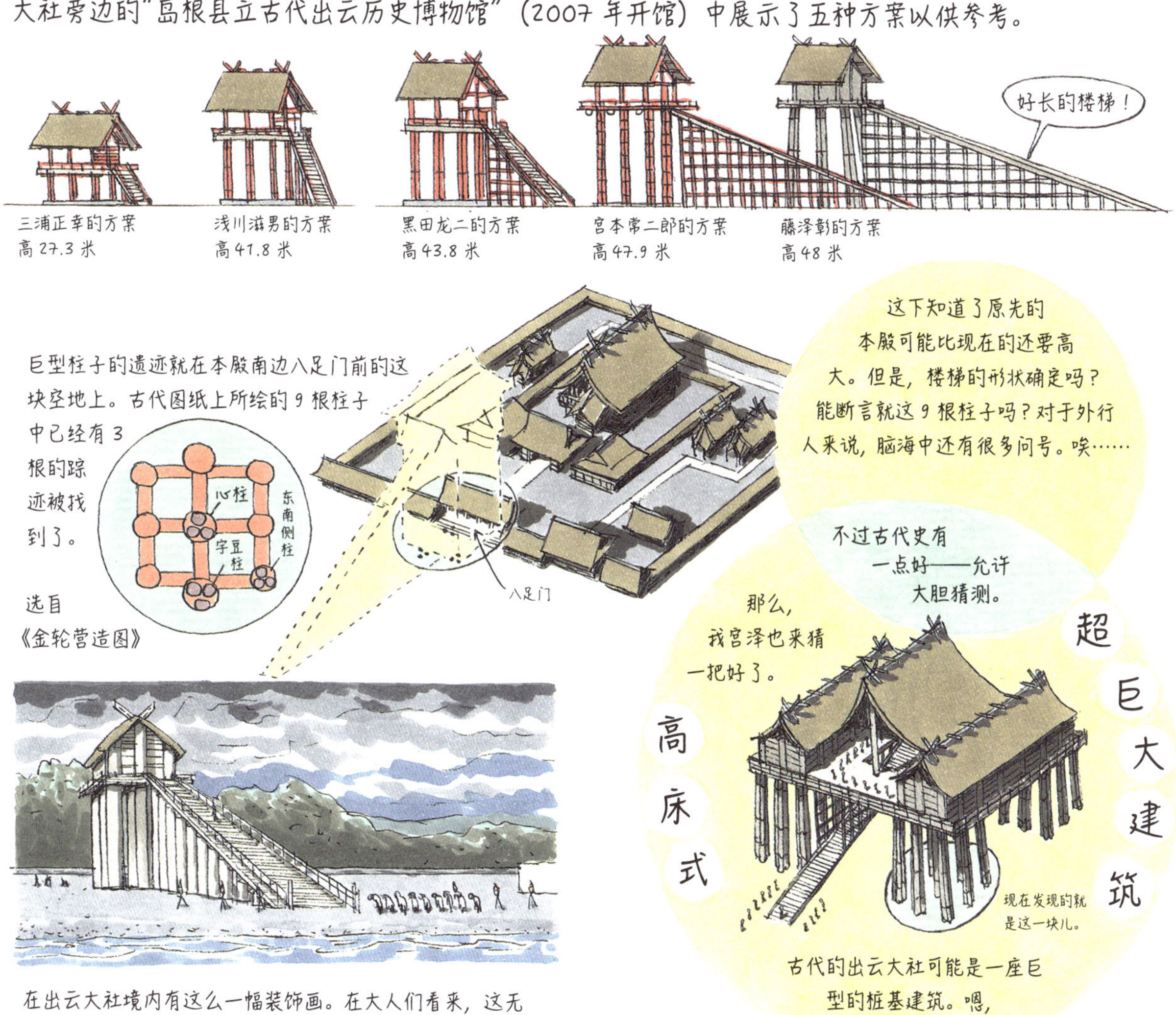

在出云大社境内有这么一幅装饰画。在大人们看来，这无非是一种壮丽而又浪漫的想象；而在孩子们的眼里，这可是“历史事实”啊……

19

三佛寺投入堂

鸟取县三朝町/平安时代后期

从悬崖下仰视投入堂

三佛寺是一座建在三德山上的天台宗古刹，投入堂则位于标高500米的断崖边，就像黏附在山壁上似的。据说是行者（修习佛法之人）凭借法力（佛法的力量）将它“投”上去的，其建设方法至今仍是未解之谜。根据奈良文化遗产研究所在2001年进行的年轮年代测定，人们认为它建于平安时代后期。目前，它正在申请世界文化遗产。

指定	国宝
建筑时期	寺庙的开山仪式是在706年举行的，现存的投入堂修建时间推定为平安时代后期
设计者	不详

营 开放时间为8:00—15:00。12月至次年3月因积雪过厚，禁止上山。

¥ 本堂的参观费用为400日元/成人（含宝物殿），加上投入堂则为600日元/成人。

仅允许拍摄投入堂的外景。它建在朝北的悬崖上。

鸟取县东伯郡三朝町三德1010

从JR仓吉站出发乘坐开往三德山的巴士，在三德山下车，耗时约40分钟。

悬崖上的PROJECT X

我老早就想去见识见识三佛寺投入堂的真面目，这次终于如愿以偿了。

我们从 JR 山阴本线的仓吉站出发搭乘出租车前往三佛寺，路上还经过了三朝温泉，而寺庙还在更远的深山中。

到了目的地后，沿着石阶往上走，先见到的是本堂。本堂后面有个登山事务所，在那里交了进山费后就能继续前进了。在这里还得检查鞋子——那些容易打滑的便鞋必须换成草鞋。而且还不允许独自一人进山。

刚上路就认识到自己太天真

从出发点到投入堂还有一段很险峻的山路。在我去之前，矶崎新为了写作一本关于建筑的书（《日本建筑遗产 12 选》，2011 年）来过这里，女演员齐藤由贵也爬过这座山，NHK 的电视节目都播了。顶多就是累点儿——出发时我是这么想的。

实在是太天真了。连条路都没有。

抠着树根或石头缝往上爬。从悬崖边侧身而过。仅凭锁链支撑，登上近乎垂直的山坡。哪里只有几处难爬，漫山遍野都很难爬好吗！从出发开始，我在路上不知道后悔了多少次。

好不容易看见一处建筑物，正要欢呼，谁知那并不是投入堂。在抵达最终目的地之前，还会途经文殊堂、地藏堂、观音堂等地。这些全是以悬造式的手法建在山岩之上的。这要放在其他地方，任何一个都够饱看很久；但在这里，它们都是些“小菜”。

在登山途中，我连投入堂的一个角

都没见着。到底要走到什么时候啊！内心的不安越发强烈。在绕过一块巨大的岩石之后，突然，它出现在了我的眼前。

到底是怎样建成的?

投入堂建于一块突出的岩石之下——说是“建”，不如说是“贴”在垂直的岩壁上更为恰当。

游客可以近距离欣赏投入堂，但除非有特别许可，一般人禁止入内。我曾说平等院凤凰堂是“为了隔水而看才修的建筑”，那这个就是为了让人们从山崖下仰望才盖的吧。

投入堂规模很小，房子宽仅一间，进深两间，采用流造式（悬山双坡顶屋面的前坡延长）屋顶。两边有数重小小的挑檐，营造出一种视觉上的轻快感。左侧靠里还附带一间小小的爱染堂，这个不容易看到。

支撑屋顶的柱子穿过地板，直接钉在岩石上，尺寸长短不一。因为山壁很陡峭，柱子需要往下伸出很长一段才能找到“立柱之地”。我最直接的感受就是：这都是谁这么有才！

很早很早以前就有人觉得这样的建造手法太不可思议了，于是就流传着这样的传说——是修验道的祖师爷役小角施展法力，将这座建筑物扔上去的，所以得名“投入堂”。

不管建筑物有多小，在现实中也绝无可能把它扔上去。不过，用来指代建筑等规划的英文单词“project”，其语源却有“向前投掷”的含义。这么说，投入堂还真是一处名副其实的“project”呢。

平时脱口而出的“project”这个词，从现在开始有了新的含义。每当遇到难以完成的“project”时，就想想山崖上的投入堂吧，想必就会有勇气去做了。

DISCOVER WEST
鳥取·三朝温泉
日本一危ない国宝鑑賞。
三徳山

在这个大力追求“安全”“安心”的时代，这张海报上却在高调宣传“**我们是日本最危险的**”。没错，这就是我们此行的目的地——鸟取县三朝町的三佛寺投入堂。

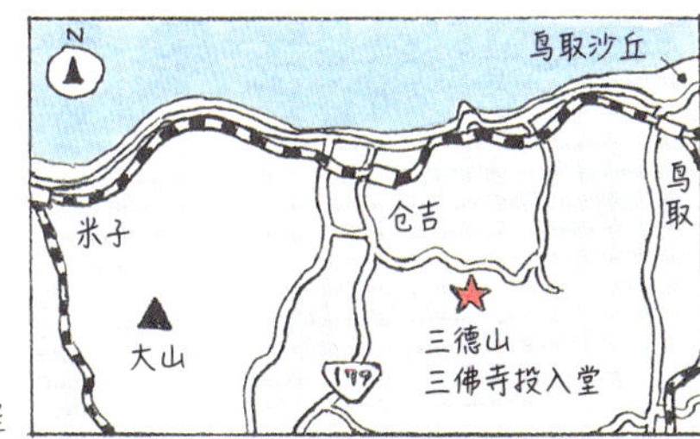

从仓吉到三佛寺入口处有30分钟车程

这句“日本最危险”的文案还真是没骗人……

实录！投入堂卓绝参拜记

14:50 在登山事务所登记过名字之后，领了一条写着“六根清净”的绶带（布条），就这么出发了。

①
防滑鞋 必须穿

15:00 上来就遇到了难题！要爬上近60度的斜坡，而且没有台阶。

15:20 仅凭一根绳索爬上倾斜度大约有70度的大岩石。

绳索的尽头就是文殊堂。

到这里算是爬完了一半路。应该算是一个歇脚看景的好地方，但实在是太恐怖了，完全无法放松啊！

15:40 行走在陡峭的山崖边。

15:50 终于到了！结果却是观音堂……

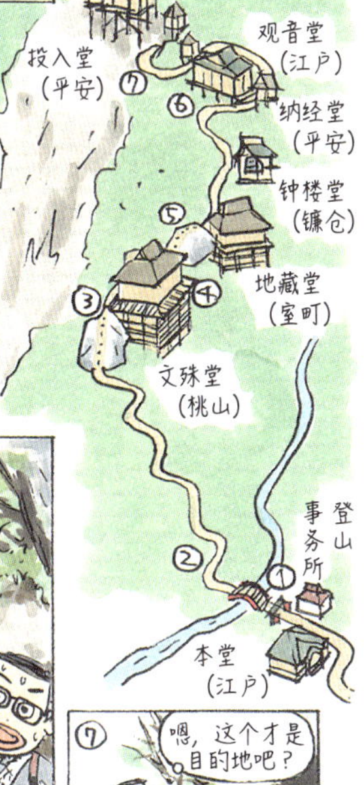

地板下的三角形

话说回来，这座寺庙的全名是“三德山三佛寺”。所谓“三德”，就是佛教教义中提到的三种优秀品质——法身、般若、解脱。“三佛”则是寺中供奉的释迦如来、阿弥陀如来和大日如来这三尊佛像。寺庙附近还有著名的三朝温泉。这么说的话，它跟“3”这个数字还是挺有缘的。

我猜测，在建筑结构方面，投入堂会不会也跟“3”有关呢？西方的古典建筑一般都能解构为三层，即基座、中部和顶部；建筑所要具备的要素也可总结为三点——用途、强度、美观。到处可见与“3”有关的描述。那么建于日本平安时代的投入堂里也会有“3”吗？我边琢磨边找，还真找到了答案。那就是“三角形”。

投入堂的地板下面架设着斜杆，它与支柱共同构成三角形的桁架结构。在日本的传统建筑中，除了房顶上的椽子，很难发现斜杆的踪影。而投入堂则是个特例，它把斜杆用在了非常醒目的地方，这也成为其外观上的特征之一。

而且斜杆的安装方式显得太粗糙了，给人的感觉像是建好房子后怕不稳当，就慌慌张张地拿了几根棍子一支了事。就是这样的建筑，居然在条件如此恶劣的地方傲然屹立了900多年，真是太不可思议了。这让我不由得思索起来到底什么才是强，什么算是弱。

亲自爬到这个地方时，我才明白修建时是有多么困难。人们是如何把材料运上来的？我都有些想要相信那个传言了——是法师把山脚下盖好的佛堂扔上去的——要不为什么叫投入堂呢？

飘
飘
哈哈

说起在断崖上建寺院，一般都会想到清水寺或者这里的文殊堂所用的建造手法，即用立体的框架结构稳扎稳打地把地基固定在山壁上。投入堂则跟它们完全不同。

与精致的屋顶和房檐相比，地板下面简直就是外行人修的，实在是太简陋了。就这样居然还支撑了900多年……

我还想再仔细观察观察细节，但是不能再靠近了（过于危险，禁止进入）。从剖面图可以得知，它的地基根本不是插在岩石之中的。看柱子脚就知道了，它就是直接搭在岩石上面的。

为啥这样都没倒？难不成真的有魔法？

虽然仍留下了不少谜团，但这次采访的成就感满满啊。不过稍微有些遗憾……回到东京之后，我读了建筑家西泽文隆所写的《日本名建筑之美》这本书，有段内容真是惊到我了。西泽提到他曾去投入堂内部。到底是怎么进去的？

西泽文隆
1915—1986

屋檐下的照片就是证据 ▶

他写道："乍看上去，那些用来加固的斜杆安装得很粗糙，但每根都是无可替代的。它非常完美。"我还真是有眼不识泰山啊！

20

严岛神社

广岛县廿日市市/始建于平安后期

平安时代后期，神主[1]佐伯景弘在平清盛的资金支持下，建造了如今大家所看到的海上社殿。
据说刚建好时，除了本殿还有37座本宫，对岸还有19座外宫。
曾经遭遇两次火灾，现存的本殿是在1571年重建的。
虽说是重建，但完全遵守了最初建设时的规格和样貌，故平安建筑的风姿得以流传至今。

中国

指定　世界遗产、国宝

建筑时期　第一代海上社殿建成于1168年前后。现存的本殿为1571年所建

设计者　不详

营　开放时间为6:30—18:00（冬季开放至17:00）。全年无休。

¥　参观费用为300日元/成人。

📷　本殿的西北方向为拍摄大鸟居的最佳位置，日暮涨潮时分的景色最美。

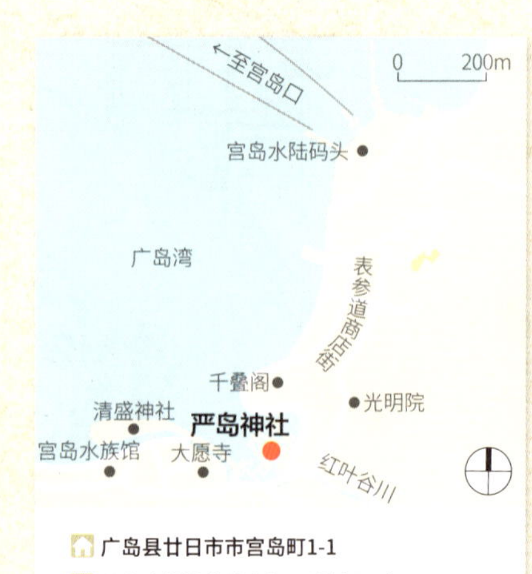

广岛县廿日市市宫岛町1-1

从宫岛栈桥出发步行15分钟即到。

1　在神社负责祭祀工作的人，也指神职人员的头领。

涨潮时分

拜访过三佛寺投入堂之后，我们又马不停蹄地去了另一处位于中国地区[1]的古建筑。那就是古安云国宫岛附近的严岛神社。它被誉为日本三景之一，也是世界文化遗产之一。

从广岛市中心出发，乘坐 JR 线路或广岛电铁都可以到达宫岛口站。从车站出来走不远就有一处水陆码头。这里的渡船也分别归 JR 和广岛电铁这两家公司所有，坐哪一家的都行。JR 的航路更接近严岛神社的大鸟居，如果想先从海上一睹其风采，那就选这个比较好。

10 分钟后渡船到达宫岛港，沿着海岸线走不大一会儿，就能看到大鸟居。它的左边就是严岛神社。

这可是举世罕见的水上建筑群……但不巧的是，我来的时候刚过中午，正是退潮时分。社殿和鸟居完全暴露在地面之上。鲜艳的朱红色柱子与桧树皮葺的屋顶色彩对比强烈，的确很美；但没有潮水助阵，还是无法领略到传说中的惊世之美。

我查询了当天的涨潮时刻，预计在 18 点才达到高潮。我有点担心可能赶不上回东京的末班车，但此次寻访之旅也不能就这样草草结束。

于是我们决定还是要等着涨潮，在此期间就回顾整理一下看似与严岛神社有关的现代建筑吧。

联通现代的水上建筑

如前文所言，严岛神社的特点就是

1　日本本州岛西部的冈山、广岛、山口、岛根和鸟取这 5 个县所在的区域。

在涨潮的时候海水能一直淹到建筑物的下方。

约恩·乌松设计的悉尼歌剧院（1973年）和路易斯·康设计的孟加拉国议会大厦（1974年）等著名建筑，都是凭借水景给人留下了深刻印象。也有直接以水为主题设计的建筑，如弗兰克·劳埃德·赖特的“流水别墅”（1935年）。

日本建筑家中擅长利用水的首推安藤忠雄。例如，面向京都高濑川的TIME’S（1984年）以及藏在水下的本福寺水御堂（1991年）等，都是其代表作。

在采访中，安藤曾多次提到自己年轻的时候去过严岛神社，颇受震撼。从他的作品“水之教会”（1988年）的设计中就能看出严岛神社给他带来的影响——十字架就立在水池中央。而且想要接近这个水中的标志，还得从它的后面绕上好一段路。这样的动线显然是在模仿严岛神社的参拜路线。

也对菊竹清训和丹下健三产生过影响

菊竹清训则专注于研究大鸟居的柱子和横梁，他的作品东光园宾馆（1964年）就借鉴了这样的建筑手法。他也注意到了利用抬高地板的方式来拓宽建筑物功能的技巧，从而说出了这样的名言——“用柱子创造空间，用地板限制空间”。

从20世纪50年代末开始，菊竹清训就致力于开发海上城市项目。他设计的冲绳海洋博览会的主题场馆Aquapolis（1975年，已经拆毁）算是把他的部分构想化作了现实。不过负责修建这座浮游式建筑的却是广岛市的一家造船厂。我猜想在设计图纸的时候，菊竹清训的脑海中一定出现过严岛神社的影子吧。

来到广岛就不能不提丹下健三。他的作品广岛和平纪念公园（1954年）在设计竞赛中脱颖而出，一战成名。

建筑史学家铃木博之在他的著作

大家看过NHK的大河剧《平清盛》吗？剧中平清盛（由松山健一饰演）的形象是一位不拘小节的肉食系男子。
就像是从本宫宏志的漫画中蹦出来的（不习惯这种戏剧式画风，抱歉）。
这与历史课本上的“平清盛坐像”所显示的呆板外表可完全不一样。
六波罗蜜寺藏
平清盛
看到严岛神社的海上社殿，你就会明白平清盛绝对是个无所畏惧、满脑子都是奇思妙想的人。
宫岛栈桥
广电
小陆码头
宫岛口
←至广岛
从古至今，去宫岛都得搭船。神社给人的第一印象就是“在海上”。真是戏剧化的亮相。
哦
这处建筑的魅力之源就在于精致的寝殿造建筑居然盖在了狂暴的大海之上。有种不真实感。
像合成照片似的
这种混搭类似于一边欣赏土著表演一边品尝高级和食……

（《日本的“地灵”》，1999年）中提到和平公园与严岛神社之间的关联。严岛神社的本殿、拜殿和祓殿都在一条直线上，海上的大鸟居也正好位于这条线的延长线上。这样的结构与广岛纪念公园的结构非常相似——公园里的资料馆和慰灵碑连成的线，正好通往河对岸的原爆圆顶塔。

顺带一提，丹下健三的老家是今治市，与严岛神社隔着濑户内海遥遥相对。他的高中时代就是在广岛度过的。

由此可见，严岛神社对现代建筑产生了很大的影响。

天体施加于地球的力量

太阳开始落山了，该涨潮了吧。我再次朝着严岛神社走去。

海水已经没到了“火烧前”。这个地方位于本殿前面，充当着栈桥的角色。鸟居的根部已经没入水下，夕阳映照下的海面如同一面黄金制成的镜子。社殿就沐浴在阳光之中，闪烁着耀眼的红色。

我总觉得那些涂满朱红色油漆的社寺佛阁“欠缺一点古典建筑的韵味”，但见识过严岛神社在夕阳中的壮丽景色后，我终于明白这座社殿非红色不可。

当我沉浸在严岛神社变幻多姿的身影中不可自拔的时候，海水仍在不断上涨，瞬间就到了拜殿的下面。

正是太阳和月亮运行轨迹的变化才造就了如此充满生命力的地球景观。让人产生如此感慨，恐怕也是这座建筑隐藏的主题吧。

紧赶慢赶，我们终于搭上了最后一班开往东京的新干线。虽然匆忙，但我内心仍然觉得，为了看到严岛神社的美景，这样的等待非常值得。

虽说是“海上建筑”，但也并不是24小时都泡在海水里的。在退潮的时间段里，还能去大鸟居的脚底下转转。

顺便一提，现存的大鸟居建于1875年，已经是第八代了。

社殿的柱子就直接立在石头上。回廊的木板中间都留有1厘米左右的缝隙，应该是出于不跟海水死扛的考虑。

与之前见到的飞鸟和奈良时代的建筑相比，不得不说它在细节上做得有些粗糙了。

这么做可能是考虑到这样的建筑反正难以持久，为了改建方便就简单化处理了。而且闪闪发光的朱红色涂装，让人感觉好像是纸糊的道具一样……

但是，当夕阳冲破云层照射在这片建筑之上时，给人的感觉完全变了个样。

不管是“水”还是“朱红色”，都是衬托夕阳的配角！

难道平清盛要的就是这个效果？他打算在“傍晚的涨潮时分”招待重要的客人吗？

不拘泥于细节，依托自然的力量成就整个建筑。这个人还真像本宫宏志笔下的天才主角。

21

吉备津神社

冈山市/室町时代中期

从东侧欣赏神社全貌。右边的是拜殿，左边的是本殿（吉备津神社提供）

现存的本殿和拜殿是在室町幕府三代将军足利义满执政的时代建造的，据说工期长达25年。本殿的建筑形式为“比翼入母屋造”，即在入母屋结构的基础上，屋檐前后各有两个并列的千鸟破风，由两座高度相等的房间连接而成。拜殿与本殿相通，从其北侧突出来。据推测，最初建造时两者应该是一个整体。吉备津神社的“鸣釜”仪式很有名，可以用釜的声音占卜吉凶。

指定　国宝

建筑时期　1425年

设计者　不详

营 开放时间为8:00—16:00。

¥ 参拜免费。

东侧为从庭院中拍摄并排屋顶的最佳位置。

冈山市北区吉备津931

从JR吉备津站出发步行10分钟左右即到。

中国

增殖的屋顶

从冈山站出发乘坐 JR 吉备线不到 20 分钟就抵达了吉备津站。这是一个山中小镇，神社的参道就在离车站不远的地方，朝着水田的方向延伸开来。

参道两边都种着松树，沿着路走上一会儿就看到正对着的半山腰上露出了一角镶着千木的屋檐。那里就是我们这次的目的地——吉备津神社。

这一段参道都是石阶铺成的，坡度略陡。继续朝前走，穿过北随神门，前面就是拜殿。门脸很窄，是一个半室外化的、状似拱廊的空间。绕到左边，豁然开朗，我们终于能够一睹本殿的全貌了。

它的屋顶样式很特别，叫作“比翼入母屋造”。屋顶由两个并排的入母屋式屋顶组成，中间夹着屋脊。拜殿的屋顶也与本殿的连在一起，整体看起来举重若轻，有一种微妙的平衡感。两个破风组成的造型还有一个别致的名称——“凤凰比翼飞”。

这种屋顶也被称为吉备津造，曾被认为是日本国内独一无二的屋顶造型，后来经研究发现，千叶县市川市的法华经寺祖师堂本殿的屋顶原来也是那个样子的。2007 年，人们照着比翼入母屋造的样式给它重修了一个屋顶。所以这俩算是日本“唯二”的建筑。

即便如此，这种屋顶的罕见程度也是毋庸置疑的。为什么要设计成这样呢？要想搞明白，就得回顾一下神社建筑的发展史。

神社建筑的大型化和复数化

在神社建筑刚出现时，它的样式非

常简单。伊势神宫与出云大社的本殿虽然一个是平入式（在檐墙处开门），一个是妻入式（在山墙处开门），但都采用切妻式屋顶（悬山双坡顶）。

随着时代的发展，各式各样的建筑形式演变了出来。奈良的春日大社本殿由4个并排的妻入式社殿组成，下关的住吉神社比它还多了一个。本殿的结构开始朝着复数化且密集排列的方向发展。

另一方面，建筑的占地面积也出现了扩大化的倾向。与此相对应，屋顶也渐渐变大，从切妻式屋顶改为入母屋式屋顶（歇山式屋顶）。据说京都的八坂神社从10世纪起到现在都没变过样，它的规模为7间×5间，有一个巨大的入母屋式屋顶。

在宇佐神宫（9世纪）身上，可以同时看到复数化与大型化这两种特征。三座并排的本殿前后都有社殿，社殿为平入式结构，用的是切妻式屋顶。这种形式再往前进化一步，就是吉备津神社了。

排水方面的困难

吉备津神社的本殿规模是7间×8间，里面分为三层——外阵、中阵和内阵，越往里地面越高。这样的结构应该与参拜仪式的需要有关，从功能方面考虑确实需要这么大的空间。

一旦安上一个巨大的屋顶，就会出现不利的局面：除了自重过大、不利于结构稳定之外，从侧面来看，整座神社就这个大屋顶显眼，外观则显得单调。

为了规避这些问题，吉备津神社把屋顶分成了两个部分。但是又出现了新的问题——屋顶相连的低洼部分容易积蓄雨水。所以建筑者们就把那里做成了屋脊，与拜殿连成一体。

这样一来，一座合理又美丽的建筑就诞生了。但是，这种样式并没有在后来的日本建筑中推广开来。原因恐怕还是在于雨水的处理吧。就算把屋顶做小，但连接处还是会蓄水，很容易往

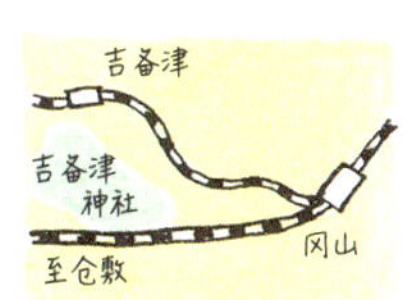

吉备津神社因为与桃太郎的原型吉备津彦有关，所以小有名气。

从冈山出发到吉备津站约耗时 20 分钟。从车站走到神社要花 10 分钟。

吉备津彦是第七代天皇孝灵天皇的儿子，他带领 3 个手下消灭了为害一方的恶霸，并把他的首级埋藏于此。可能这就是消灭恶鬼传说的原型吧。

现存的本殿是足利义满花费约 25 年的时间建造的（1425 年竣工）。它的魅力在于名为**“比翼入母屋造”**的独特屋顶造型。

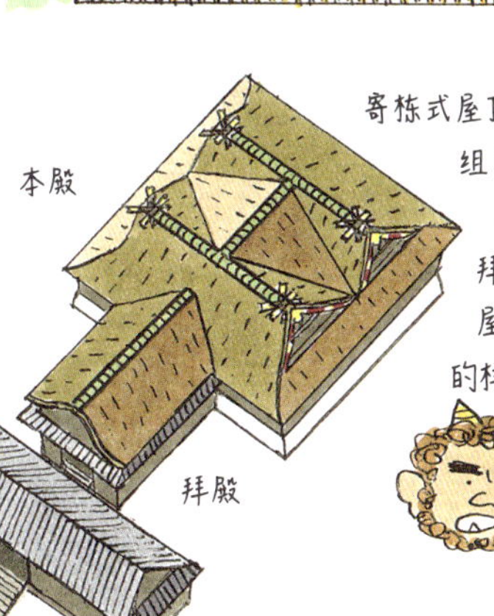

寄栋式屋顶（四坡屋顶）的东西方向各有两组千鸟破风，与同样高度的屋脊成为一体。北边还有一座切妻式屋顶的拜殿，正好与本殿形成一个直角。屋脊的造型就像一个“工”[1]字。屋脊的样子正好表达了冤死鬼的心情吧？

哎！

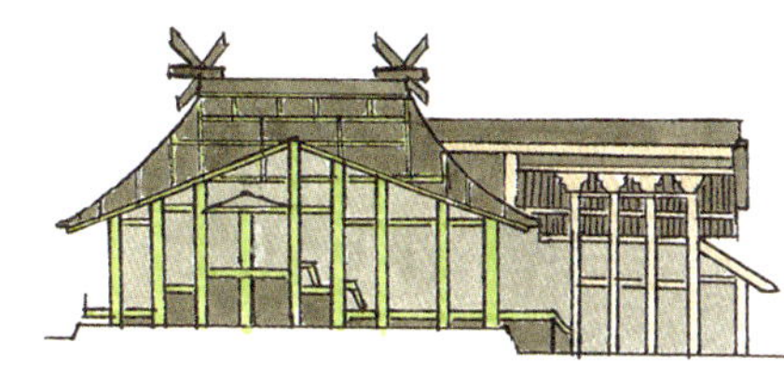

从剖面图上看，天井部分的 M 形消失了……里面就一间房。这么说来，东西两面的 4 个破风原来就是个摆设？

小知识：很多人都把桃太郎的故事作为劝善惩恶的代表作，但是从鬼的角度来说，难道不是以抢夺金银财宝为目的而发动的侵略吗？

1 日文写作“工”，发音为“哎”。

里面漏雨。

前面提到的法华经寺祖师堂（2007年再建），就是在凹陷处装了金属制的导水管槽。

建筑中的复制粘贴

为了应对建筑的大型化，吉备津神社的建筑者们在屋顶上下了一番功夫，把它弄成了复数。这种手法也被现代人吸收利用了，代表之一就是村野藤吾设计的大阪新歌舞伎座（1958年）。村野在这座建筑的正面安了无数个唐破风。

除了应用于外观设计，“复制”的技巧还可以用在建筑的其他方面。例如，摆上一排相同的柱子或者窗户，抑或在室内装饰中使用重复的样式。

医院里有很多相同的病房。学校里有很多相同的教室。同样格局的住户组成了集合住宅，同样的集合住宅又组成了住宅小区。

办公楼也是如此。同样的楼层累积起来就是超高层大厦。超高层大厦也可自我复制，形成的就是如同世贸中心（1973年）似的双塔组合。

重复同样的外形，用现在常用的话说就是复制粘贴。

这个操作在电脑上很容易就能完成，但在建筑设计方面走到今天这一步，可是耗费了很长很长的时间。可以说建筑的发展史，也是复制粘贴的历史。

望着吉备津神社的屋顶，我突然想到了刚才这些。

提到拥有个性屋顶的古代建筑，就不得不提下关的住吉神社（1370 年）。在本殿细长的切妻式屋顶（流造）上，居然有 5 个连续的千鸟破风。

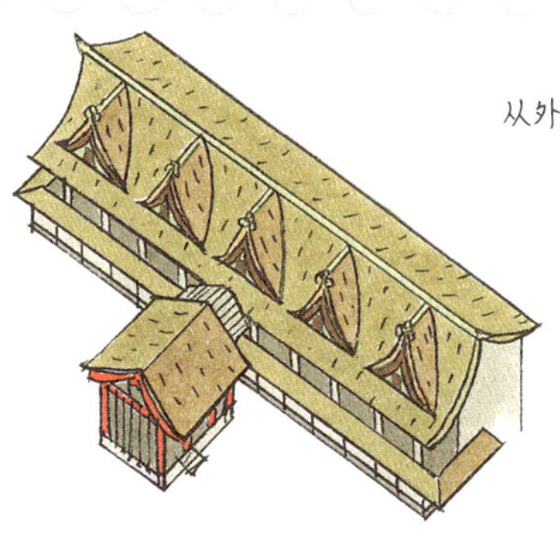

从外形上看，它没有吉备津神社那么美观，不过从平面图上可以得知，它里面正好分成了 5 个房间。

九间社流造

社殿五 | 隔间 | 四 | 隔间 | 三 | 隔间 | 二 | 隔间 | 社殿一

供奉着应神天皇等

我与矶达雄先生也一同去欣赏过。

也就是说，住吉神社的连续屋顶并不是摆设，而是一种透出功能主义的独创美。

一说起“连续破风”，恐怕很多人都会想到村野藤吾设计的大阪新歌舞伎座（1958 年）。对于笔者（宫泽洋）而言，自从开始研究建筑，这便是最令我感到震撼的建筑之一。

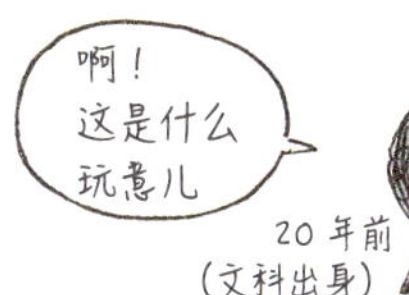

20 年前
（文科出身）

走错一步，就会被人当作“恶趣味”。不过敢于做出这样有争议的设计，勇气可嘉！

与功能毫无关系，单纯的重复。但还挺壮观的！

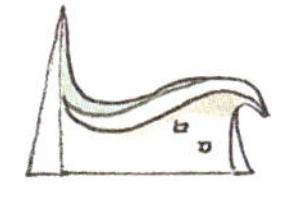

在村野的设计中，有不少令人印象深刻的屋顶。

自从泡沫经济崩溃以来，建筑界就流行着这样一种看法：复杂的屋顶→容易招惹麻烦→不好。不过，这难道不正是敢于创造新式屋顶的建筑家们大显身手的时候吗？吉备津神社的这个屋顶历经 600 多年还在呢！

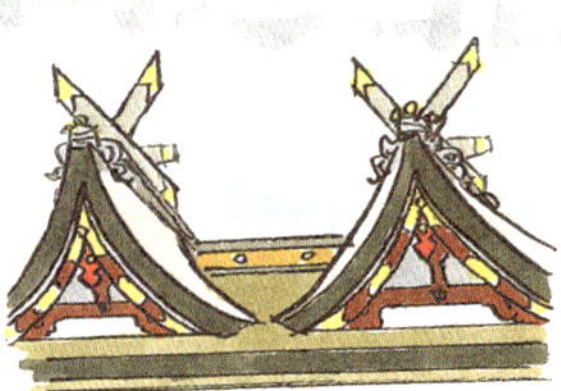

下大雨的时候有些不妙

旧闲谷学校

冈山县备前市/江户时代中期

从东侧欣赏讲堂

在江户时代，旧冈山藩为了普及庶民教育，专门开设了一座藩属直营的学校。
被评定为国宝的讲堂拥有一个巨大的屋顶，上面覆盖着红褐色的瓦片。
造这个屋顶可下了大功夫——先铺一层木瓦板，再刷上漆，令其结实紧密，最后铺上专门在备前烧制的瓦片。
讲堂内乌黑发亮的木地板和多达10根的榉木圆柱，仍是建造当时留下的“原装”。

中国

指定　国宝

建筑时期　1670年开学，现存的讲堂和石墙竣工于1701年

设计者　不详

营　开放时间为9:00—17:00。12月29日至31日休馆。

¥　门票价格为400日元/成人。

东侧为从草坪位置拍摄讲堂的最佳方位。

冈山县备前市闲谷784

从JR吉永站出发坐出租车去约耗时10分钟，从JR备前片上站出发坐出租车去约耗时15分钟。

在山谷中思考世界

闲谷学校是冈山藩藩主池田光政在1670年设立的学校。在江户时代，各藩所设的学校基本上只对藩士的子弟开放，而闲谷学校却招收平民学生，因此十分出名。

学校位于冈山县备前市，从JR山阳本线上的吉永站出来搭乘出租车，大概10分钟就到了学校入口。如果时间充裕，我建议在目的地前的一个分岔路口下车，沿着专用的历史路线步行过去。沿着山间小道前进，穿过一条建于1924年的隧道，眼前就出现了一片开阔明亮的地方，闲谷学校的建筑群就在那里。还挺有戏剧感的。

学校周围青山环绕，地如其名，真可谓一处“闲静的山谷”。那片被石墙围起来的小空地就是校园。

石墙的形状像鱼糕一样，很厚。一共有4个门，接待处在东门，买了门票之后就能从这儿进去，面前是长满青草的广场。北边还有片斜坡，台阶尽头有两座建筑——一座是祭祀创建人池田光政的神社，另一座是供奉着儒家始祖孔子的圣庙。

广场西边是讲堂，讲堂的山墙对着广场。南边和东边就是前面提到的石墙。建筑物都集中在石墙和斜坡围起来的长方形平地中，与地形相得益彰，线条明快，很有近代建筑的风采。

我的脑海中突然浮现盈进学园东野高校（1985年）的模样。该校的设计者是建筑家克里斯托弗·亚历山大。他依据模式语言理论，将众多教师和学生心中“学校该有的样子”具象化了。闲谷学校也具有同样的魅力，它能唤起参观者对于理想国的想象。

擦得发亮的地板

校园的西头是原学生宿舍所在地。明治时期这里曾被改为中学校舍，现在则作为展示闲谷学校历史文物的资料馆使用。

讲堂和宿舍之间有一个凸起的小山包。这是为了防火专门修的“火除山”，有它在可以防止火势蔓延。美观又实用的校园造景，已经具备了近代建筑的特点。

我们再次回到讲堂这边。每逢含有“1”和“6”的日期，这个闲谷学校中规模最大的建筑物里就会举行有关儒教知识的讲演。现在我们所见的这座讲堂是 1701 年重建的，共有面阔 7 间，进深 6 间。屋顶为入母屋式，用备前烧制的红瓦葺顶。

此外还有厢房，像是供日常学习所用的“习艺斋”和用来吃饭的“饮室”等。这些房间中都没有一丝雕刻或装饰，是走合理主义路线的建筑。

终于能进讲堂里面瞧瞧了。堂外面有一圈宽阔的檐廊，站在檐廊上透过花头窗往里看，能看到涂过漆的地板像镜子一样反射着光芒。我的眼前似乎出现了昔日学生们拿着抹布埋头擦地的景象。

讲堂内有 10 根圆柱，它们不声不响地把内外分隔开来。也就是说，从结构上看，这座建筑物像一个三层的套匣，由内而外分成内室、内廊和檐廊三个部分。

这种多层构造的建筑形式多见于寺院。寺院正殿的中心部分是本阵，里面供奉着主佛。而讲堂内室里放的只有朗读时要用的小书桌。这样的建筑倒有点像洋葱——剥到最后发现什么也没有。

重复的套匣结构

坐在讲堂的檐廊上眺望中庭，我突然意识到在建筑物外面也有类似套匣恐怕没有任何一个国家像日本这样有如此多的建筑家热衷于设计学校建筑吧。学校建筑大国·JAPAN！

Coelacanth 设计

ARATA·ISOSAKI（矶崎新）

C. Alexander
（克里斯托弗·亚历山大）

见到闲谷学校的时候，你根本看不出来它已经有 300 多年的历史了。

啊，是那个吗？

校园风光秀丽，一进门就是一片绿草如茵的广场。

呀，
好舒服……

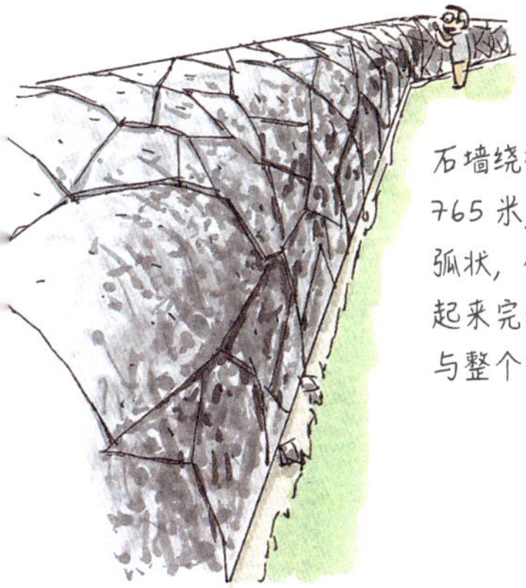

资料馆
宿舍原址
火除山
讲堂
神社
圣庙

石墙绕校园一周，总长 765 米，上面被加工成弧状，像鱼糕一样。看起来完全没有压迫感，与整个空间融为一体。

为了阻挡火势而堆出来的"火除山"，它的个头还挺大的。

圆鼓鼓

像是野口勇[1]
的风格……

山间盆地的环境本来就很棒。有人说这片安静的土地就适合盖学校，

所以把学校命名为"闲谷"，我觉得很有道理。

1　日裔美国雕塑家。除了雕塑，他还活跃于舞台装置、工艺设计和庭院设计等领域。

的结构。

讲堂外面是石墙围出来的校园，校园外面又是山峦围起来的盆地。换句话说，闲谷学校从室内到室外一共被5层结构包围着。

不过用来划分这些区域的“围墙”边界却非常模糊。内室与内廊之间没有任何家具，地板的高度也完全相同。内廊和外廊也没有明显的界限，打开纸拉门，视线可以直达外面的庭院。

石墙虽然很厚，但是并不高，外面的山色也可纳为校园一景。这种开放型的套匣结构，应该是闲谷学校最大的特征吧。

在这所学校里学习的学生，脑海中恐怕也会形成这样的多重空间——思绪从校园里飞出来，去到山那边的日本，再去到日本外面的世界……

到了明治时期，这所学校就关停了，但随后不久又以“闲谷黉”的名义重新开张。从这里走出过很多名人，如童谣《红蜻蜓》的作词者三木露风、自然主义文学家正宗白鸟，还有爱好收集西方画作、后为大原美术馆的成立做出贡献的实业家大原孙三郎等。是闲谷学校的建筑熏陶了他们。

讲堂是一座正方形的平房，铺着红褐色备前烧瓦的歇山式屋顶非常漂亮。

顺着台阶上到檐廊，隔着花头窗往里看……

究竟得下多大功夫才能把地板擦得这么亮啊？那些柱子简直就像是漂浮在黑色的海洋上。我上小学的时候特别讨厌擦地板，不过无论哪位老师都想在这样干净整洁的地方上课吧。

授课的内室与周围的内廊之间没有家具遮挡。

这是故意要让学生受到外面杂音的干扰吗？为了培养他们的注意力？要真是这样，那么日本的学校早在江户时代就搞"开放式教学"啦！

在套匣的基础上发挥一下，好像能设计出很有意思的校舍呢。

专栏

加藤清正

1562—1611

合理的战术，合理的建筑

说起擅长筑城的战国大名，加藤清正可是与黑田官兵卫和藤堂高虎齐名的人才。

作为羽柴秀吉的家臣，他在贱岳之战中赢得战功，成为肥后国（熊本县）的领主。他也曾参与针对朝鲜的文禄·庆长之役。他在此役中担任普请奉行，负责屯兵据点之一的名护屋城建设。

1601年，他开始在茶臼山上动工修建熊本城，共花费了6年才完成建设。这座城堡形制宏大，以坪井川作为天然的护城河，石垣的独特弧形轮廓更是巧夺天工。据说他采用了在朝鲜见识过的大陆建造技术。

他高超的筑城技术得到人们的认可，因此他也参与了江户城和名古屋城的建设。除了擅长土木工程之外，他在整修水利方面也展示出了无与伦比的才能。

他在马场楠井出的排水道底部凿出洞穴，并排设置了几个拦河堰——这种结构被称为“鼻环”——以便及时排出来自阿苏火山的火山灰，解决了水道堵塞的问题。他还在白川和绿川之中设置“石刎”，减弱水势，减少了洪涝灾害。

加藤清正驱散老虎的逸闻非常有名，可见其性格豪爽不羁。但同时他也粗中有细，做事讲究合理性，能够积极吸收最新的作战技术，是最早采用以步枪为重战术的武将。他的这种特长在建筑和土木等工科领域发挥得淋漓尽致。

四国 九州 冲绳

复杂

好细

吉野里遗迹

佐贺县吉野里町/弥生时代

北内郭。右后方的建筑是主祭殿

弥生时代是日本水稻种植文化开始广泛传播的时代，
吉野里遗迹被认为是日本最大的弥生时代遗迹。通过对它的研究，
我们可以了解当时以“国”为中心的聚落建设和600多年来的时代发展。
建筑物的配置是一大看点，复原程度很高。如果仅仅把它当作一处普通的居住遗迹，那可就看走眼啦。

指定　特别史迹

建筑时期　公元前3世纪至3世纪后半叶

设计者　不详

营 开放时间为9:00—17:00（夏季开放至18:00）。12月31日以及1月的第三个周四和周五休馆。

¥ 门票价格为420日元/成人。

北内郭主祭殿面向南北轴线。

佐贺县神埼郡吉野里町田手1843

从JR吉野里公园站或者JR神埼站出发步行约15分钟可到达。

站在瞭望台上看到的“城市”

我们乘坐 JR 长崎本线在吉野里公园站下了车，这还是我头一回来吉野里遗迹参观。原以为它在人迹罕至的深山之中，没想到遗迹附近就是田野和人家，就像一处平常的郊区风景。这让我多少有些意外。

很久以前就有人知道这里有遗迹了，但直到 20 世纪 80 年代末，它的存在才公布于世，为大多数人所知。当时遗迹附近需要开发工业用地，就先派人做挖掘调查，看看工地里是否有深埋的历史文物。这片弥生时代的大规模环濠集落（周围有水道环绕的村落）因此得以重见天日。

从柱子留下的痕迹推断出来的集落形貌与《魏志・倭人传》中描写的卑弥呼之国相似，因此有人认为“这里就是邪马台国”，由此引发了全国大讨论。

政府批准了当地的请求，将这处遗迹评为国家级的“特别史迹”，并在原址上修建了国营吉野里历史公园。如今遗迹的北边还在继续发掘，已经完成调查的部分按照推定形貌复原，并作公开展示。我们要参观的就是这里。

宛如中世纪的要塞城市

从车站出发步行 15 分钟左右就到了公园的入口处。大门口的服务区里有展示室和餐厅等设施，我们就在这里买了门票进去。服务区的设计师是菊竹清训。顺便说一句，吉野里遗迹这一带原先都是他家的地盘。

过了桥就到了遗迹复原的区域。先去北内郭看看。据说这里相当于“联邦政府”所在地，管辖着吉野里以及周边大大小小的国家。主祭殿分为三层，来自各个国家的代表就聚集在这里，从祭司口中获得神明的指示。

除了主祭殿之外，还有高床式住宅和仓库，它们都被双重壕沟和木栅栏环绕。有意思的是“物见橹”（瞭望塔），它立在壕沟旁边，非常突出，感觉就像中世纪欧洲大陆上的要塞城市。

接下来去瞧瞧南内郭。这里是统治者居住的区域，在壕沟与木栅栏的“包围圈”里有竖穴式住宅和物见橹。中央位置还有块空地，可能是用来召集人群的广场。

它的东边是仓库与集市区，据说这里是物品交易市场，从各地，甚至是海外来的特色产品都集中归置在这里。

除了这些建筑之外，还有坟丘墓（内部已改造成展示室）和一般民众聚居的村落。

公园占地面积很大，逛起来也很有意思。由地形和人工挖掘的壕沟组成的轮廓线条已经很具动感了，再加上复原后的建筑位置巧妙、朝向不一，形成的整体造型非常美观。

特别是在仓库与集市区里，高床式的仓库群彼此屋檐相连，由此构成的微妙曲线让我不禁回忆起初次见到古都街区时内心的感动。现代购物中心的设计就脱胎自这里。

这难道不是城市独有的魅力吗？

城市起源于这里吗

弥生城市——这是20世纪90年代在日本考古学界备受争议的一个话题。随着吉野里遗迹和池上曽根遗迹（大阪府和泉市）陆续被发掘出来，在两地都看到的多处人类聚居的建筑物，有力地证明了弥生时代存在大规模的集落。于是有人提出，“这表明弥生时代就出现了

部构造则完全没有线索可寻”。不能否认的是，上层建筑长成什么样都有可能啊。嗯……

1 菊竹清训自住的东京空中住宅。

城市。”

在此之前，学界均认为日本最古老的城市是7世纪的藤原京。而上述论调则将城市起源的时间往上追溯了一大截。不过也有人驳斥“它不具备城市的要素”，现在这种反对言论仍占主流。

不过当我看到复原后的建筑群时，认为这里确实存在城市的雏形。而且从外形来看，其中包含着将城市打造得美观漂亮的意图。

这可能会被人批评是一派胡言吧。也有可能是负责复原遗迹的建筑专家、著名的木匠头领田中文男先生（已故）发挥“过头”了。但是行走在吉野里遗迹之中的感受表明，这里的确有与城市设计起源有关的蛛丝马迹。

让我产生这种想法的，多半就是物见橹。一个爬上物见橹的弥生人，他的工作就是查看聚落四周是否有敌人入侵或者狼烟警示。可能在某一个瞬间，他的目光停留在了自己居住的聚落，意识到了它是一个整体。这样的情形反复出现后，他的内心突然产生了一种渴望——该如何设计才能让我的家园更加美丽呢？日本历史上的城市设计，可能就源于这么一个小小的念头。

当我也站在物见橹上长久地眺望吉野里的风景时，更加坚信了自己的想法。

综上所述，这一次讨论建筑物的外形是毫无意义的。即便如此，我们也非常兴奋和满足。因为亲身感受到了弥生时代的集落“搭配”。

各个建筑物都是建造在柱穴结构之上的。

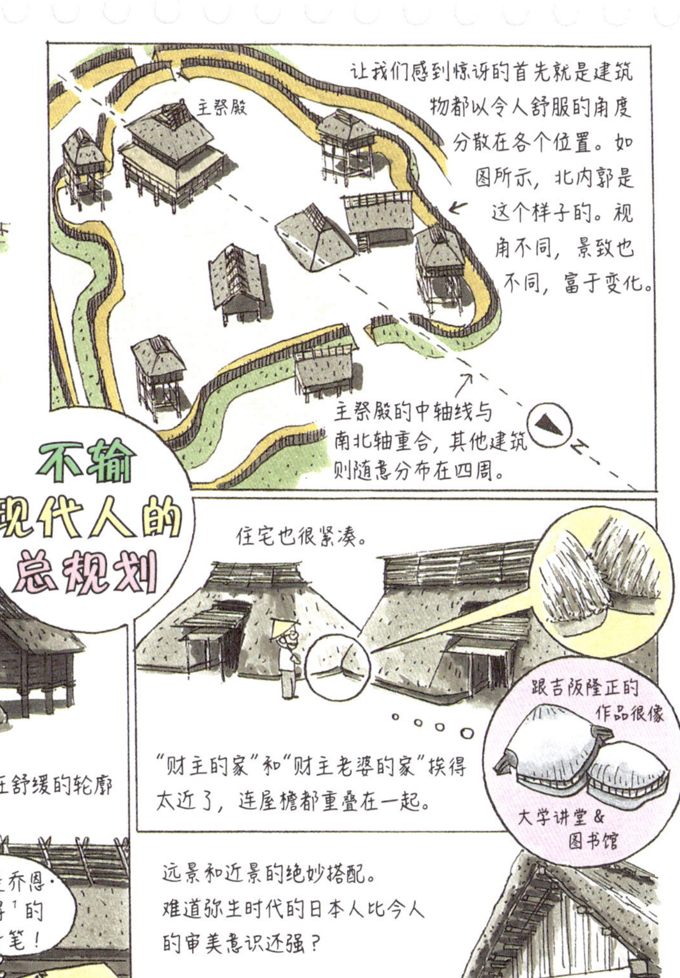

不输现代人的总规划

建筑物的密度适中，令人惊叹。特别是仓库与集市区的样式非常值得相关从业者借鉴。

虽然所在区域占地极广，但是建筑物都安排得很密集，在舒缓的轮廓中营造出热闹的氛围。

远景和近景的绝妙搭配。难道弥生时代的日本人比今人的审美意识还强？

1 Jon Jerde，美国知名建筑师。

24

建议浏览观赏

今归仁城迹

冲绳县今归仁村/13世纪

从北侧望向主城郭

位于冲绳本岛北部的本部半岛上的今归仁城迹，是世界文化遗产——琉球古国遗迹的一部分。13世纪时，本岛上有北山、中山和南山三个割据政权。今归仁城作为北山的都城，建于这个“三山时代”，后于1416年被中山军攻破，1609年，又遭遇萨摩藩军队的侵略，城市被烧毁。如今只留下了断壁残垣，但即便如此，其造型也非常壮观。

指定	世界遗产（琉球王国时期的遗迹和相关建筑）
建筑时期	13世纪
设计者	不详

营 开放时间为8:00—18:00，全年无休。

¥ 门票价格为400日元/成人。

从大庭拍摄主郭的最佳位置为东南方，这里也是赏早樱的好地方。

冲绳县国头郡今归仁村字今泊5101

从那霸市出发驾车需一个半小时。从明护交通枢纽乘坐巴士在今归仁城遗迹入口下车，步行15分钟也可到达。

超越“新国立”的三次元造型

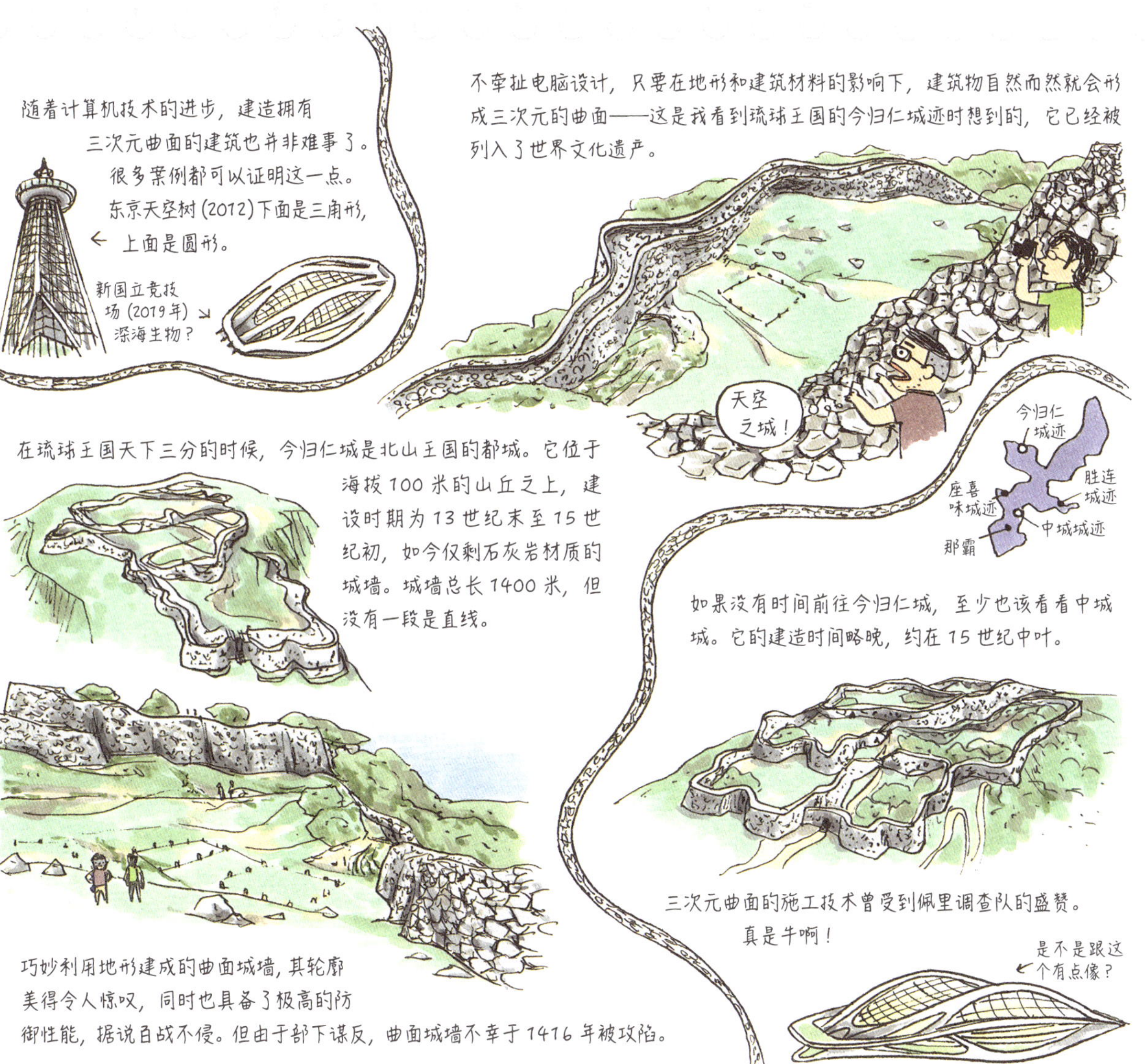

25

建议浏览观赏

熊本城宇土橹

熊本市/安土桃山时代

以天守阁为背景从西侧欣赏橹

宇土橹位于本丸的西北角，建在20米高的石墙之上。地上为三层五阶的结构，共19米高，地下还有一层。镇守宇土的小西行长在关原之战中被消灭后，加藤清正将他的家臣招致麾下，让他们在宇土小路安家，并参与橹的建设和管理。宇土橹也因此得名。

曾经有人认为这是由原来的宇土城天守阁搬迁过来的，但现在的研究否定了这一说法。

指定	重要文化遗产
建筑时期	1607年
设计者	不详

营 开放时间为8:30—18:00（12月至次年2月开放至17:00）。年末年初休馆。

¥ 门票价格为500日元/成人。

要想以天守阁为背景，建议在西侧拍摄。

熊本市中央区本丸1-1

从交通中心出发步行5分钟即到。或者从熊本城·市役所前电车站出发步行3分钟也可到达。

充满男人味儿的直线设计

因为萌熊走红的缘故，熊本城近来人气急升。以纪念建城 400 年（2007 年）为契机，人们开始逐步复原那些在西南战争中被烧毁的建筑。建筑群之庞大令人惊叹。如果要细看，恐怕要花上整整一天时间！

如果参观时间不多，那必看的景点就是宇土橹了。

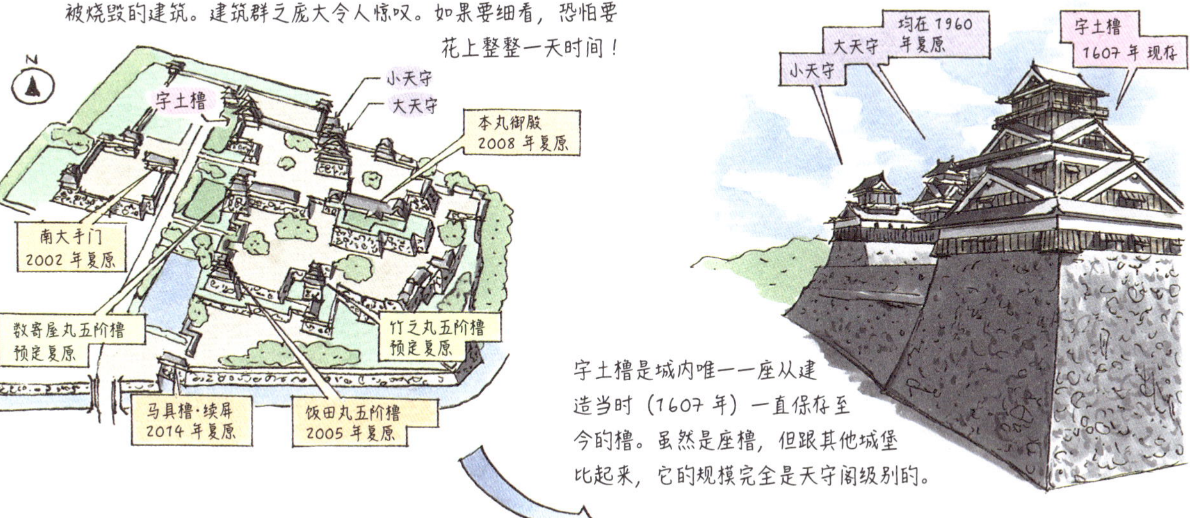

宇土橹是城内唯一一座从建造当时（1607 年）一直保存至今的橹。虽然是座橹，但跟其他城堡比起来，它的规模完全是天守阁级别的。

摒弃曲线、特意强调直线的设计令建筑爱好者们心痒不已。

啊，能清楚地看到天守阁

朴实刚健之感与加藤清正的为人如出一辙。

把天守阁也改成木建筑吧！

看到宇土橹以及其他复原的木造建筑物时，就让人不由自主地认为天守阁也应该是木建筑。1960 年采用 SRC 造[1]复原的天守阁目前也经历了 50 多年的风雨。不如趁着翻修的机会把它一点点还原成木建筑吧？

1 指钢架钢筋混凝土结构。

26

建议仔细观赏

中村家住宅

冲绳县北中城村/18世纪中叶

从西北方向俯视。照片前方为猪圈

中村家住宅是村长（当地称为“庄屋”）的家，建于18世纪中叶。
本岛内像这样保存完好的战前建筑已经很少了。
建筑形式既保留了镰仓时代和室町时代日本建筑的特点，
也有为适应冲绳气候而做的独有设计。

指定　重要文化遗产
建筑时期　18世纪中叶
设计者　不详

营 开放时间为9:00—17:30，全年无休。
¥ 门票价格为500日元/成人。
中庭的南侧为最佳拍摄位置。

冲绳县中头郡北中城村字大城106
从那霸市内驾车约35分钟即到。或者走冲绳机动车道那霸IC约耗时15分钟，走北中城IC约耗时7分钟。

守护家庭的墙壁

这次我们到冲绳县里的特色民居——中村家住宅去看看。它在那霸市北边的北中城村里，从市中心驾车过去需要35分钟左右。那个地方还有中城城迹，属于世界文化遗产之一的琉球古国遗迹的一部分。房子是担任村长职务的中村家盖的，建于18世纪中叶。

住宅周围种了一圈福木，能够起到防风的作用。正对着中庭的是正房，中庭左边是高架仓库，右边是厢房。

屋檐上盖着红色的瓦片，瓦片之间敷有白色的灰泥，衬托得红瓦更为艳丽。有一座狮子吻兽镇坐在屋檐的正中间。

用冲绳本地的黏土烧制的红瓦已经广泛应用在民宅和公共设施等建筑之中，但直到明治时代中期，红瓦还只是在王宫等高级建筑物中才允许使用的建筑材料。中村家住宅自然也用不上，一开始的屋顶都是用茅草铺的。

正房和厢房中梁柱所用的木材都是土杉，比较耐白蚁啃噬。民宅里面一般都用很粗的木材，为什么这里的立柱和横梁都这么纤细呢？

这当然是有原因的。树干挺直的木本植物在冲绳一带可是稀罕物，所以很难找到适合建筑用的大型木材。虽说如此，但这些细瘦的木材反而为室内空间带来了些许现代感，从建筑学的角度来看还挺有意思的。

利用小房檐通风，可降温10℃

这栋住宅令人惊叹之处就是随处可见为了创造凉爽的环境而花费的小心思。

例如，房顶的铺设方法。它使用的是平瓦和圆瓦交互使用的“本瓦葺顶”，这种方法在日本本岛也能见到，但是本岛上用的圆瓦高度一般为 65 毫米，冲绳建筑上用的圆瓦竟然高达 100 毫米以上。光是这个高度，就能较好地抑制平瓦部分的温度上升。

除此之外，仔细观察屋顶的话就会发现，屋脊部分有一排小小的凸起。这是专门开的换气孔，新鲜空气可以通过房檐或者壁龛的缝隙进来，保证室内空气流通。

有人专门测量过，与冲绳地区常见的水泥瓦材质的屋顶比起来，中村家的天井温度最多能低 10℃（木下光等著《中村家住宅的秘密》，2013 年）。

住宅外部空间的建造方式也很耐人寻味。人们居然用堵石墙把住宅和马路隔开，那材质可是正儿八经的琉球石灰岩。致力于在现代建筑中融入冲绳风格，并参与冲绳海洋博物会冲绳馆（1975 年，现已不存）设计的建筑家金诚信吉写过这样的话：“石墙就是建筑的一部分，它是样式厚重的墙，墙外就是檐廊。”（《新建筑》1975 年 9 月号文章《冲绳的空间》）

他想要表达的意思就是，既然已经有石墙来保护隐私了，那么建筑物本身就可以更为开放，于是就有了清风可以穿堂而过的住宅。这么一说，他设计的那霸市民会馆（1970 年）的入口前面好像也有石墙呀。

改变动线的影壁

中村家住宅的石墙从中间断开，里面就是住宅的入口。沿着这个空隙往里走，正面又出现了一道墙，这就是“影壁”。冲绳的古民居里都有这个，建筑材质不一，有用木板做的，也有用树篱做的。

影壁不仅能遮挡人们的视线，保障内部空间的隐私，还能在刮台风的时候

啊，狮子，喜欢！

所以也特别中意名护市厅舍[1]

蹲坐在红瓦上的狮子笑眯眯地迎接着来访的客人。这栋建筑看似传统，但其实里面充满了符合工程学原理的舒适设计，堪称现代生态住宅的典范。

下面就举几个例子。

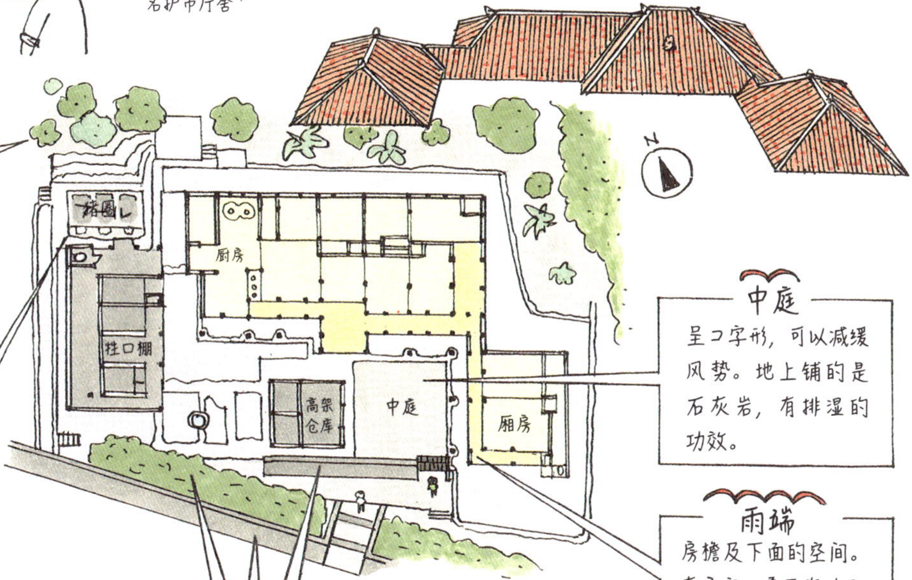

猪圈

厨房

牲口棚

高架仓库

中庭

厢房

后院

在宅院的北边挖出一片斜坡，再用石墙围上，就成了后院。它也能起到防风墙的作用。

猪厕

把风水不好的西北角作为猪圈和厕所。

为了防止木材因湿气而腐烂，木头下方的石头堆成了像墙一般的高度。

中庭

呈コ字形，可以减缓风势。地上铺的是石灰岩，有排湿的功效。

雨端

房檐及下面的空间。有了它，夏天的时候阳光也射不到屋内。

福木

宅院四周高达10~20米的福木树林起到了防风和防海潮的作用。据测定，它能够减轻约1/4的台风风力。

石墙、影壁

影壁是立于石墙内侧的独立壁。它与石墙和福木一起阻挡台风，保卫家园。

1 该建筑中一共有56处狮子形象的设计。

起到减弱风力的作用，避免狂风直袭建筑。

这些都是从功能角度出发所做的解释，其实还有风水的因素在内。冲绳一带的居民认为，如果家中发生不幸，那是恶鬼作祟的缘故。但这个恶鬼只会走直线，有影壁在就改变了前行的动线，想进门得拐弯，自然就把恶鬼拒之门外了。

中村家住宅的影壁也起到了分离动线的作用。向右转就到了中庭，这边有正房和厢房；往左转是厨房和牲口棚，它们离水井近。据说在过去还有男性走右边、女性走左边的规矩。

影壁的形态特征就在于它是独立的一堵墙。日本的传统建筑基本上都是由立柱和横梁构成的，墙壁也多为明柱墙，像这种“独立自主”的墙壁非常少见。影壁作为一种独立壁，在日本传统建筑的历史中添上了别具特色的一笔。

那么现代建筑中有没有类似的存在呢？我脑海中立马浮现出来的就是安藤忠雄的建筑。去过水之教堂（1988 年）或者本福寺水御堂（1991 年）的人应该能明白我说的是什么。这两座建筑的入口处都有一堵原浆饰面的混凝土墙壁挡住了去路。要想进去，得沿着这堵墙绕上好大一圈。这样的气势，不管是什么样的恶鬼恐怕都进不去吧。

冲绳民宅的影壁和安藤忠雄的作品存在共通性——从这点来看，我越来越觉得中村家住宅充满了现代设计感。

红瓦是中村家住宅的特色。其实这是到了明治中期的时候才铺上去的。在琉球王国统治的时代，只有士族以上身份的人才能使用红瓦屋顶。中村家当时还是茅草屋顶。改用红瓦之后，建筑的耐久性增强了。从屋顶的横截面图上可以看出，在3片重叠的平瓦下面，还有10厘米厚的土。这样的构造隔热性和吸湿性都很强，可以延长木材的寿命。

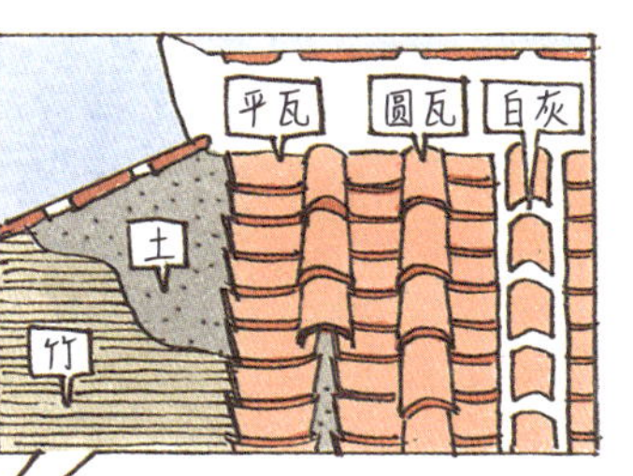

屋脊附近开有空气口。

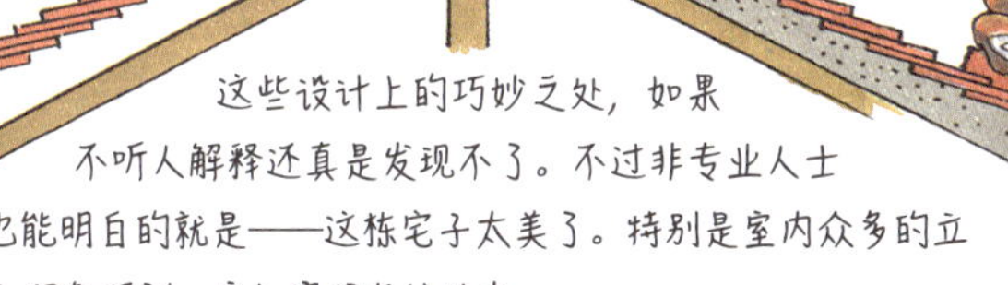

与日本本岛的圆瓦葺法相比，中村家房顶圆瓦之间的缝隙更为狭长。因此，圆瓦的上部与平瓦之间的温差可以高达15℃。

这些设计上的巧妙之处，如果不听人解释还真是发现不了。不过非专业人士也能明白的就是——这栋宅子太美了。特别是室内众多的立柱令人印象深刻，宛如穿行在丛林中。

立柱的侧面仅有10厘米宽。因为在冲绳本地找不到像本岛民宅中常用的那种粗木头。虽说如此，住宅南边是开放的，有很多立柱支撑；北边又放有佛坛等耐震的装置，总体上看，结构非常合理。真是了不起！

27

旧金毗罗大芝居

香川县琴平町/江户时代末期

从东北方向欣赏正面外景

江户时代曾经流行参拜金毗罗神。作为祭祀时的娱乐活动之一，人们建起了一座常年开放的剧场，还让它兼任“富签”（相当于现在的彩票）的开奖场所。日本现存最古老的剧场就是这里。从1972年开始，人们共花费4年时间才把它搬迁至如今所在的地方，复原如昔。每年春天都会有歌舞伎在此表演，已经成为当地的保留节目。

指定　重要文化遗产
建筑时期　1835年
设计者　不详

营 开放时间为9:00—17:00，全年无休。
¥ 门票价格为500日元/成人。
东北方向为拍摄正面的最佳位置。

香川县仲多度郡琴平町乙1241
从JR琴平站出发步行20分钟即到。或者驾车走善通寺IC约花15分钟也可到达。

现世与虚构的双重空间

回顾迄今为止寻访过的地方，我发现建于中世[1]之前的基本上不是寺院就是神社。进入近世之后，其他用途的建筑开始陆续登场，如住宅、城郭、学校，等等。这次我们打算介绍的是一种新的建筑类型——剧场。

金刀毗罗宫被当地人亲切地称为“金毗罗桑”，这座建筑就坐落在金毗罗桑的门前町[2]里。长长的石头台阶前有条分岔路，往左拐走上不一会儿，就看到了我们此行的目的地——日本现存最古老的剧场，旧金毗罗大芝居。

作为这片地区常设的剧场，它建成于1835年。两年后，“大盐平八郎之乱”爆发，日本国内迎来风起云涌的幕末乱世。

说到老剧场，人们一般会想到秋田县小坂町的康乐馆、爱媛县内子町的内子座或熊本县山鹿市的八千代座等，但这些都是到明治时期才建起来的。建于江户时期的正经剧场，仅此一家。

门前飘扬的鲤鱼旗似乎正在热情地招揽客人进来。站在入口处抬头仰望，写有演员名字的匾额排成一排，上面还放置了高台。与东京的歌舞伎座规格相同，如果当天有演出，肯定会挂上大幕。以前还曾经用敲鼓的方式吸引人们的注意。

入口处设有需要弯腰才能通过的便门——“鼠木户”，据说这是为了防止有人偷看演出。在旁边还另开了一扇供武士等有身份的人士出入的大门。

一度被当作电影院

我们脱掉鞋子，进去看看吧。这里

1 日本历史将封建制时期分为前期和后期，后期称近世，前期单称中世，镰仓、室町时代相当于中世。

2 依靠大型寺院或神社发展起来的街区。

没有现代剧场里常见的观众休息室，走过存放鞋靴的地方，就到了观众席。

占据大厅中央位置的就是“升席”[1]，它把草席铺就的地板分成了数个格子。仔细观察就会发现，地板有略微的倾斜。大厅左右两侧设有“看台席”；二楼也有座位，共有前、左、右三个朝向。“花道”和“假花道”从观众席后面一直延伸到舞台上。

舞台下面有依靠人力发动的转台和名为“迫”的升降装置。花道下面也安有机关——“鳖活门”和“空井户”。通过这些机关，演员可以凭空“消失”，然后再从另一个地方冒出来。观众们特别喜欢这种舞台效果。用今天的话来说，就像在看电影特效一样。

这些从江户时期流传下来的道具和装置看似在此静默了百年时光，但事实并非如此。你能看到现在这个情景，其实颇费了一番周折。

1 也称包厢席，即间隔成方形的观众席。

在江户时期，因去金刀毗罗宫参拜的游客接踵而至，这座剧场曾经盛极一时；但进入明治时期后，剧场的所有者像走马灯似的更换，内部也经历了几次改造；在昭和初期，升席都被改成了椅子席；到了1939年，它居然被改成了电影院。1960年，里面终于不放电影了，但建筑物也已破败不堪，无人问津，甚至面临着被解除“县重要文化遗产”称号的危险。

用钢筋加固房顶结构

不过，在看重这座建筑物价值的当地人、演艺界人士和建筑界人士的努力下，保护文物的呼声越来越高，旧金毗罗大芝居在1970年被评为国家重要文化遗产。1972年，人们把建筑整体从街区的中心地带迁到了如今的所在地，并按照历史风貌复原。

在搬迁的时候，人们对建筑重新进行了评估，认为观众席上方原有的大跨在任何时代，凡是要普通民众花钱进的建筑，修建时基本都没有妥协或者半途而废的状况。旧金毗罗大芝居（金丸座）再一次证明了这一点。

虽已有180多年的历史，但它现在依然在使用。每年春季都会举行有明星演员参与的歌舞伎公演。

真气派啊！

哟，坐着还挺舒服的

一楼的平地上是用木条隔开的升席。木条是可拆卸的，观众多的话拆了就行。地板有一定的倾斜角度，坐起来很舒适。

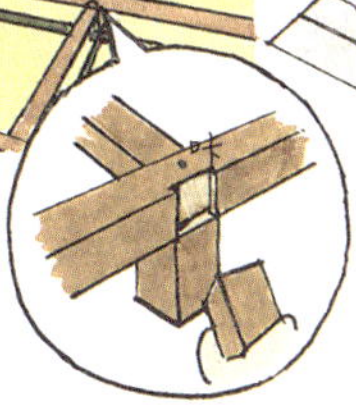

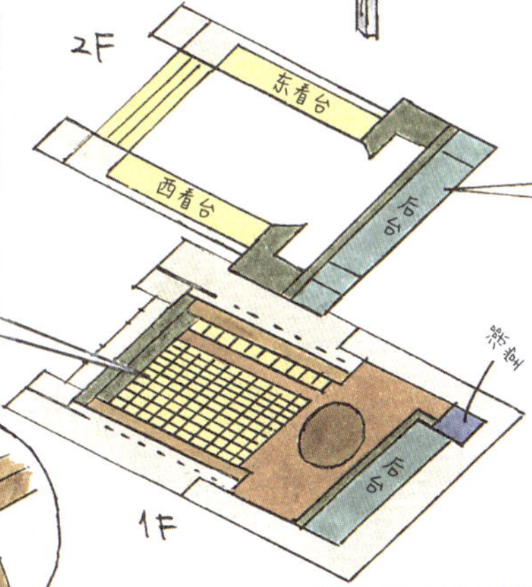

2F

东看台

西看台

后台

后台

1F

后台也很宽敞，非常体贴演员。一楼还有澡堂。

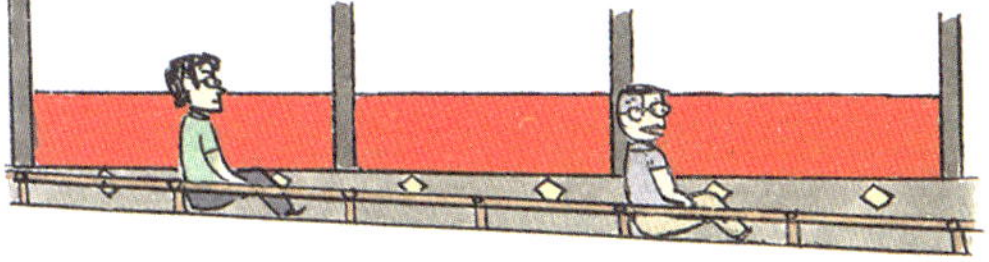

二楼的看台席和后部席令剧场的内部结构更加浑然一体。

剧场就是为庶民创造欢乐的现代主义建筑。

度房顶结构的强度不足以保证安全，于是在观众席中间立起了4根铁柱，用来加固房顶。

2003年，这里又进行了一次维修，人们在房顶支撑材料中加入了钢筋，撤掉了碍眼的柱子，同时复原了观众席上方的“葡萄棚”（用来制造雪花效果）和花道上方的“挂筋”（用来制造飞行效果）等舞台装置。

自1985年以来，每年都有从东京来的一流歌舞伎演员来此进行演出。度过了解体消亡的危机之后，这里又变回了人气剧场，来自各地的游客纷至沓来。

观众席与舞台交叉

我们再回来讨论一下这个上演歌舞伎的剧场特征吧。我首先注意到的就是花道的位置。作为舞台的一部分，它强行将观众席分成了几大块，而且左右还不对称。即便升席内是方方正正的格子，但仍无法改变场内的不均等状况。

与之相对，在现代的剧场里，舞台和观众席泾渭分明，后者更是呈左右对称状。这是为了让观众无论坐在哪个位置，都能看清台上表演而做的设计。这样的剧场追求的就是当灯光暗下、好戏开场的时候，观众们的目光能马上集中在舞台上，不受到其他东西的干扰。

而在旧金毗罗大芝居里面看歌舞伎的观众则可以用一种更轻松的姿态欣赏表演。他们可以在自然光线中一边悠闲地吃便当，一边偷偷瞄看台席里面有没有名人的身影。

而且他们呼唤演员的时候，从来不叫角色名，而是直呼他们的屋号，如“成田屋”。这也证明了观众们并没有沉浸在剧中的世界。

源自江户时代的剧场之所以长盛不衰，正是因为里面有“现世”和“虚构”这两个共存的空间。

舞台机关与现代的相比也毫不逊色！

采光窗

花道上空有“挂筋”，可造成演员悬空的效果。

舞台上的“迫”和花道上的“鳖活门”可以升降。

地下的“奈落”就是操纵各种机关的场所。

哦，地底下这么宽敞啊

直径7.3米的转台可凭人力推动。下面带有木质的滚子（轴承），4名成人即可操纵。虽然是木头，但是一点都没有腐烂的迹象，如今还在服役。2010年，这个转台被列入“机械遗产”。

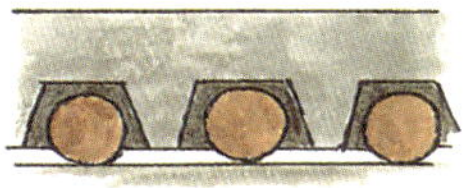

因为里面有各种各样的机关装置，所以舞台一侧的外观设计稍显杂乱。

不过反而比正面还酷呢！

是继承传统的典范，还是亟待超越的现代派建筑的极限？

与歌舞伎表演的多样性相比，歌舞伎剧场的样式是固定的。即便是战后新建、被称为“名作”的歌舞伎剧场，与其他剧场的差别也不大……不如尝试新的剧场设计，没准还能改变歌舞伎的表现形式呢！

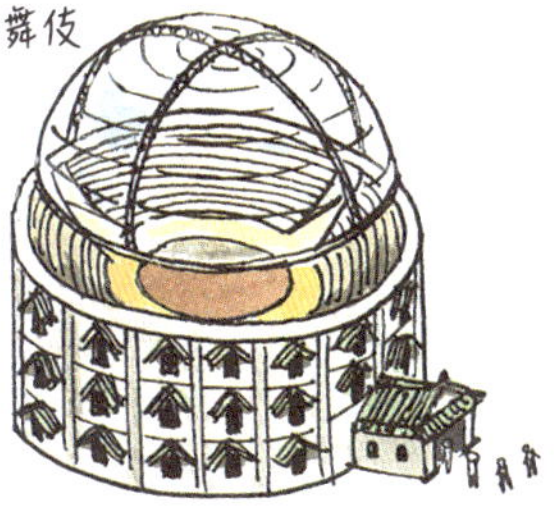

比如角斗场样式的……

旧格罗弗住宅

长崎市/江户时代末期

从西南方向欣赏外景（格罗弗园提供）

这是日本最早的木造西式建筑，贸易商人托马斯·格罗弗（1838—1911）曾在此居住。
1859年，21岁的格罗弗来到日本，4年后他完成了这栋住宅的第一期工程。
他自己设计图纸，由来自天草的木匠头领小山秀负责施工。
格罗弗的儿子仓场富三郎（实业家、水产学者）也一直住在这里，直到1939年他把宅子卖给三菱重工。

指定　重要文化遗产

建筑时期　第一期工程完成于1863年，明治维新之后又有阶段性的扩建

设计者　托马斯·格罗弗、小山秀

营　开放时间为8:00—18:00（闭馆前20分钟禁止入内），全年无休。

¥　门票价格为610日元/成人。

西南方可拍摄到带花坛的外景。

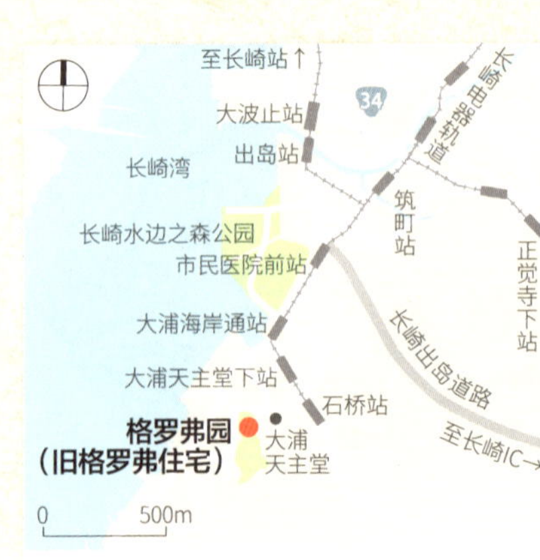

香川县仲多度郡琴平町乙1241

从JR长崎站出发乘坐有轨电车至大浦天主堂或者石桥站下车，步行8分钟即到。

用四个半世纪拼成一朵花

作为与明治维新渊源颇深的托马斯·格罗弗的活动据点，格罗弗邸非常有名。但是作为一栋建筑物，它的特点又在哪里，恐怕知者甚少。

即便是在"格罗弗园"内众多漂亮的洋房之中，这栋住宅也是非常引人注目的。首先就是外形很显眼。站在地面上可能感觉不到，但一看俯视图你就明白了。↓

覆盖着圆弧状露台的天井顺势而建，弯曲的格子天井呈放射状铺开。露台之间互相连通，中间还夹着一座温室。嗯……这样复杂的结构是怎么琢磨出来的呀？

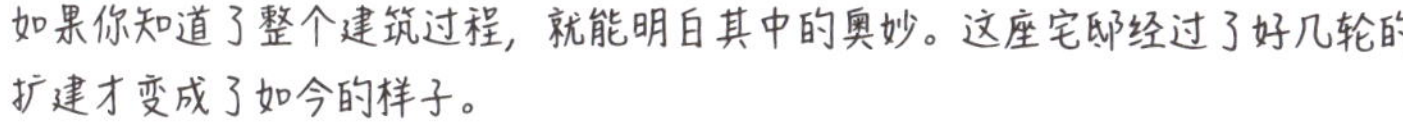

如果你知道了整个建筑过程，就能明白其中的奥妙。这座宅邸经过了好几轮的扩建才变成了如今的样子。

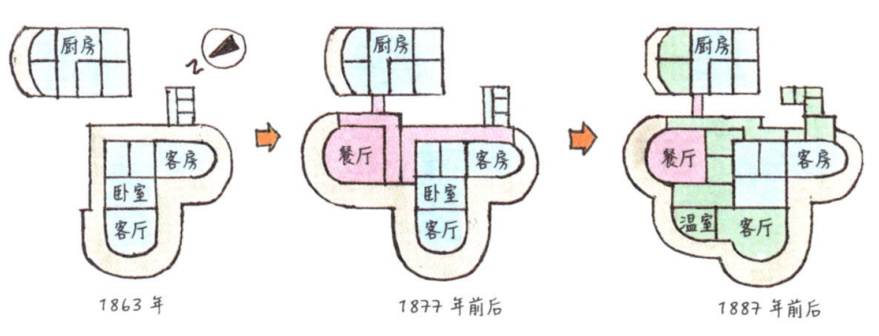

这座住宅的建设者小山秀也曾参与大浦天主堂的修建。他从没出过国，却能设计出如此壮丽的教堂，确实是个人物。顺带一提，木匠头领小山秀还是节目编剧小山薰堂的高祖父。

建议
仔细观赏

道后温泉本馆

爱媛县松山市/明治二十七年

西侧外景，可看到正面玄关

道后温泉是日本最古老的温泉，连《日本书纪》上都有相关记载。
1894年，它在第一代道后町长伊佐庭如矢的提议下动工修建，结构为木造三层楼。
建好后的第二年，文豪夏目漱石便赴松山履职。他最喜欢的三楼一室如今名为“哥儿之间”。
每天早上6点钟，在本馆上的振鸾阁中就会响起鼓声，宣布开馆。

指定 重要文化遗产

建筑时期 第一期工程于1894年完工。“二战”后有阶段性的扩建

设计者 坂本又八郎(第一期)

营 神之汤·一楼的营业时间为6:00—23:00，神之汤·二楼、灵之汤·二楼和灵之汤·三楼单间只营业到22:00。

¥ 神之汤·一楼价格为410日元/成人，神之汤·二楼价格为840日元/成人，灵之汤·二楼价格为1250日元/成人，灵之汤·三楼单间价格为1550日元/成人。

正面玄关朝西。四个方向的设计各不相同。

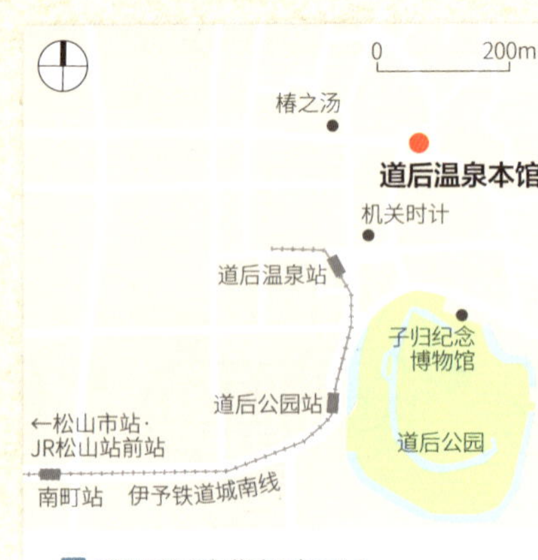

爱媛县松山市道后汤之町5-6

乘坐伊予铁道市内电车在道后温泉站下车，步行5分钟即到。

建筑里的“小说”

我们在松山有轨电车的终点站下了车，面前是一条带有顶棚的商店街。穿过这条街，就到了一片开阔的广场。广场上有一座气派的建筑，那就是道后温泉本馆了。它作为道后温泉的室外浴场，时至今日仍是顾客盈门。

入口位于建筑西侧的中央位置，上面安有一个外形粗犷的唐破风[1]。整个建筑外形是不对称的：北边有一个开放的门面，门窗都是传统的日式拉门，房檐上还有一座骑楼；东边建筑上则有铜板铺成的数重破风，特别显档次。

不同方位呈现出不同风格的原因在于，这座建筑经历了一个长时期得阶段性扩建。北边的神之汤本馆修得最早，于1894年完工。1899年又在东边盖了又新殿和灵之汤。因为南边还有一座叫养生汤的室外浴场，施工难度大，因此在1924年才改建完成。10年之后，人们又把位于西侧的原门楼迁到了别的地方，这才有了如今的模样。

承担主要建筑设计工作的是松山城的木工头儿坂本又八郎。如果细看天井，你就会发现里面有西洋建筑的桁架结构，这证明了当时就已经采用了新式的建筑技巧。虽然外表上看还是正宗的和式建筑，但它已经带有近代建筑的特点了。

现在的道后温泉本馆有神之汤和灵之汤这两种类型的浴场，它们还各自附带休息室，里面甚至还有皇室专用的浴室——又新殿。

1 卷棚式封檐板。中央部呈弓形，左右两端翘曲。

“禁止哥儿游泳”

神之汤的内部分区非常有意思。男子浴场里有一间更衣室和两间浴室，而女子浴场里只有一间浴室，更衣室却有两间。原来男子浴场和女子浴场的前身分别是神之汤和养生汤的男女混合浴室。后来把神之汤的更衣室和养生汤浴室里面的隔板抽掉，就各自成了单独的男浴室和女浴室。多次的改扩建令这里的室内犹如迷宫一般复杂，不过这也是其魅力所在。

道后温泉本馆竣工后不久，夏目漱石就来到了这里。他的代表作《哥儿》中还专门有对此地的描写。

《哥儿》一书以松山为故事背景地，主人公与作者的身份一样，都是从东京来这里履职的青年教师。道后温泉在书中名为“住田”，主人公“哥儿”每天都搭着西式毛巾过来泡澡。

在哥儿眼里，松山就是个乡下地方，但他对温泉的评价很高——“看遍其他所有地方，都远远不如东京，独有这温泉还真可观。”在人生地不熟的异地工作，能够让他像在故乡一般放松身心的场所，也就只有这里了。

这部杰作中还提到了浴室内的一段小插曲。哥儿趁着浴室里没人，就在大池子里面游起泳来。但貌似还是被人撞见了，第二天浴室里就贴了一张告示：“池内禁止游泳！”

受了名著的启发，如今的神之汤男子浴室里也挂着写有相同字样的木板。这样的小装饰很得人心，不由得令人产生和文豪同浴一般的兴致。

想当建筑师的小说家

其实夏目漱石还有过当建筑师的梦想。他在随笔《落第》（1906 年）中就曾清楚地表明作此打算的原因——“像

建筑不是“点”，而是“线”和“面”。

正是这次的目的地——道后温泉本馆，让我更加坚信了这种说法。它是如此魅力四射，以至于宫泽洋都忍不住要马上冲进去。

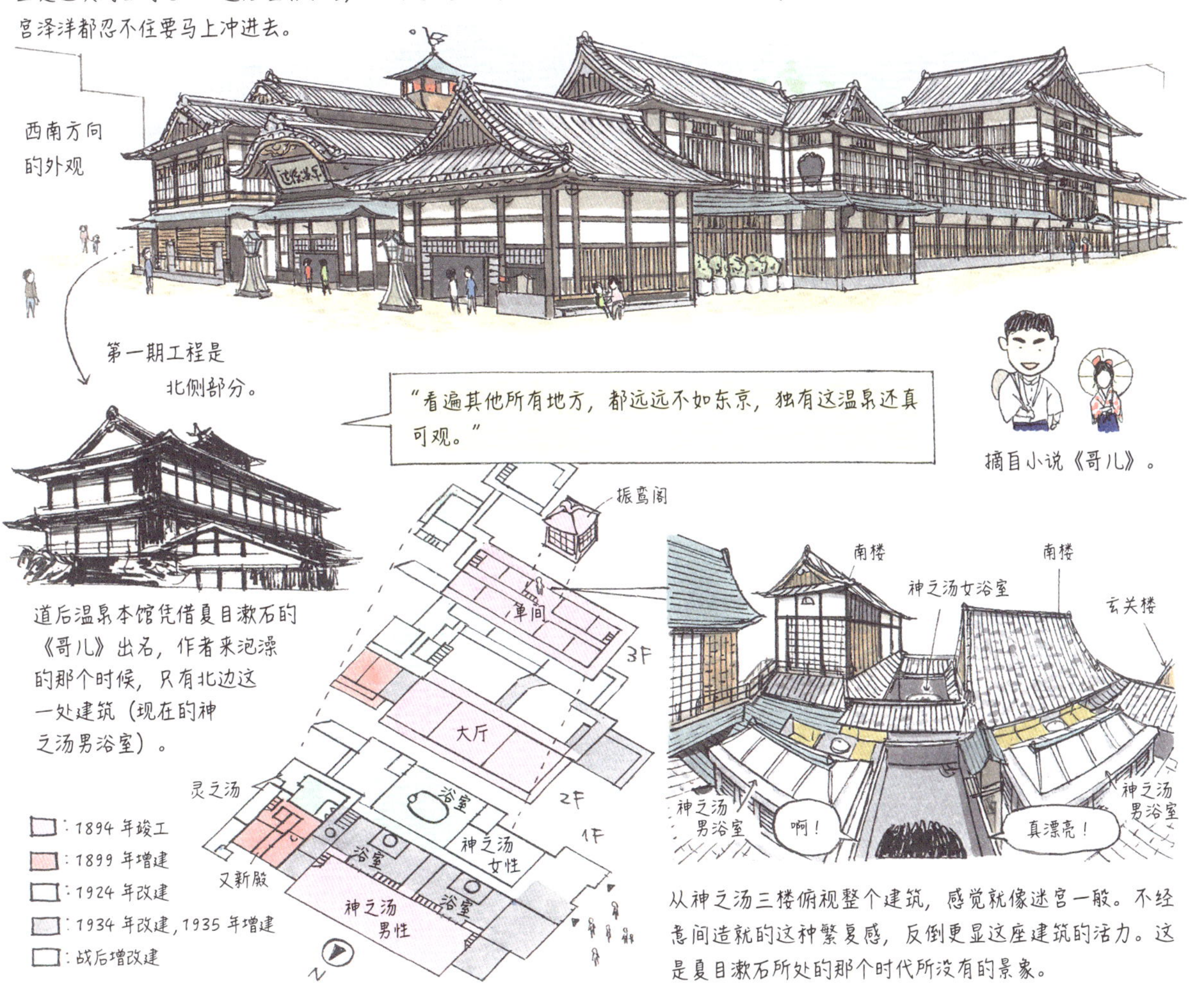

道后温泉本馆凭借夏目漱石的《哥儿》出名，作者来泡澡的那个时候，只有北边这一处建筑（现在的神之汤男浴室）。

从神之汤三楼俯视整个建筑，感觉就像迷宫一般。不经意间造就的这种繁复感，反倒更显这座建筑的活力。这是夏目漱石所处的那个时代所没有的景象。

我这样的怪人，能干的工作也就只有建筑师了。”他甚至想造出像金字塔那样宏伟的建筑，但是朋友劝告他：“在日本，你只有走文学这条路才能给后人留下东西。”听罢此言，他只好放弃。

其实我们可以把夏目漱石当作文学家里的“建筑师”来看待。

在松山和熊本两地教完书后，他听从政府的派遣赴英国留学。这么说来，辰野金吾也曾在英国镀金。他回国后就参与了日本银行本店和中央停车场这样的大工程，而夏目漱石，也期待能在文学界取得这样的成就。

在伦敦，他开始着手撰写《文学论》。这是一本非常严肃的文学评论集，以科学严密的分析见长，宛如在文学界打造了一座结实坚固、气派宏伟的圣殿。

但是书还没写完，他就患上了严重的思乡病，不得不退学回国。

与“大说”相对的“小说”

回到日本后，夏目漱石开始从事小说的创作。与论及天下大事的“大说”相对，小说里面描写的都是民间风俗、市井流行之类的小事。擅长描写近代社会人际关系和情感烦恼的夏目漱石，在这个领域成了举世知名的文学家。

让我进行类比的话，没有成为建筑师而变成了小说家的夏目漱石，论及两种作品的共同之处，他所创造的应该就是道后温泉本馆这样的建筑吧。

与辰野金吾设计的银行、车站、公会堂之类堪称“大说”的建筑相比，道后温泉本馆就是“小说”。它没有“大说”宏伟壮丽，但是多变的造型和丰富的内涵也带给人不少乐趣。正因如此，它才抹平了夏目漱石心中属于近代人的烦恼。

只洗澡的话收费410日元，如果要在二楼的大厅里休息喝茶，就要840日元。作为重要文化遗产，这个收费标准也算很实在了！

浴室	神之汤（男·女）	灵之汤（男·女）		
区域	只洗澡	二楼大厅	二楼大厅	三楼单间
		提供浴衣、茶水和零食		
费用	410日元	840日元	1250日元	1550日元
营业时间	6:00—23:00	6:00—22:00		

1934年，神之汤浴室被改造成钢筋混凝土结构，但是汤釜（烧热水的锅炉）仍是从夏目漱石那个时代流传下来的"古董"。

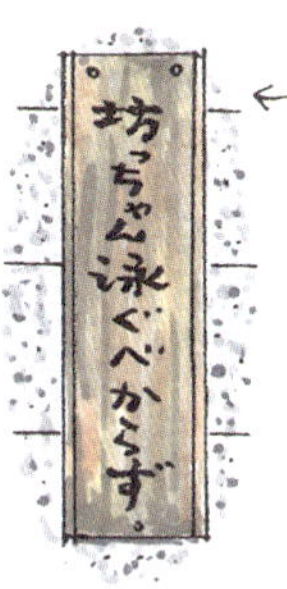

这自然是后人加上去的，别出心裁。

洗完澡后可以去二楼的大厅里休息，北边的窗户是全开放的，真爽啊……在120年前就能设计出这种带有附加价值的浴场，真是厉害。当我听说这是在道后町第一任町长伊佐庭如矢力排众议、极力促成下才建成的公共设施时，大吃一惊。他说过："要修成100年后也无法模仿的建筑！"木匠头领坂本又八郎的手艺也真是令人赞叹！

立于北侧的铜像

在伊佐庭町长的指挥下建造的只有北边的建筑和又新殿（1899年）。之后又扩建过好几次，虽然造型多变，但和谐统一，给人的感觉很好。这是源于无名建筑者之间"奇迹般的合作"。

"汤玉"主题的雕刻提升了各建筑间的统一感。一目了然很重要啊。

30

建议浏览观赏

旧松本家住宅

北九州市/明治四十三年

洋馆东侧外景

这是煤炭业大亨松本健次郎的住宅兼迎宾馆，分为洋馆和日本馆两部分，洋馆的设计师是辰野金吾。洋馆有着丰富的曲线造型，属于新艺术派建筑风格。日本馆的设计师是久保田小三郎，他也是洋馆的建设监理人。“二战”后，这里一度成为美军的驻扎基地，从1952年开始作为西日本工业俱乐部的会馆投入使用。

指定 重要文化遗产

建筑时期 1910年（明治四十三年）

设计者 辰野金吾（辰野片冈事务所）

营 平时只能看看洋馆东边的外景。每年春秋各开放一次内部参观，营业时间为10:00—17:00。可能会在周二闭馆。

¥ 参观免费。

平时只能看到洋馆的东侧外景。如能进入前院，则南侧取景佳。

福冈县北九州市户畑区一枝1-4-33

从JR小仓站出发乘坐出租车20分钟到达。或者乘坐西铁巴士在明治学园前下车，步行5分钟即到。或者从JR户畑站出发乘坐出租车7分钟即到。

辰野金吾的青蛙食堂

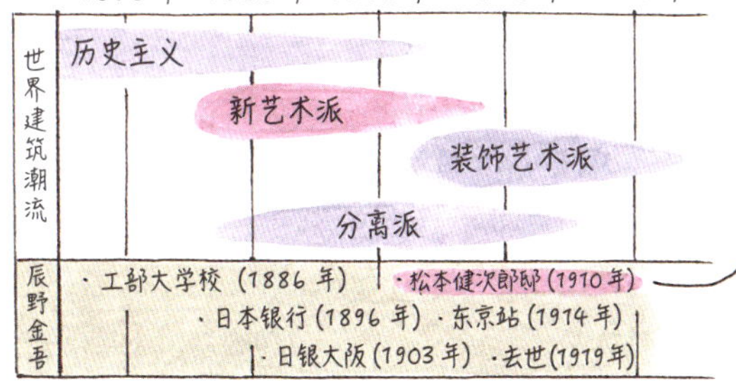

在辰野金吾大展身手的20世纪头10年间，世界建筑界正在经历多种潮流的冲击：历史主义风格再现江湖；新艺术派、装饰艺术派和分离派等新兴的设计流派各领风骚数十年。而辰野金吾则将历史主义风格贯彻到底，并借此成为日本建筑界举足轻重的人物。虽说如此，他也有新艺术派风格的作品存世。

那就是位于北九州市的“旧松本家住宅”。

面向庭院的南侧门脸就非常漂亮，更不用说极具特色的露明骨架（木架与白墙）外观了，光是左右不对称的立体结构就让建筑爱好者心痒难耐。由不对称造成的微妙平衡感简直可以与京都的飞云阁一较高下。辰野金吾的另一面真是令我惊讶不已。

辰野金吾是遵从雇主的意愿才使用了新艺术派的建筑手法，还是他自己有意为之，我们无从得知。不过，从室内无处不在的精巧设计里不难看出，他完全乐在其中，并非勉强而为。

例如餐厅的这个设计 →

酷似蛙脸的墙壁装饰让我忍不住叫出声来。

不同房间里的灯饰造型也不一样，都非常精美。这样的辰野风格也不赖啊。

\让欣赏日本遗产的乐趣增加十倍！/

建筑用语关键词图解

用于描述古建筑特点的一些专门用语总是让人看得一头雾水，似懂非懂的。但说实在的，如果能切实明白这些词汇的含义，会令欣赏建筑的乐趣加倍。下面我就用简单易懂的图解方式对本书中常见的建筑用语进行说明。（宫泽洋）

★★★：基础词汇（绝对要知道）

★★：进阶词汇（有兴趣了解）

★：高级词汇（专业人士才懂）

首先我们来了解一下柱子的修筑方式。

★★★

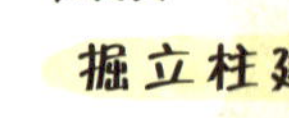

技术革新

★

础石建筑

这种建筑是把立柱插入地上挖好的洞里。从太古时候起，建造大型的建筑物时多采用这种手法。所用的木材都是像栗木之类不容易腐坏的材料。

三内丸山遗迹、吉野里遗迹、伊势神宫

这种建筑则是把柱子建在石头上。因为柱子不用直接接触土地，所以不容易腐坏。这种建筑方式是从中国传过来的，随着寺院建筑的普及而在日本境内广为传播。

法隆寺等

神社屋顶上放的是什么呀？

★★

千木

屋顶两端的封檐板向上空凸出交叉的长木。分

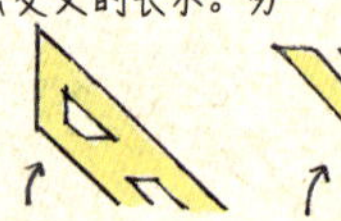

为“外削形”和“内削形”。据说前者用来祭祀男神，后者用来祭祀女神。

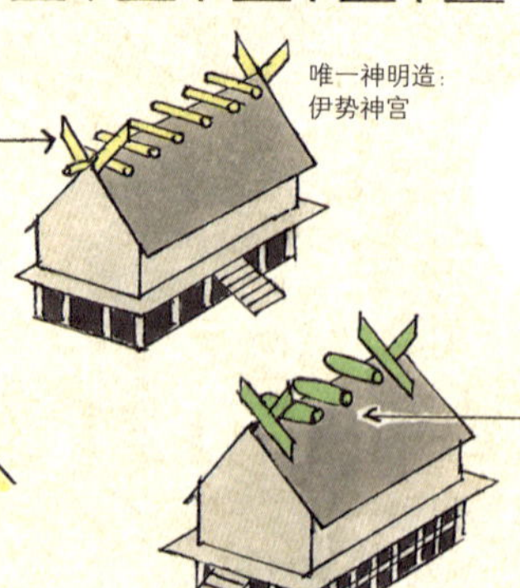

大社造：
出云大社

★★

鲣木

与屋脊垂直相交的并排圆木（也写作坚鱼木或胜男木）。据考证，它原本是用来加固屋顶的。其名字的由来可能是因为外形与鲣鱼干相似。

★★★
切妻　寄栋　入母屋

请记住这三种基本的屋顶外形。

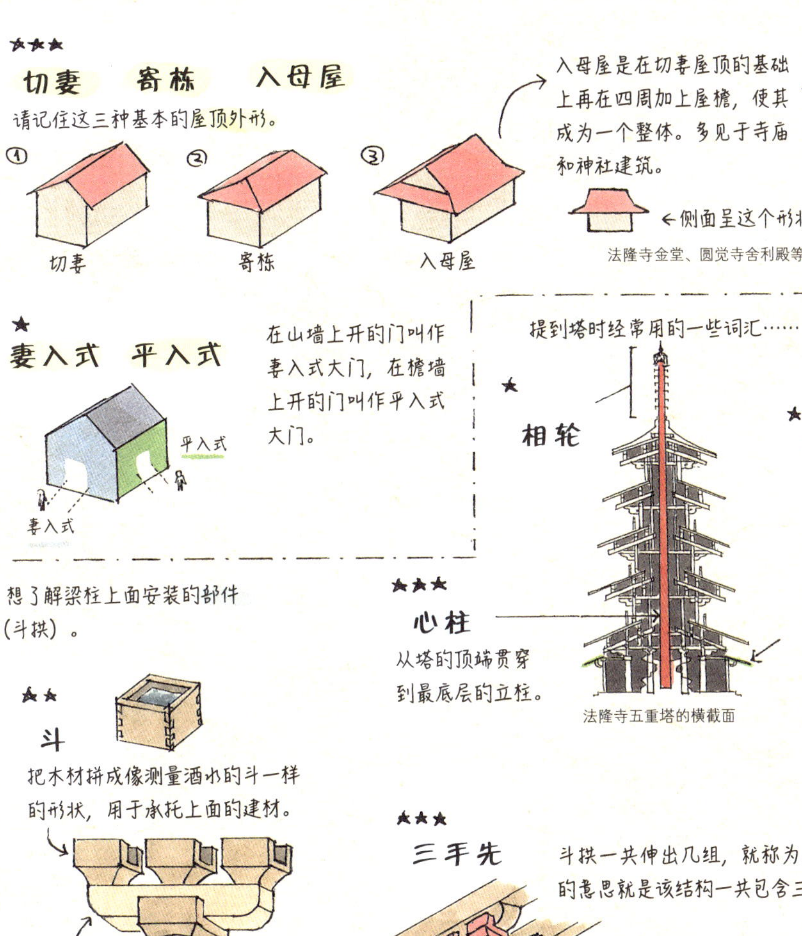

入母屋是在切妻屋顶的基础上再在四周加上屋檐，使其成为一个整体。多见于寺庙和神社建筑。

←侧面呈这个形状的就是入母屋。

法隆寺金堂、圆觉寺舍利殿等

★
妻入式　平入式

在山墙上开的门叫作妻入式大门，在檐墙上开的门叫作平入式大门。

提到塔时经常用的一些词汇……

★
相轮

★★
裳阶

在原有的屋顶下面加盖的一层屋檐，较原屋檐朴素，为遮风挡雨之用。

安乐寺八角三重塔

★★★
心柱

从塔的顶端贯穿到最底层的立柱。

法隆寺五重塔的横截面

想了解梁柱上面安装的部件（斗拱）。

★★
斗

把木材拼成像测量酒水的斗一样的形状，用于承托上面的建材。

★★
肘木

梁状水平木材，位于斗的下端，用于分散重力。

★★★
三手先

斗拱一共伸出几组，就称为几手先。三手先的意思就是该结构一共包含三组斗拱。

也有采用四手先和六手先的建筑，如东大寺大佛殿。

学习日本史的时候就接触到的“禅宗样”和“大佛样”这两种建筑样式，它们的区别在哪里呢？

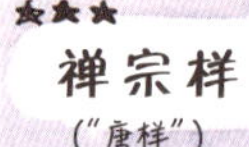

★★★

禅宗样（“唐样”）

从镰仓时代初期开始就在禅宗寺院内推广，爱用精细的部件，富有装饰性。

★★

扇垂木

支撑屋顶的垂木（椽子）以放射状的形式排列。在此之前的建筑物中，垂木（椽子）都是平行排列的。这种样式也在禅宗寺院以外的地方流行开来，日光东照宫的阳明门使用的就是扇垂木。

安乐寺八角三重塔等

★★★

花头窗（火灯窗）

圆觉寺舍利殿等

呈吊钟形的窗户。因其边缘如同火焰一般，曾得名“火灯窗”。但因为会令人联想到火灾，为了讨吉利，便改名花头窗（与“火灯窗”同音不同字）。

★

弓栏间（波栏间）

拥有弯曲如波浪的纵向窗栅。

安乐寺八角三重塔等

除上述特征之外，禅宗样建筑一般比较瘦长，而且有翘起的屋檐。不过看起来基本都是左边的那个样子，外行人不太好分辨。

★★★

大佛样（“天竺样”）

在镰仓时代，由僧人重源将这一建筑样式引入日本。爱用粗壮的木材，风格粗犷。

★★★

贯

在柱子上打洞，将横木从其中贯通而过的建筑方法。需要粗壮的木料作为柱材。

← 贯

净土寺净土堂的内部

★

插肘木

以往的肘木都是架在柱子上面的，插肘木是在柱子上打孔，把肘木直接插进去。

★★★

和样

净琉璃寺本堂（平安后期、京都）

在6世纪从中国传过来的寺院建筑形式之上又加入了一些日本元素，两者结合所产生的朴素建筑风格。有很多设计都着重突出水平线。

★★

多宝塔

石山寺多宝塔

底座是正方形，上面是圆形。据考证这是源自日本的建筑形式。

要是对城感兴趣，最好了解一下这些知识。

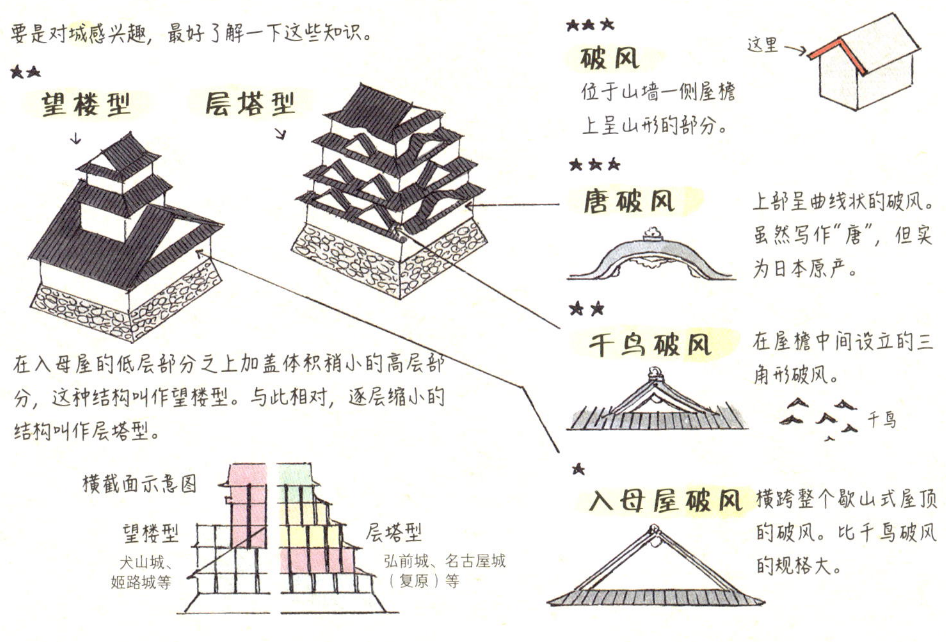

了解一些建材兼装饰部件的名字及其演变。

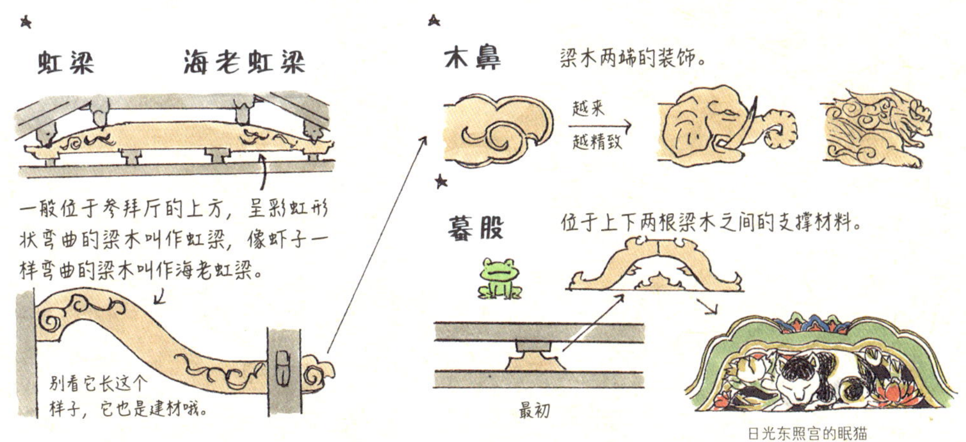

这个部分讲解的是西洋建筑的基本词汇。

★★★

拱（arch）

石造建筑中为了连接距离较远的两个地方，需要把石头堆砌成彩虹的形状。石块与石块之间仅依靠彼此压缩的力量连接在一起。

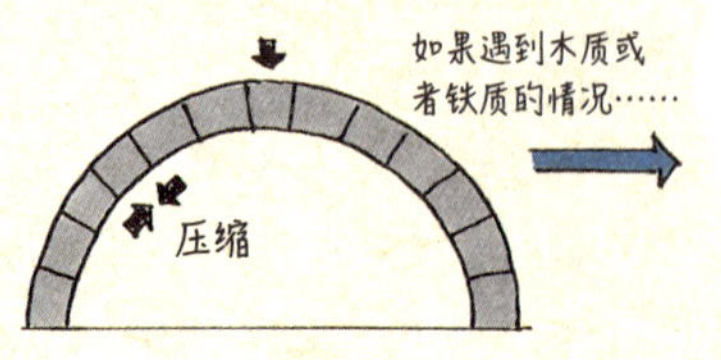

如果遇到木质或者铁质的情况……

★★★

桁架（truss）

以三角形为基本单位的结构。

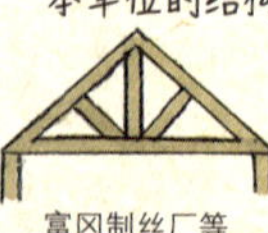

富冈制丝厂等

应用

★★★

拱顶（vault）

多个拱形连接在一起构成的曲面屋顶。

★★

拱心石（keystone 要石）

最后嵌入拱形顶端的楔形石块。多数还起到装饰作用。

富冈制丝厂等

趁着这个机会，再了解一些关于装饰的词汇吧。

★★★

主立面（法语 façade）

建筑物正面的设计。如果侧面的装修也很见功夫，那么也可以用这个词。法语的façade与英语的face出自同一个语源。

建筑物的脸（face）

★★

三角墙（pediment）

位于山墙顶部的三角形区域，相当于日式建筑中破风上的装饰物，是一个展示装饰手段的绝佳场所。

京都国立博物馆的三角墙

★★

屋顶窗（dormer）

斜面屋顶上向外突出的小窗户。

东京站丸之内站舍

★

壁柱（pilaster）

从墙壁上略微突出的、带有棱角的柱子。

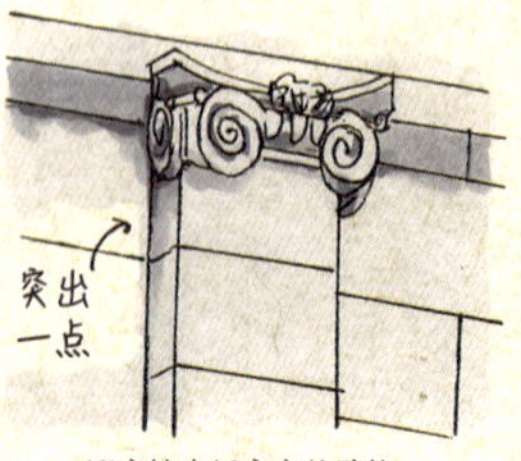

迎宾馆赤坂离宫的壁柱

如果对古典建筑的柱式（基本构成）多一些了解，那就是“专家”啦。

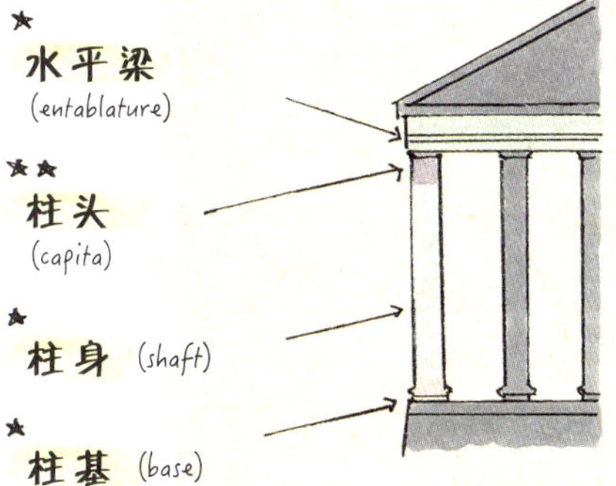

柱头主要采用以下三种形式：

★
多立克柱式 (Doric)

非常简洁。

★★
爱奥尼柱式 (Ionic)

亲民的圆弧形。

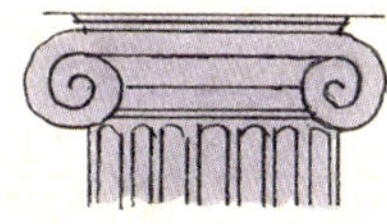

★
科林斯柱式 (Corinth)

布满了莨苕纹饰。

最后，让我们一起简单了解下前面这些“样式建筑”出现以后，世界上又掀起了怎样的设计潮流。

★★★
哥特 (Gothic)

有很多尖尖的高塔。

★★
新艺术 (法语 art nouveau)

像植物一样拥有自由的曲线。

★★
装饰艺术 (法语 art déco)

以直线和圆弧为主的几何学外形。

★★
露明木骨架 (half-timbering)

兴起于北欧的建筑手法，设计特点是可以看到露在外面的房屋木质结构。与新艺术派和装饰艺术派的融合度很好，因此备受关注。

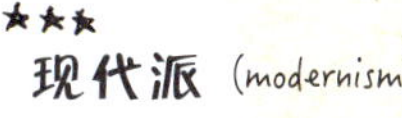

★★★
现代派 (modernism)

设计简洁，比起装饰性，更重视功能性。

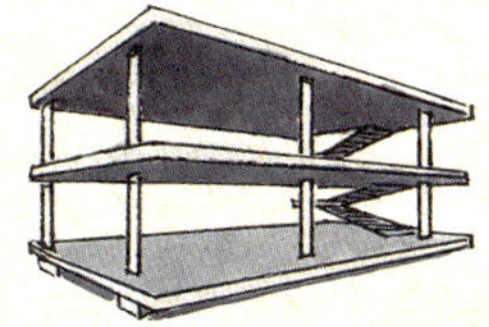

★★
后现代派 (postmodernism)

又回到重视装饰性的设计上。

\一看就懂！/

日本建筑5000年发展史

探访老建筑时，总想了解它背后的历史脉络。
虽说如此，要为它专门去攻读与日本建筑相关的专业书籍，就太费工夫了。
因此，我们特别邀请了建筑史方面的青年专家伏见唯先生，
为我们深入浅出地讲解日本建筑上下5000年的发展史。建议配合卷首的年表一起阅读。

东○、西○为各建筑在书中的编号。

“五月梅雨降光堂，不掩昔辉煌”和“众人齐尊崇，二十一年一迁宫，动静花火红”分别是松尾芭蕉为中尊寺金色堂和伊势神宫式年迁宫仪式所吟咏的俳句。被誉为“俳圣”的他曾游历日本全境，在不少地方都留下了名作。其中一些著名的建筑仍保存至今，给我们带来与俳圣相似的感动。所谓旅行，也是与沿途建筑的一场邂逅。

作家矶达雄先生和编辑兼插画家宫泽洋先生把他们在旅途中见识到的著名建筑及观感记录下来，汇总集结成本书。本文的写作目的就是按照建筑时间的先后顺序，对他们邂逅的建筑进行系统的整理。可能有些分类不是十分严谨，总体来说是按照历史朝代将本文的内容分成几个段落，简单扼要地对本书中出现过的建筑及其产生背景进行讲解说明的。

史前—飞鸟

东之绳文，西之弥生

所谓绳文时代和弥生时代的说法，其实是依据当时占据主流的文化进行的历史时代划分。在弥生时代的文化已经普及开来时，有部分地区仍继承着绳文时代的文化，创造了续绳文文化。所以单纯按照时代对此时出

三内丸山遗迹

现的建筑进行分类有些勉强。

历史学家网野善彦先生通过对土器上面的花纹等内容进行分析后指出，东日本地区在绳文时代孕育出了复杂多样的文化；与此相对，弥生文化是从日本以西的地方流入的，因此在短时间内于西日本地区得到了广泛传播。

结合书中所载内容，绳文时代出现的建筑——**三内丸山遗迹**（青森，东06）和**大汤环状列石**（秋田，东07）都在东日本，弥生时代出现的建筑——**吉野里遗迹**（佐贺，西23）则在西日本。由此不难看出，东边兴起的是狩猎采集文化，西边则是水稻耕作文化。

但也有人认为，东日本的农耕文化之所以不发达，是因为当时出现的水稻品种并不适宜在该地区生长。而且位于萨摩半岛南部海区的鬼界火山曾在绳文时代大规模喷发，导致西日本的部分绳文文化遭遇灭顶之灾。

需要补充说明的是，这些仅表明了某一时期的一种倾向。东日本也有弥生时代的登吕遗迹（静冈），西日本也有绳文时代的上野原遗迹（鹿儿岛），这些均为重要的文化遗迹。

神圣的气息

坚守“形式”的神社建筑

日本最早的建筑遗构是**法隆寺西院伽蓝**（奈良，西11）。在现存的寺庙建筑中，法隆寺的建筑样式也是最古老的。但事实上，神社建筑传承了更为古老的建筑形式。与寺庙建筑相比，神社建筑更为严格地保留了古时的形式和传统，无论时代如何变换，新建的神社建筑仍然遵从古式。

而“式年迁宫”的仪式更加巩固了神社建筑的这一特点。所谓式年迁宫，就是新建一座神社取代旧社。具体的实施情况依神社和时代而异，大体上就是依照原样复制。其中声势最为浩大的就是**伊势神宫**（三重，东22）的式年迁宫，2013年举行的第62回迁宫仪式仍让人记忆犹新。**出云大社**（岛根，西18）也于同一年完成了迁宫和修葺。

伊势神宫的正殿、出云大社的本殿和住吉大社的本殿（大阪）采用的都是朴素的“切妻造”（悬山双坡屋顶），不附设屋檐。据考证这是最古老的本殿建筑形式。在《日本书纪》和《古事记》中就有以伊势和出云两地为首创立神社的记载。

包括这两地在内，全国范围内的古老神社都逐一被国家收归，进行统一管理。据《延喜式》（927 年）记载，当时被列入官社名录的神社就有 3861 所。而且，某个区域中规格最高的神社还被称为“一宫”。

本书中收录的严岛神社（广岛，西 20）就是安芸国的一宫，吉备津神社（冈山，西 21）是备中国[1]的一宫。严岛神社位于海上的大规模社殿群完成于平清盛时期，现存的社殿群则是在 13 世纪至 16 世纪重建的。与之相似，吉备津神社极具特色的“比翼入母屋造”形态的本殿，也是在 15 世纪重建的。

因佛教传入而兴起的寺院营造

随着源自日本本土的宗教信仰的传播，各地开始兴建神社。与土生土长的神道教相对，根据官方记录，佛教于 6 世纪中叶才由中国传入岛国日本。《日本书纪》中曾提到，苏我氏先将佛像安置在位于小垦田的家中，后来移到向原的别院，并将这处宅邸改建成寺院。

最初的寺院就是经过改造的住宅，或者干脆只有一间草堂。在与主张反佛的物部氏的对战中取得胜利后，苏我马子（？— 626）开始在飞鸟真神原上修建法兴寺（飞鸟寺，位于奈良）。真正意义上的伽蓝自此诞生。此后不久，圣德太子（574—622）又盖起了四天王寺（大阪）和法隆寺（奈良，西 11）。

这段时期内出现的寺庙多为“氏寺”，主要作用是祈祷宗族繁荣昌盛。因为都城设在飞鸟，这一时期被称为飞鸟时代。现存的法隆寺西院伽蓝（金堂、五重塔、中门、回廊）是重建之物这一说法已成定论，但即便是重建，其历史也非常久远，据说是在 7 世纪至 8 世纪初这段时间内所筑。

飞鸟东部的深山里也盖起了一座寺庙，名为妙乐寺。据传，在大化改新中灭掉苏我氏的中臣镰足，他的坟墓曾被后代迁移至此处。根据明治时代颁布的神佛分离令，妙乐寺被改建为神社，即今日的谈山神社（奈良，西 12）。所以这座神社中有十三重佛塔也就不足为奇了。

1　日本古代的令制国之一，大约为现在冈山县的西南部。

法隆寺

奈良

修建寺院成为国策

710 年迁都平城京，日本历史由此进入奈良时代。当时的统治者意图利用佛教安定内政，因此在国家的组织下，各地开始修建寺院。其中最大规模的举措就是颁布了建立国分寺的诏书，即每个国家都要修一座国分寺。如今在日本各地仍能看到不少国分寺的遗迹。**东大寺**（奈良，西 14）为总国分寺，是各国分寺之首。

东大寺中建于奈良时代的部分为转害门、本坊经库和经过改建的法华堂（三月堂）。东大寺曾在战火中遭到毁坏，其余部分都是后期重建的。虽说如此，就如东大寺南大门所呈现出来的那样，这座寺庙仍是当时建筑技术和艺术的集大成者。

建造南大门所用的手法为镰仓时代初期从中国宋朝传入的“大佛样”，又称为“天竺样”。曾担任东大寺大劝进一职的重源也将同样的建筑手法用于播磨的**净土寺净土堂**（兵库，西 15）。

平城京中并非全是国家修建的官寺，也有私寺的存在。鉴真和尚开办的学问寺——**唐招提寺**（奈良，西 13）就是其中的典型代表。既然是学问寺，自然有讲堂。据说这里的讲堂是从平城宫的朝集殿迁过来的。安置本尊佛的大殿被称为“金堂”。建于奈良时代之前并保存至今的金堂，全日本仅有 3 处，分别为唐招提寺金堂、法隆寺金堂和较小的海龙王寺西金堂（奈良）。虽然数量稀少，但从这些平城京里的大伽蓝里不难想象当年南都七大寺的盛景。

平安

深山中也有寺院

794 年，日本定都平安京，此为平安时代之始。在这一时期，空海和最澄这两位僧人分别将真言宗和天台宗带到日本，密教艺

唐招提寺

石山寺多宝塔

术也随之兴起。从“显教”和“密教”这两个词的字面意义上就可看出，与之前公开传播教义的佛教徒相反，他们只针对个人进行传教。

因此，密教常在深山之中修习佛法。空海在高野山中修建了金刚峰寺（和歌山），最澄在比叡山中修建了延历寺（滋贺）。这些大山之中的建筑的知名度竟也不逊于奈良城里显眼的都市建筑。

密教建筑的特征之一就是多宝塔。此塔为两层结构，墙壁如同面粉一样洁白无瑕。随着密教的发展，平安时代出现了不少密教寺庙。建于当时的石山寺（滋贺，西 03）中有现存最古老的多宝塔。

日本自古以来就有崇拜山岳的信仰。修行者和山伏（修行僧）既拜神，也拜佛，终日穿行于大山之中修炼，期待能从山林中汲取大自然的灵力。密教与这种山岳信仰逐渐结合起来，著名的三佛寺（鸟取，西 19）就是这样一个例子——它既是山岳信仰的灵地，也是一座密教寺院。

看到三佛寺的投入堂你就会明白，在山里搞建筑是多么不容易。在悬崖峭壁上修屋盖房的手法叫作“悬造”。后世在山中和悬崖边的风水宝地上也盖了不少供奉观音的寺庙，清水寺本堂（京都，西 08）和笠森寺观音堂（千叶，东 13）用的就是悬造的建筑手法。

京城和东北地区的“净土”世界

除了密教艺术，净土教艺术也在平安时代大放异彩。当时，日本国内流行着两种文化，一种是从中国传来的影响力极强的唐风文化，另一种是日本本土的国风文化。净土教艺术属于后者。

所谓净土，即如来和菩萨所居住的清净之地。净土信仰就是指人们希望在死后能够前往这片极乐净土，化身为佛。这种净土信仰和末法思想在当时执掌政权的摄关家——藤原一族中流行开来，并在贵族群体中得到了广泛传播。净土教艺术的目的就是祈祷人死后能得到往生，换言之，是一种“死亡的艺术”，最终升华成一种文化。这种文化在建筑方面的表现之一就是藤原氏的别墅——平等院凤凰堂（京都，西 01）。该处建筑气势庄严，用庭院和池泉象征净土世界，风光绝美。

笠森寺观音堂

此外，阿弥陀信仰也曾流行一时，因此兴建了不少阿弥陀堂，寄托了人们对阿弥陀净土的向往。法界寺阿弥陀堂（京都）就是其中的典型代表。

藤原氏不仅控制了中央地区，远在东北的奥羽地方也归奥州藤原氏支配。这支豪族的大本营就在平泉。现在此地已被评为世界文化遗产。奥州藤原氏在此苦心经营，将平泉建成繁华一时的佛都。此地闻名于世的净土教建筑有**中尊寺金色堂**（岩手，东08）和毛越寺庭园遗迹（岩手），奥州藤原氏第一代藤原清衡的女儿所建的白水阿弥陀堂（福岛）也是建筑名作。

镰仓—室町

禅宗寺院建筑传到日本

源赖朝于源平合战中取得胜利后，在镰仓建立起了武家政权，历史进入了镰仓时代。把政治中心从京城转移到东部地区的举动对于武家社会而言具有划时代的意义。为了经营镰仓，统治者将石清水八幡宫（京都）的主神“请”（将神佛转移到别处受祭）到了鹤冈八幡宫（神奈川）。也就是说，他把武家的守护神——八幡神请到了自己的领地之内。

与此同时，禅宗传入了日本。坐禅就是禅宗的修行特点之一。荣西开创的临济宗和道元开创的曹洞宗都属于禅宗门派。开宗立派之后，禅宗得到了广泛传播，甚至起到了护卫武家的作用。临济宗还模仿中国的制度给寺院评定等级，京都和镰仓两地各定五寺为五山。

被称为“禅宗样”（“唐样”）的建筑样式也随之传入日本。镰仓时代的遗构已不可寻，不过位列镰仓五山初期第二位的**圆觉寺舍利殿**（神奈川，东12）仍现存于世，被视为禅宗样的典型建筑。**慈照寺银阁**（银阁寺，京都，西04）的上层也采用了禅宗样。具有谜之美感的**龙安寺石庭**（京都，西05）也是禅寺的庭园建筑风格。

中尊寺金色堂

圆觉寺舍利殿

和样与禅宗样并行

禅宗样的建筑手法自然是以禅宗寺院为中心传播开来的，后来一些非禅宗寺院也采用了这种方式修筑自己的庙宇。最终它与本土的和样（日本样）及大佛样融为一体，形成了一种新的建筑样式——折中样。其代表建筑有观心寺金堂（大阪）和鹤林寺本堂（兵库）。

京都也并非没有禅宗寺院，但由于禅宗在镰仓一带更为兴盛，关东周边留下了不少气派的禅宗样建筑，如正福寺地藏堂（东京）、安乐寺八角三重塔（长野，东 23）、清白寺佛殿（山梨）等。

禅宗样在中世广泛传播的同时，和样也得到了继承和发展。大报恩寺本堂（京都）和三十三间堂（京都，西 02）都是在这段时期建成的和样建筑。

自古以来，从中国传来的建筑样式都被日本的工匠慢慢吸收，形成了日本独有的和样文化。这种状况随着禅宗样的进入发生了改变，它成为与和样并行不悖的一种建筑形式，自成一体。在往后数百年的时间里，和样和禅宗样一直并存。

安土桃山

诞生于战国的天守阁

15 世纪末，在应仁之乱等事件的影响下，室町幕府渐渐衰落，各大名群雄争霸的战国时代到来了。人们在各地纷纷建起城郭，其中有侧重于军事需要、利用天险建起的山城，这种城郭一般比较古老；也有为了便于家臣居住和发展领地的政治经济而建造的平城；还有取两者之长，在平原之中的丘陵或山地上修建的平山城。最后一种最为常见。

城郭是包含石垣、土墙、橹、渡橹等部分的复合建筑群，其中最令人印象深刻的自然就是天守阁。在战乱时期，它是一座司令

银阁寺

犬山城

塔；在和平时期，它还是家臣和领民们的精神支柱，因此不仅要盖得又高又坚固，在视觉效果上更要力求壮丽雄伟。下面所列城郭的天守阁便是其中的佼佼者：山城中的备中松山城（冈山）、平城中仅存的**松本城**（长野，东24）、平山城中的**犬山城**（爱知，东25）和**姬路城**（兵库，西16）等。

虽然在战国时代建起了为数众多的城郭，但由于江户时代“一国一城令”的实施等各种各样的原因，大部分都被摧毁了。仅有12座建于江户时代以前的天守阁保存至今。**熊本城宇土橹**（熊本，西25）虽然不是天守阁，但也是一处珍贵的历史遗构。

在本土发生战乱的同时，冲绳一地也最终在长年的战火洗礼后，成立了琉球王国。**今归仁城**（冲绳，西24）中的多数遗迹都记录下了当时战争的惨烈程度。

沉迷于茶道的战国大名

“天下人”的出现，终结了战乱之世。应运而生的便是桃山文化——它既展示了天下一统的气势，又吸收和发展了来自海外的文化。灵庙建筑便是其中的典型代表。当权者死后，其子孙便为其修建灵庙，雕梁画栋，极尽奢华。传说中用来祭祀丰臣秀吉的壮丽宏伟的丰国庙现已不存，他的后继者德川家康的**日光东照宫**（栃木，东14）还屹立在世间。从它的规格也不难推测当年丰国庙的盛景。

战国大名们喜爱饮茶，故茶道在此时期得到了蓬勃的发展。茶道的兴盛又带动了草庵茶室建筑艺术的精进，产生了千利休的**待庵**（京都，西06）和织田有乐斋的**如庵**（爱知，东26）等名作。对茶道的喜爱也被带入住宅，形成“数寄屋”风格。**桂离宫**（京都，西07）和**听秋阁**（神奈川，东15）就是其中的代表。

绚烂豪华的日光东照宫和浓缩闲寂风雅意趣的小小茶室，这两种截然相反的存在反映出建筑并不只为宗教服务，也寄托着人类的思想和情感。

熊本城宇土橹

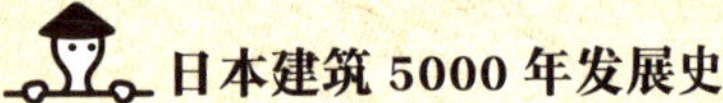

日光东照宫

江户

以庶民为主角的建筑登场

与之前的各个时代相比，江户时代堪称治世。天下太平，商业兴旺，庶民逐渐富裕起来，以他们为主角的建筑也随之登场。

首先就是宗教建筑。民众越来越多地参与宗教活动，如很多人不辞路途遥远，专程来到长野，完成“一生一次”的善光寺参拜。伏见稻荷大社（京都，西 09）的千本鸟居也是人们出钱供奉的。另外，为了方便男女老少随时都能登山参拜，人们模仿富士山造了很多富士冢……这些举动已经不仅是宗教修行，还包含了娱乐成分。

拥有双重螺旋结构的会津荣螺堂（福岛，东 09）也是一座有着浓郁庶民风格的建筑。它把分散在各地、本应逐一前去参拜的三十三座观音供奉在同一间观音堂中，拜完了这间堂，就等于拜完了所有的地方。这样的“速效巡礼设施”从关东普及到了东北一带。

自然，歌舞伎和相扑等娱乐活动也深受人们喜爱。日本最古老的戏院——金毗罗大芝居（香川，西 27）一直保存到了现在。除了娱乐设施之外，也有面向庶民的教育机构，如由冈山藩直接管理的闲谷学校（冈山，西 22）等。

雕刻和民宅也是江户一景

可能是受到了喜爱华丽的庶民文化的影响，到了江户时代，木匠的职能得到了进一步的细化，有些人以雕工见长。他们的巧手能够雕出纤细复杂的图案，把一项活计做到极致。在新胜寺三重塔（千叶，东 16）、欢喜院圣天堂（埼玉）等建筑中就能欣赏到漂亮的雕刻。冈太神社 · 大泷神社（福井，东 28）更是连屋顶都做得异常复杂、巧夺天工。

此外，江户时代一般庶民居住的房屋遗构也大多保存到了现在，可以借此了解

会津荣螺堂

当时的建筑情况。这些房屋在构造上有共通的地方，但因为各地的风土不同，民宅也各具特色。像南部曲屋（岩手）的L形横截面、**白川乡合掌造**（岐阜，东27）的陡峭屋顶和灶房（佐贺、福冈）的コ形屋脊等，都是极具特色的民宅形式。以石墙和红瓦屋顶出名的**中村家住宅**（冲绳，西26）则是冲绳地区的标志性民居。

明治以后

西洋化的东京和地方

众所周知，在明治维新前后，日本的西洋化和近代化程度得到了显著提升。引进近代科学技术的同时，人们也吸纳了西洋的社会模式和思想。可以说，西洋化和近代化以密不可分的形式进入了日本。这个国家的每样东西都奔着近代化和西洋化而去，不过根据其必要性的强弱，有一定的导入顺序可循。

首先出现的是某些近代的，或者说西洋的功能性建筑物。因为日本国内之前几乎没有这类建筑，所以这是最早发生变化的领域。**富冈制丝厂**（群马，东17）就是典型之一。因为把制丝厂全权委托给外国人来建设，所以采用了木骨砖瓦结构和桁架等近代西洋建筑技术。**手宫机车库**（北海道，东02）等铁路设施也是以同样的方式建起来的。

开智学校（长野，东29）和**济生馆本馆**（山形，东10）等教育和医疗机构也采用了西洋式的建筑风格。它们都是继承了江户时代传统手艺的木匠模仿西洋建筑盖起来的，因此又被称为“拟洋风”建筑。

此外，为了招待来自国内外的贵宾，人们还专门修建了迎宾馆。这类建筑也是前所未有的，走的完全是西洋风格。东京的鹿鸣馆（现已不存）、地方的**函馆区公会堂**（北海道，东04）就是其中的代表。一些有特殊用途的建筑也吸收了西方的先进建筑理念，如江户时代末期活

新胜寺三重塔

函馆区公会堂

用西式军学修建的**五棱郭**（北海道，东 01）以及**网走监狱**（北海道，东 05）的屋舍等。

供外国人居住的房屋自然也是按照西洋风格建造的，**格罗弗邸**（长崎，西 28）是现存最古老的此类建筑遗构。在横滨和神户等地也有不少洋楼。

日本建筑家登场

早期的洋楼多半不是日本人设计的，而是外国人的手笔。后来成立了工部大学校（现在的东京大学工学部），这才培养出了一批日本国内的建筑师。通过他们的努力，以政治家、实业家的宅邸为中心，日本人自己的住房也渐渐走起了西式路线。

在工部大学校执教的约西亚·康德尔设计建造了三菱财阀第三代掌门人**岩崎久弥的宅邸**（东京，东 18）及六华苑，他的弟子之一辰野金吾设计了**松本家住宅**（福冈，西 30），**赤坂离宫**（东京，东 20）则出自他的另一位弟子片山东熊之手。

这群崭露头角的日本建筑师也参与设计了不少西洋风格的公共建筑。**京都国立博物馆**（京都，西 10）是片山东熊主持设计的，**日本银行本店**（东京，东 19）和**东京站**（东京，东 21）的设计则由辰野金吾担纲。后者在地方上也留下了不少知名建筑，如**滨寺公园站**（大阪，西 17）和**日本银行小樽支店**（北海道，东 03）等。

在这样的时代浪潮中，神社、寺院和普通民宅依然继承了自江户时代流传下来的传统建筑风格，被西化的只是其中一部分。所谓的近代和风建筑，就是运用明治维新以后的建筑技术和材料来表现日本风格。**道后温泉本馆**（爱媛，西 29）和**斜阳馆**（青森，东 11）就是其中的典型。

与古代的佛教传入、中世的禅宗传入性质相同，明治维新之后日本出现的西洋化和近代化也是“对外来文化的吸纳”。它们都向世人展示了日本人民能够迅速接受外部事物并为己所用。

日本人既能守护住传统文化的基础，又对新鲜事物保持高度的敏感性。正如松尾芭蕉在《奥州小路》中所言：“不知不易难立本，不知流行则无新。”

开智学校

京都国立博物馆

撰稿 伏见唯

1982年生于东京。从早稻田大学研究生院获得硕士学位之后，他先后在新建筑社和早稻田大学研究生院完成博士后课程，2014年成立了伏见唯编辑室，专业为日本建筑史。

【主要参考文献】

- 太田博太郎 《日本建筑史序说（增补第二版）》（1989年，彰国社）
- 日本建筑年表编辑委员会 《图说日本建筑年表》（2005年，彰国社）
- 网野善彦 《东西畅谈日本历史》（1998年，讲谈社）
- 新东晃一 《南九州繁荣的绳文文化·上野原遗迹》（2006年，新泉社）
- 稻垣荣三 《神社与灵庙》（1968年，小学馆）
- 《日本建筑史基础资料集成·一·社殿Ⅰ》（1998年，中央公论美术出版）
- 《日本建筑史基础资料集成·四·佛堂Ⅰ》（1981年，中央公论美术出版）
- 《日本建筑史基础资料集成·五·佛堂Ⅱ》（2006年，中央公论美术出版）

东京站

超越时代的思考实验

基于周游日本各地著名建筑的构想，身为建筑作家的我与编辑兼插画家宫泽洋先生一起，在日经 BP 出版社发行的建筑专业杂志《日经建筑》上开了一个名为“建筑巡礼”的系列连载。迄今为止，我们已经以这个连载为基础出了 4 本书——《现代建筑巡礼 · 西日本编》《现代建筑巡礼 · 东日本编》《后现代主义建筑巡礼》和《菊竹清训巡礼》。

在最早的《现代建筑编》中，我们主要列举了从战后复兴期到经济高速发展期内建成的建筑；在接下来出版的《后现代主义建筑编》中则列举了之后 20 年间（1975—1995 年）建成的建筑。因为这一系列都是按照时代来划分的，再往下讲，就到现在了。“那么往后该写些什么呢？”我俩商量的结果，就是回溯过去。《日本遗产巡礼》就是从这个构想出发，到各地取材访问之后汇总的成果。

建筑的醍醐味[1]

其实我们的内心也有些忐忑不安。我

1 深奥的妙趣、乐趣。

们都有报道现代建筑的经验，但一涉及古代建筑，既不是建筑史专业出身，又缺乏相关知识的两个人，到底能不能顺利完成这个写作任务呢？

一旦着手采访，我们才发现这个过程如此有趣。我们基本上是按照古代、中世、近世和近代的顺序规划行程的，通过在短时间内欣赏大量的古迹，我们逐渐了解到随着时代变迁，日本建筑中有哪些设计发生了变化，又有哪些一直维持着原状。所谓建筑的醍醐味，就在其中。

不过，本书中提到的不少观点与建筑史中经过研究并被广泛认可的解释并不一致。原本在写作时，我就倾向于提出一些“非主流”的看法。这点还请读者朋友们注意。

话说回来，通过假说将古代的神社与现代建筑联系在一起——如把著名的茶室与代谢派建筑相提并论——难道不是很有意思吗？借助想象的翅膀，我充分享受到了欣赏建筑的乐趣，所以乐此不疲（当然，一切的想象必然以尊重学术成果为前提）。

写到这里，我不禁回想起 20 世纪 50 年代在日本建筑界掀起的一场关于传统的争论。围绕着“现代建筑应该参考弥生时代还是绳文时代”之类的主题，当时著名的建筑师丹下健三和白井晟一展开了交锋。之所以能引起巨大的反响，正是因为这种超越时代的思考实验——以过去的建筑为基准评判现代建筑，同时反过来以现代建筑为根本来考量古代建筑。对于当事人而言，想必是一场非常过瘾的头脑风暴。

可以说，这本书就是继承了这种有趣的鉴赏方式。如果能与读者朋友产生共鸣，那就再好不过了。

反复寻访才能发现的东西

为了完成这本书，我们四处奔波，实地取材，最终合计呈现出了 60 处建筑。这些建筑大体上可以分为两种类型。

第一种是像法隆寺、东大寺、清水寺和日光东照宫这样游人如织的著名观光景点；第二种是像净土寺净土堂、如庵、桂离宫这类一般不会出现在热门旅游线路中，但是得到过建筑大师们高度评价的作品。

第一类的建筑，我已经不是头一次去了。其中有些还是早在修学旅行中就游览过的景点。我在上小学的时候去过日光东照宫，读初中和高中的时候分别去过京都和奈良，把法隆寺、东大寺和清水寺等地转了个遍。

要说当时的观后感，基本已经没什么印象了，说不上是好还是差。毕竟都是30多年前的事了，小孩子也记不了许多。但既然已经“到此一游”，要不是为了写这本书，很可能这辈子也不会去第二次。

关于这次“巡礼”的感受，简言之，就是每座建筑都非常“耐看”。积累至今的现代建筑观感和建筑学以外的知识帮助我发现了这些建筑的优点与特点。

不过这也并不意味着修学旅行没有任何效果。当时看的时候，肯定会有一些专属于年轻人的独特体验。长大成人之后重游故地，看待建筑的眼光变得不一样了，也就发现了更多有趣之处。也就是说，个人的教养越深厚，可欣赏的角度就越多元。通过反复寻访所得到的不同体验，证明了建筑是能够见证自身成长的。

所以我希望阅读本书的朋友也能够从第二次、第三次的建筑鉴赏之旅中获得乐趣，培养这种鉴赏方法也是写作目的之一。

而寻访第二种建筑，即专业者会感兴趣的建筑，对我而言几乎是全新的旅程。

在取材过程中，初次见面的新鲜感和惊奇感每每令我兴奋不已。更别提进入写作阶段后，光是通读著名建筑师和建筑史家针对各个建筑的高谈阔论，就又颇费了一番心思。对于建筑的不同解读，也带有历史的痕迹。

这些资料是我的写作基础，但在行文中我尽量避免重复前人的观点。

在参观这类建筑时，你可能会遇到需要提前提交申请或者交通不便等种种麻烦，但我可以保证，你绝对会不虚此行。

那么，赶快出发，一起踏上寻访日本遗产之旅吧！

矶达雄

2014年11月

品位提升的表现与网络时代的新乐趣

在前往奈良或者京都进行修学旅行之前，老师们经常会提醒大家："站在这些建筑面前要好好看！好好感受！"不过在笔者（宫泽洋）看来，这样的建议没什么用。在我还是少年时，不管去参观哪个历史遗产，除了"这玩意儿好古老"之外，并不会产生什么别的想法。

我的搭档矶达雄先生在前面提到，长大成人之后重游故地，获得的体验与儿时大不相同。从头到尾都在感慨"好厉害""原来如此""呦呦呦"……难道只是因为上了岁数，所以感受不同吗？我觉得并非如此。说得好听点，这叫"品位提升了"。

因为是分内的工作，所以在出发之前，我们都会做好功课。在查阅资料的过程中，脑海里就会形成一个大概的印象，然后再去实地考察。自然，肯定会有与想象一致的地方，但超乎想象的部分还是居多。这就是引发感慨的原因。如果有人没调查过就能大发议论，我想他不是审美层次特别高，就是胸中自有丘壑。

回到东京后，我就会着手查证那些令我好奇的地方。一旦找到答案，我就自嗨不已——"原来是这么回事！"

近年来，我总是听到关于现在的年轻人越来越不爱旅游的传闻。随着网络的普及，只消动动手就能获得国内外的信息，用不着亲自去跑就能身临其境——我也不是不能理解这种想法。

虽说如此，但只有在真真切切地看到实物时，才能体会到那些声名远扬的历史遗产到底妙在何处。在去往现场的路途中，就如同进入历史剧。当建筑最终出现在眼前时，它的大小、手感、味道、光线、湿度等感受就扑面而来，这种“预想之外的体验”，单凭网络上获取的那些信息是得不到的。

本书中所列举的60处日本历史建筑，是笔者从众多的历史遗产中精心挑选出来的，依据的标准就是“不去一趟就感受不到它的好”。

这篇文章看起来像是在批评网络，但这并非我的本意。网络所提供的信息正是用来证明那些“预想之外的体验”的。如果身处一个没有网络的时代，我们两个人连参考文献都查不着。从这个意义上说，当下就是一个连外行也能用“各种各样的方式”去欣赏历史遗产的好时候。

希望能有更多的人通过本书了解到旅行中别样的乐趣。

下面所列的日本遗产，是最令我激动的10处建筑。姑且以此来代替采访后记吧。

希望有更多读者能够通过本书获得不一样的历史遗产鉴赏体验和乐趣。

\大吃一惊/
日本遗产BEST5（东日本篇）

会津荣螺堂（福岛县会津若松市）

双重螺旋结构，上下并不相交——虽说在去之前就了解了这些特点，但置身其中时，还是倍感惊艳。特别是地面的曲度超出了我的想象。在东日本09篇中印有荣螺堂的照片，不过光凭这个恐怕并不能体会那种扭曲的空间。仅用木材就能做出三次元的曲面，真是令人难以置信。而且经过200多年的风吹雨打，现在仍可以招待游客，实在了不起。

冈太神社・大泷神社（福井县越前市）

在某本杂志的日本建筑特辑中我看到了一张照片，拍的是一间带有弯曲屋顶的神社。“这到底是什么？”带着疑问，我千里迢迢跑到福井，没想到实物看起来更加“波涛起伏”。我去的时候雨刚停，就在那个屋顶的上面，有神秘的光线透过林间的树木投射下来。当时我感觉自己面对的不是一座建筑，而是一个活物。感谢天公作美。

迎宾馆赤坂离宫（东京都港区）

这是一座既保持了阳明门（日光东照宫）的设计密度，又数百倍大于它的建筑。到底是画了多少设计图纸才创造出了赤坂离宫啊！就算没有进到建筑物内部，光是看看正门（第12页的照片）就能想象得出这是多么浩大的工程。希望读者们能够体会到当心血之作被明治天皇以“奢侈”为由拒绝入住时，那位在建筑上没有丝毫懈怠的片山东熊先生的心情。

白川乡合掌集落（岐阜县白川村）

合掌造的建筑固然了不起，但举全町之力进行保护的态度更能打动人心。如同插图中所体现的，合掌集落宛如一座“风之谷”。这里完全没有那些影响景观和谐性的路边商店和弹子房。更不用说大多数房子并不只为展示所用，迄今仍在供人居住了。有些被改造成了旅馆，我们两个也因此有幸体验了一把居住者的感受。

斜阳馆（青森县五所川原市）

我虽然读过太宰治的作品，但总觉得跟自己没什么关系，这座房子也不过就是他住过的地方而已。但进去游览之后，我却获得了冲击性的体验。最能感染我的就是走廊。原本充满西洋风情的走廊，在一截拱门之后就陡然切换成了实实在在的日本风。不能不说这样的格局曾对少年时的太宰治产生了精神上的影响。如果你是太宰治的粉丝，那么这里绝对是非去不可的地方。

\大吃一惊/
日本遗产BEST5（西日本篇）

三佛寺投入堂（鸟取县三朝町）

从来没有哪座建筑能像它这样令我如此深刻地感受到“体验”的重要性。想要见到它的真面目，简直要拼了老命。原本以为连女演员都能上去，过程肯定很轻松——结果却大错特错。就不说佛堂本身（见第336页照片）的设计有多么精妙了，光是参拜路线的安排就已经很了不起了——必须走到最后才能见到它的真容。据说它正在申请世界文化遗产，那些联合国的官员能爬得上去吗？

桂离宫（京都市西京区）

参观之前，我读过井上章一的书《编造出来的桂离宫神话》，因此也有些怀疑：“是不是真的没什么可看？”但当实物出现在眼前时，我与布鲁诺·陶特产生了共鸣——真是美得让人热泪盈眶！除此之外，极具特征的雁行（锯齿形）排列和父子两代花费近50年的建筑历程更让我感慨万分。

龙安寺石庭（京都市右京区）

即便毫无知识储备就来游览此地，也能有所收获。不过，要想获得更多的观赏体验，我建议最好先逛逛京都附近几处有名的枯山水庭园。漂亮的枯山水不少，但最具抽象性的还是龙安寺石庭。它的特征在于，与其说“能让人看出什么”，不如说“诱导你开动脑筋，忍不住开始思考点什么”。

吉野里遗迹（佐贺县吉野里町）

我曾经以为无论哪里的遗迹看起来都差不多，但是这处遗迹的复原建筑让我改变了看法——即便是用现代的眼光来看也很有型啊！因为它太美了，我忍不住想吐槽：与其说是复原，不如说是负责这项工程的“栋梁”田中文男先生的创造吧！他希望人们能从思维定式中跳脱出来，启发大家在古代史研究中注入新的想象。

平等院凤凰堂（京都府宇治市）

人们几乎每天都能看到凤凰堂的图形。没错，这就是10日元硬币上面所镌刻的细长建筑。说来惭愧，见到实物之后，我才知道它采用的居然是桩基样式。细长的柱子支撑着细长的建筑物，强调一种“飘浮感”。建筑正面还有一片水池，倒影清晰可见。原来它是如此轻盈和有趣！从某种意义上说，可能这是日本最容易被人误解的建筑。

宫泽洋
2014年11月

\作者简介/

矶达雄

1963年生于埼玉县，1988年毕业于名古屋大学工学系建筑专业，1988年至1999年在《日经建筑》编辑部工作，2000年成为自由职业者，从2002年开始与他人共同成立弗里克工作室编辑事务所，同时在桑泽设计研究所和武藏野美术大学担任外聘讲师，合著作品有《昭和现代派建筑巡礼》《后现代派建筑巡礼》《菊竹清训巡礼》和《我们梦想中的未来都市》等。

宫泽洋

1967年生于东京，在千叶县长大，1990年毕业于早稻田大学政治经济系政治专业，并于同年入职日经BP社。虽然是文科生，他却被分配到了建筑专业杂志《日经建筑》编辑部，之后一直研究建筑，现为《日经建筑》副总编辑。他的连载作品有2005年1月至2008年3月的《昭和现代派建筑巡礼》、2008年9月至2011年7月的《建筑巡礼之后现代篇》、2011年9月至2013年12月的《建筑巡礼之古建筑篇》等。

京都国立博物馆

摄影：矶达雄

☞198

吉野里遗迹

摄影：矶达雄

☞270

中村家住宅

摄影：矶达雄

☞280

三佛寺投入堂

摄影：矶达雄

☞244

严岛神社的大鸟居

摄影：矶达雄

☞250

石山寺

摄影：矶达雄

☞166

清水寺

摄影：矶达雄

☞190

旧闲谷学校

摄影：矶达雄

☞262

旧金毗罗大芝居

摄影：矶达雄

☞286

道后温泉本馆

摄影：矶达雄

☞294

图书在版编目（CIP）数据

重新发现日本 ：60 处日本最美古建筑之旅 /（日）矶达雄，（日）宫泽洋著；杨林蔚译．-- 上海 ：上海文化出版社，2019.11（2021.3 重印）
ISBN 978-7-5535-1801-5

Ⅰ．①重… Ⅱ．①矶… ②宫… ③杨 Ⅲ．①古建筑－介绍－日本 Ⅳ．①K931.37

中国版本图书馆 CIP 数据核字（2019）第 227712 号

RYOKO GA TANOSHIKUNARU NIHON ISAN JYUNREI HIGASHINIHON 30SEN
RYOKO GA TANOSHIKUNARU NIHON ISAN JYUNREI NISHINIHON 30SEN
written by Tatsuo Iso, Hiroshi Miyazawa, Nikkei Architecture.

Originally published in Japan by Nikkei Business Publications, Inc.

著作权合同登记号 图字：09-2019-880 号

出 版 人　姜逸青
选题策划　联合天际
责任编辑　王建敏
特约编辑　李若杨　吴　勐
封面设计　千巨万工作室
美术编辑　王颖会　梁全新

未读 DR 艺术家

书　　名　重新发现日本：60 处日本最美古建筑之旅
作　　者　（日）矶达雄　宫泽洋
译　　者　杨林蔚
出　　版　上海世纪出版集团　上海文化出版社
地　　址　上海市绍兴路 7 号　200020
发　　行　未读（天津）文化传媒有限公司
印　　刷　小森印刷（北京）有限公司
开　　本　889×1194　1/24
印　　张　15.25
版　　次　2019 年 11 月第一版　2021 年 3 月第二次印刷
书　　号　ISBN 978-7-5535-1801-5/TU.006
定　　价　98.00 元

关注未读好书

未读 CLUB
会员服务平台

本书若有质量问题，请与本公司图书销售中心联系调换
电话：(010) 52435752

年表制作：村优理香　监修：伏见唯

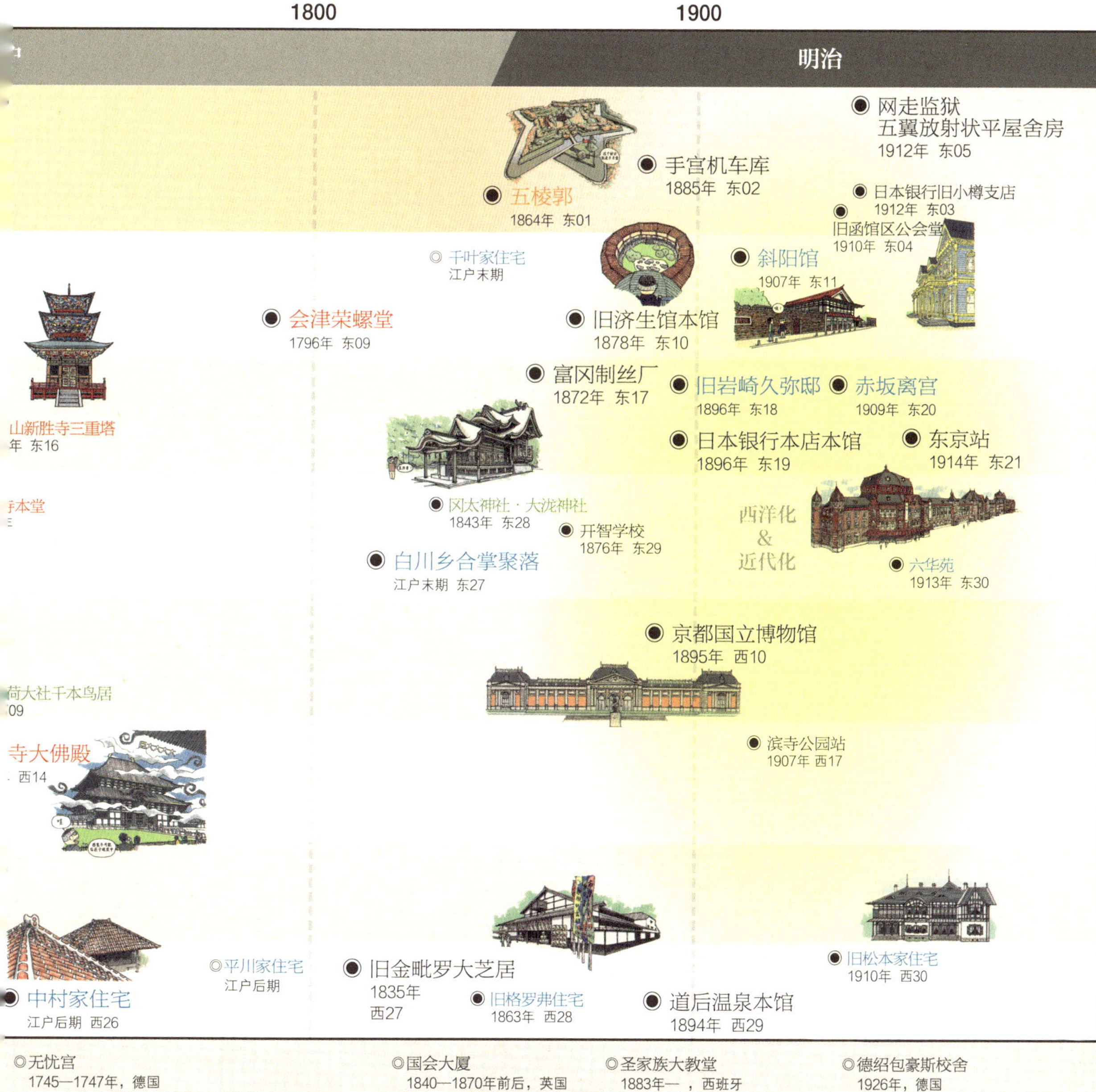

◎无忧宫
1745—1747年，德国

◎国会大厦
1840—1870年前后，英国

◎圣家族大教堂
1883年— ，西班牙

◎德绍包豪斯校舍
1926年，德国

◎蒙蒂塞洛庄园
1769—1809年，美国

◎水晶宫
1851年，英国

◎埃菲尔铁塔
1889年，法国

◎克莱斯勒大厦
1930年，美国

堂
年，法国

◎阿尔汉布拉宫
13—14世纪，西班牙

◎贝伦塔
1515—1521年，葡萄牙

◎圆厅别墅
1567—1570年，意大利

◎凡尔赛宫
1661—1710年，法国

◎天坛
1420年前后，中国

◎瓦西里升天教堂
1555—1561年，俄罗斯

◎蓝色清真寺
1609—1617年，土耳其

◎泰姬陵
1632—1653年，印度